—

計量経済学のための
統計学

岩澤政宗
Iwasawa Masamune

［著］

NBS
Nippyo
Basic Series

日評ベーシック・シリーズ

日本評論社

はじめに

　データ分析の実装環境は目覚ましい速度で発展しています。近年では、オンラインで統計解析ソフトが使えるようになり、統計分析ができる環境を自前のパソコンに整えずとも、最新の分析手法を手軽に実行することができます。私が博士前期課程に在籍していた10年ほど前には、ノートパソコンのファンがうなり声を上げ、いつフリーズしてもおかしくない状況に恐れていたことを考えると、データ分析は親しみやすく身近なものとなりました。データ分析を用いて気軽に、市場調査、経営判断、仮説の検証などができるようになったのです。

　これはとても喜ばしいことですが、統計学に携わる者としては、この状況を手放しに喜ぶことはできません。分析自体は簡単に実行できてしまうため、適切ではない分析手法を用いたり、分析結果を間違って解釈したりすることで、データ分析をしないよりも悪い結果が導かれてしまうことがあります。データ分析を誤用しないためには、統計理論をしっかりと理解することで、適切な分析手法の選択と正しい解釈をする能力を身につけることが求められます。

　このような現状を踏まえ、本書は、統計学における基本的な考え方と、確率論に基づいた統計理論の基礎的な内容について詳述することで、統計理論に対する理解を、より多くの人に広めることを目的に書かれました。

本書のねらいと特徴

　本書のねらいは、統計学の入門的な内容についての理論を丁寧に詳しく解説することです。統計学の理論は数学を用いて構成されているため、本書の序盤（2章〜7章）では、統計学の理論を理解するための数学を解説しています。中盤（8

章〜10 章）では、統計学の基本的な考え方、および、推定と仮説検定について詳述し、終盤（11 章〜13 章）において、線形回帰モデルと二項選択モデルの解釈と理論的性質を考察しています。

　本書は、統計学の考え方とその理論的な正当性を詳しく学びたい人に役立つことを目指しています。応用方法を学習したことがある人はもちろん、統計学を学習したことがない人でも自力で読み進めることができるように工夫しました。読み進めるにあたって必要な数学的な知識まで取り扱っており、この意味で本書は自己完結型（self-contained）になっています。また、定義の確認や多角的な理解ができるよう多数の例題を載せていますので、手を動かして考えてみてください。すべての章末問題の解答例は本書の最後にあります。

　書名にあるように、本書は経済データの分析について考える「計量経済学」の学習への橋渡しとなることを意識して書かれており、計量経済学の基礎理論が理解しやすくなるような内容を優先して採用しています。同じ日評ベーシック・シリーズの『計量経済学』とあわせることで、大学の学部レベルとして十分な内容の計量経済学の理論を学習することができます。一方で本書は、統計学の多くの教科書で取り上げられている内容を取り上げていなかったり、多変量のモデルについては本書ではなく上述の『計量経済学』で取り扱っていたりします。このため、統計学を網羅的に学習するためではなく、「計量経済学」や統計学の他の教科書を読み進めるための準備として、本書は適していると考えています。

本書の概要

　1 章では統計学とはどのような学問で、どのような問題を取り扱うのかについて解説しています。2 章〜7 章は集合、写像、確率について、本書で取り扱う統計学の内容を理解するうえで必要最低限の内容を、丁寧かつ可能な限り厳密に説明しています。8 章では、母集団と標本の関係を明らかにし、推測統計学の基本的な考え方を学びます。9 章において、推定量の良し悪しの判断をするための評価方法を紹介し、10 章において仮説検定の意味と論理を紹介しています。11 章では線形単回帰モデルを定義し、モデルの解釈と推定方法（最小 2 乗法）について述べます。12 章において最小 2 乗推定量の性質を考察し、モデルを用いた仮説の検定について解説します。13 章は二項選択モデルであるプロビットモデルとロ

ジットモデルを取り扱います。モデルの定義と解釈を与え、最尤法によるモデルの推定と検定を紹介します。13 章のうち、仮定の検証と推定量の性質に関する節はいくらか発展的な内容になっており、節見出しに * マークを付けています。これらの節は読み飛ばしても通読できるようになっています。なお、本書のより詳しい内容は 1.5 節で紹介しています。

謝辞

本書の内容は、小樽商科大学の統計学の講義で用いた講義ノートを元にしています。講義で質問や誤植の指摘をしてくださった学生のみなさん、そして、草稿に目を通し多くのコメントと校正をしてくださった佐野学氏に感謝いたします。また、本書の大部分は大学の勤務時間外に執筆しました。家族をはじめ、私を支えてくださったすべての人に御礼申し上げます。

私が小樽商科大学に着任して間もない 2019 年 9 月、「理論をしっかりと書いた統計学と計量経済学の教科書を執筆してほしい」と、日本評論社の吉田素規氏から依頼をいただきました。本書は統計学にあたる部分であり、計量経済学については 2022 年 9 月に日評ベーシック・シリーズ『計量経済学』として刊行されています。研究者として駆け出しの私に本書を執筆する機会をくださり、内容の相談から最終稿の完成までサポートしてくださった吉田氏に御礼申し上げます。

政策やビジネスなど、社会のあらゆる分野で統計学の素養が求められる現在、本書が統計学の学習に役立ち、それを通して少しでも社会に貢献できれば、著者としてこれ以上の喜びはありません。

2023 年 3 月
岩澤政宗

目　次

第1章
統計学とは何か

1.1 統計学とは

　「統計学」に対してどのようなイメージを持っているだろうか。近年、IT 技術の発展とともに、機械学習や AI（artificial intelligence）技術を用いた大規模データの分析手法の進展と応用が加速し、生活の様々なところでこれらの技術が応用されるようになった。機械学習や AI が多くのメディアに取り上げられたことで、「統計学＝機械学習」や「統計学＝AI」などという漠然としたイメージを持っている人もいるかもしれない。他にも、身長や体重の平均値や大学受験の偏差値などの「指標」や、所得を表す棒グラフや死因を表す円グラフなどの「図」を思い浮かべるかもしれない。これらはまぎれもなく、統計学を構成する要素である。

　これらに共通するのは、「データを取り扱っている」ことであろう。大雑把な言い方をすれば、統計学はデータの扱い方を探求する学問である。データの扱い方には、例えば、どんなデータを、どのように、どれだけ調達するのかという問題や、得られたデータはどのような特徴を持つのかという問題がある。データの収集方法や、得られたデータの質・特徴に関する問題は、統計学の中でも「標本調査法」や「記述統計学」とよばれる分野で取り扱われている。一方、得られたデータをどのように分析するのかという問題は「推測統計学」とよばれる分野で研究されている。まずは、これから学ぶ統計学の全体像を俯瞰するために、標本調査法、記述統計学、推測統計学が、統計学においてなぜ重要なテーマであるのかを紹介する。

1.2　標本調査法

　標本調査法では、データをどのように何人分集めるかなど、データの収集に関することを考える。統計学では、分析対象とする集団を母集団とよび、個人、家計、企業、物、国家などの様々なものや事象が分析対象となる。例えば、消費税の増税が家計の消費行動に与えた影響を分析したいとしよう。このとき消費増税の影響を受けた全家計が母集団となる。母集団のすべてを調べる調査を全数調査という。これに対して、母集団の一部のみを調査対象とする調査を標本調査という。標本調査から得た母集団の一部を標本とよび、標本に選ばれた家計の数を標本の大きさや標本サイズという。

　母集団全体のデータがあれば、母集団の特性を直接調べることができる。しかし、母集団は大きい集団である場合が多く、その場合には、費用や時間の制約から全数調査を行うことは現実的ではない。例えば、消費増税の影響を受けた家計が分析対象であるとき、増税が行われた国や地域に住む全家計が母集団であり、これら全家計をすべて調査することは容易ではないことが想像できるであろう。このため実際のデータ分析では、母集団の一部である標本を用いて、母集団の特性を調べることが多い。

　分析から特徴を明らかにしたいのは母集団であることに注意してほしい。分析に使えるのは、母集団の一部である標本だけであるから、標本が母集団を代表するようなものになっており母集団の特徴を引き継いでいなければ、標本から母集団の特徴を調べることはできない。そこで、母集団から標本をどのように抽出すればよいのかという問題が生じる。

　標本は母集団の一部であるため、その取り方により「ばらつき」が生じる。ばらつきは、分析の精度に影響する。標本サイズを大きくして、標本を母集団に近づければ、分析の精度を高めることができるが、標本サイズを大きくするにはコストがかかる。それでは、納得できる分析精度を保つことができる標本サイズはどのように決めることができるだろうか。

　このように、標本を用いて母集団の特性を分析するためには、標本の抽出方法や標本サイズの決め方が重要な問題であり、標本調査法では、この問いに対して学術的にアプローチする。標本調査法は重要なテーマであるが、本書ではこれ以上取り扱わない。標本調査法について詳しく知りたい場合には、参考文献リスト

の土屋（2009）やその他の関連図書を参照することをお勧めする。

1.3　記述統計学

　記述統計学では、標本の特徴を明らかにする手法を取り扱う。統計学を本格的に学習したことがなくても、平均値や偏差値という言葉は耳にしたことがあるだろう。例えば、$1, 2, \cdots, 10$ の平均値は、

$$\frac{1 + 2 + \cdots + 10}{10} = 5.5$$

である。それでは、平均値をより一般的に表してみよう。まず、n 個の数値を記号 $x_1, x_2, \cdots, x_n$ で表す。先ほどの例に当てはめれば、$n = 10$ で、$x_1 = 1$, $x_2 = 2, \cdots$, $x_{10} = 10$ となる。このとき、$x_1, x_2, \cdots, x_n$ の平均値とは、これら n 個の記号をすべて足し合わせ、n で割ることで得られる値に他ならない。これを式で表せば、

$$\frac{1}{n} \sum_{i=1}^{n} x_i = \frac{1}{n}(x_1 + x_2 + \cdots + x_n) \tag{1.1}$$

である。ただし、$\sum_{i=1}^{n} x_i$ は、和記号であり、x_i を $i = 1$ から $i = n$ まで足し合わせることを意味する。記号 $\sum$ はギリシャ文字で、「シグマ」と読む。

　平均値の一般公式を表す (1.1) 式において、$x_1, x_2, \cdots, x_n$ は標本サイズ n のデータ 1 つ 1 つの点を表す記号である。このように考えるとき、(1.1) 式はデータから平均値を求める公式を示していることが分かるだろう。データの関数として表された公式のことを統計量という。平均値は、標本の重心を表す統計量である。また、標本のばらつきを表す統計量には、分散や標準偏差がある。平均値と分散から、その標本がどのように分布しているのかをおおよそ知ることができる。

　データ分析をする前には、標本がどのような特徴を持ち、どのように分布しているのかを必ず調べる。繰り返しになるが、分析対象としているのは母集団であり、分析に使う標本は母集団の一部である。このため、標本が適切に分布しているのかを確かめることは非常に重要なタスクとなる。標本の分布を表す平均値や分散を表や図にまとめたものを、記述統計という。記述統計学は、データの特徴を表す様々な統計量の開発や、それらの意味と性質を明らかにする学問である。

1.4 推測統計学

　統計学の歴史は長く、すでに 17 世紀にはデータを用いて物事の規則性を知ろうとする試みが行われていた。初期の統計学では、手元にあるデータの特徴を明らかにすることを主な目的としていた。一方、近代的な統計学とよばれているものは、Karl Pearson（1857〜1936）や、Ronald Fisher（1890〜1962）らの功績により 19 世紀後半から急速に発展したもので、標本から母集団特性を推測することを目的としている。初期と近代の統計学では、手元にあるデータを分析するという点では共通しているが、何を知りたいのかに関して両者には大きな違いがある。近代統計学では、興味の対象は母集団であり、標本から母集団特性を明らかにすることを考えるのである。

　興味対象を母集団に移したことで発展したのが統計的推測である。標本は母集団の一部であるため、その取り方によりばらつきが生じる。このばらつきは、標本から推測した母集団特性にも反映される。例えば、母集団における所得の平均を知りたいとしよう。母集団から無作為に選んだ 100 人の所得データの平均値を計算する。次に、別の 100 人を無作為に選び、所得の平均値を計算する。この 2 つの平均値は、ともに母集団の平均を推測するために計算されたものであるが、両者は一致しないだろう。したがって、1 つの平均値を得たときに、それが母集団の平均の推測として、どの程度妥当であるのかを考えることが必要になる。標本を用いた推測から得られる母集団特性の妥当性を、標本のばらつきを考慮して評価するのである。推測統計学では、標本のばらつきを考慮した手法により、母集団の特徴を明らかにすることを目的とする。標本のばらつきを表すツールとして使われるのが確率である。したがって、近代的な統計学を学習するためには、確率論の習得が必要不可欠となる。

1.5 本書の内容

　統計学は、応用される分野によって異なる名前でよばれている。経済データを扱うための統計学は計量経済学とよばれているし、医学データを取り扱うための統計学は医療統計学や生物統計学などとよばれている。経済学、医学、疫学、ビジネスなど、分野によってデータの特徴やデータを分析する目的が異なる。この

ため、統計学は、応用される分野の特徴にあわせて様々な形に発展してきたのである。本書では、応用分野を限定しているわけではないが、経済データの統計分析である計量経済学を学習するための橋渡しを意識した内容になっている。

本書は、近代的な統計学の理論を理解するための基礎知識を学ぶことを目的としている。前述のとおり、近代的な統計学である推測統計学の土台は確率論であるため、2章から7章では確率論を学習する。確率論の内容は、本書で取り扱う統計学の内容を理解するうえで必要最低限のものにとどめており、丁寧かつ可能な限り厳密に紹介している。さらなる学習のためには、確率論の専門書を読むことをお勧めするが、本書の内容を理解しておくことで、専門書を理解しやすくなることが期待できる。

8章では、推測統計学の基本的な考え方を学ぶ。基本的な考え方を知らずに推定や統計的仮説検定に進んでしまうと、推定や検定を考える理由が分からなくなってしまうため、8章はしっかりと理解してほしい。推定と仮説検定の方法は、それぞれ、9章と10章で紹介する。9章では、主に、推定量の良し悪しを評価するための性質や、仮説検定の根拠となる性質について考える。また、10章において、仮説検定のロジックを丁寧に解説している。

11章以降は、線形単回帰モデルと二項選択モデルのパラメータの統計的推測（推定と検定）を取り扱う。本書では、確率論を土台とした推測統計学の基礎理論の理解に焦点を当てているため、線形回帰モデルと二項選択モデルは説明変数が1つだけの場合に限定している。説明変数が複数あるモデルを考える場合には、線形代数（ベクトル・行列）を用いると、モデルの表記が簡単になり、複数のパラメータの漸近的な性質を一度に示すことができる。このため、大学院レベルの教科書では、線形代数を用いることが一般的である。一方で、ベクトル・行列の演算や性質などの線形代数の知識が十分でない場合には、ベクトル・行列による表記は、推定量の性質の直感的な理解の妨げになってしまうことがある。本書では、説明変数が1つだけという限定的なケースのみを取り扱うことで、線形代数の知識なしで読み進めることができるようになっている。この意味で、本書では狭く深い内容を取り扱うことになるが、基礎的なモデルにおいて十分な理解ができていれば、本書以外で発展的な内容を学ぶ際にも有用であると考える。統計分析の手法を広く知ることを目的にしている場合には、本書は適さない。

1.6 記号

1.6.1 ギリシャ文字

統計学ではギリシャ文字が多く使われる。表 1.1 にギリシャ文字とその読み方をまとめた。本文にギリシャ文字が現れたら、その都度この表を確認して、ギリシャ文字に慣れるとよい。

表 1.1 よく使われるギリシャ文字

小文字	大文字	読み方
α		アルファ
β		ベータ
γ	Γ	ガンマ
δ	Δ	デルタ
ϵ		イプシロン
ζ		ゼータ
η		イータ
θ	Θ	シータ
ι		イオタ
κ		カッパ
λ	Λ	ラムダ
μ		ミュー
ν		ニュー
ξ	Ξ	クシー
o		オミクロン
π	Π	パイ
ρ		ロー
σ	Σ	シグマ
τ		タウ
υ	Υ	ユプシロン
ϕ	Φ	ファイ
χ		カイ
ψ	Ψ	プサイ
ω	Ω	オメガ

1.6.2　数の集合を表す記号

　自然数全体の集合を $\mathbb{N}$、整数全体の集合を $\mathbb{Z}$、有理数全体の集合を $\mathbb{Q}$、実数全体の集合を $\mathbb{R}$、複素数全体の集合を $\mathbb{C}$、偶数全体の集合を $\mathbb{E}$、奇数数全体の集合を $\mathbb{O}$ で表す。

第2章
集合と写像

　本章では確率変数を定義するために集合と写像の概念を紹介する。確率変数とは何かを理解するために必要最低限の内容に限定して取り扱うが、集合論や関数解析を勉強したことがなければ、あまり馴染みのない決まりごと（定義）や用語が頻出するため、読み進めるのに時間がかかるかもしれない。定められたルールの中で行うゲームのような感覚で、本章の内容をじっくりと時間をかけて習得してほしい。

2.1　集合

　ある特定の「もの」の集まりを**集合**（set）という。集合を構成する個々の「もの」のことを**要素**（element）あるいは、元（げん）という。集合は、その要素を中括弧 $\{\cdot\}$ の中に並べることで表記する。例えば、

$$\{1, 2, 3, 4, 5\}$$

は、整数 1 から 5 を要素に含む集合である。

　要素の個数が多い場合には、ある条件を満たすものの集まりとして $\{x \mid x$ の条件$\}$ のように集合を表すと簡潔に表現できる。例えば、すべての自然数 $1, 2, \cdots$ を要素とする集合は、

$$\{x \mid x \text{ は自然数}\} \tag{2.1}$$

と表すことができる。

　要素を 1 つも含まない集合を**空集合**（empty set）といい、$\varnothing$ で表す。例えば、

自然数かつ負の値をとる集合 $\{x \mid x \text{ は自然数、} x \text{ は負}\}$ を考えると、条件を満たす x は存在しない。つまり、この集合は要素を 1 つも含まないため $\{x \mid x \text{ は自然数、} x \text{ は負}\} = \varnothing$ である。

a が A の要素であることを $a \in A$ と表し、これを「a は A に属する」、「a は A に含まれる」、「A は a を含む」などという。一方、a が A に属さないことを $a \notin A$ で表す。

慣例として、その表記方法が定められている集合もある。例えば、1.6.2 項にあるように、自然数全体の集合は $\mathbb{N}$、整数全体の集合は $\mathbb{Z}$ で表される。また、有理数全体の集合を $\mathbb{Q}$、実数全体の集合を $\mathbb{R}$、複素数全体の集合を $\mathbb{C}$ で表す。

2.2 部分集合

2 つの集合 A と B について、B に属する要素がすべて A に属するとき、B は A の部分集合（subset）であるといい、$B \subset A$ で表す。例えば、

$$\{1,2,3,4,5\} \subset \mathbb{N} \subset \mathbb{Z} \subset \mathbb{Q} \subset \mathbb{R}$$

である。空集合は任意の集合の部分集合であるとする。つまり、任意の集合 A について、$\varnothing \subset A$ が成立する。要素であることを示す記号 $\in$ と、部分集合であることを示す記号 $\subset$ は似ているが別物である。これらを混同しないように気をつけよう。

集合 A と集合 B が $A \subset B$ かつ $B \subset A$ を満たすとき、A と B は等しいといい、$A = B$ で表す。$A = B$ のとき、A に属する要素と B に属する要素は完全に一致する。定義から明らかであるが、2 つの集合 A と B が等しいことを示したいときには、$A \subset B$ かつ $B \subset A$ を示すことになる。

例題 2.1 $A = \{1,2,3,4,5\}$, $B = \{1,3,5\}$, $C = \{2,4,6\}$, $D = \{6\}$, $a = 6$ とする。以下の式は成立するか。

(1) $A \subset B$ (2) $B = C$ (3) $B \subset A$

(4) $a \in B$ (5) $a \subset A$ (6) $a = D$

解答　(1) 成立しない。(2) 成立しない。(3) 成立する。(4) 成立しない。(5)

a は集合ではないため、部分集合であることを示す記号 $\subset$ を用いて $a \subset A$ と書いても、これが何を意味するのかは定義されていない。(6) 集合ではない a と、集合 D が等号で結ばれている式が何を意味するのかは定義されていない。

2.3　集合の演算

実数に対する四則演算（加法、減法、乗法、除法）は馴染みがある演算であろう。本節では、集合に対する演算を定義する。演算の定義とその記号を確認し、それらの演算で成立する法則を知ろう。

2.3.1　和集合と共通集合

2 つの集合 A と B について、A に属する要素と B に属する要素のすべてから構成される集合を A と B の**和集合**（union）といい、

$$A \cup B = \{x \mid x \in A \text{ または } x \in B\}$$

で表す。直感的な説明のために集合 A と B を円で表すと、和集合は図 2.1 のグレーの部分に該当する。

A と B に共通して属する要素から構成される集合を A と B の**共通集合**（intersection）といい、

$$A \cap B = \{x \mid x \in A \text{ かつ } x \in B\}$$

で表す（図 2.2）。

図 2.1　集合 A と B の和集合：$A \cup B$　　　　図 2.2　集合 A と B の共通集合：$A \cap B$

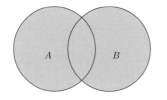
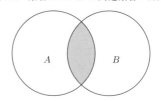

A と B の共通集合が空集合であるとき、すなわち、$A \cap B = \varnothing$ であるとき、A と B は**互いに素**（disjoint）であるという。

例題 2.2 集合 A と B について、$A \subset B$ であるとき以下が成立することを確認せよ。

(1) $A \cup B = B$ (2) $A \cap B = A$

解答 (1) 2 つの集合 X と Y が等しいことは、$X \subset Y$ かつ $Y \subset X$ が成り立つことと定義した。したがって、$A \cup B = B$ が成立することを確認するために、$(A \cup B) \subset B$ と $B \subset (A \cup B)$ を示す。$B \subset (A \cup B)$ は明らかに成り立つ。$(A \cup B) \subset B$ を示すために、$A \cup B$ に属する任意の要素が、B にも属することを示す。任意の $x \in (A \cup B)$ について、$x \in A$ または $x \in B$ が成り立つ。ただし、$A \subset B$ より、$x \in A$ ならば $x \in B$ が必ず成り立つから、$x \in A$ または $x \in B$ のとき必ず $x \in B$ となる。したがって、$x \in (A \cup B)$ のとき $x \in B$ となり、$(A \cup B) \subset B$ を得た。

(2) $(A \cap B) \subset A$ は明らか。$x \in A$ とする。$A \subset B$ より、$x \in A$ のとき必ず $x \in B$ が成立する。したがって、$x \in A$ かつ $x \in B$、すなわち、$x \in (A \cap B)$ である。これは、A の任意の要素 x について成立するため、$A \subset (A \cap B)$ を得た。

例題 2.3 $A = \{1, 2, 3, 4, 5\}$, $B = \{4, 5, 6\}$, $C = \{2, 4, 6\}$ とする。以下の集合について、要素を列挙する方法で表せ。

(1) $A \cup B$ (2) $B \cup C$ (3) $(A \cup B) \cup C$ (4) $A \cup (B \cup C)$

(5) $A \cap B$ (6) $B \cap C$ (7) $(A \cap B) \cap C$ (8) $A \cap (B \cap C)$

解答 (1) $A \cup B = \{1, 2, 3, 4, 5, 6\}$ (2) $B \cup C = \{2, 4, 5, 6\}$ (3) $(A \cup B) \cup C = \{1, 2, 3, 4, 5, 6\}$ (4) $A \cup (B \cup C) = \{1, 2, 3, 4, 5, 6\}$ (5) $A \cap B = \{4, 5\}$ (6) $B \cap C = \{4, 6\}$ (7) $(A \cap B) \cap C = \{4\}$ (8) $A \cap (B \cap C) = \{4\}$

例題 2.3 において、問 (3) と問 (4) の集合は等しい。例題では具体的な集合について、問 (3) と問 (4) が等しいことが示されているが、この結果は任意の集合に一般化することができる。つまり、任意の 3 つの集合の和集合を考えるとき、どの和集合から計算をしても結果は変わらない。また、これと同様なことが共通集合においても成り立つ。この法則を**結合法則**という。例題から明らかであるため、証明は省略する。

> **補題 2.1（結合法則）**　集合 A, B, C について以下が成り立つ。
>
> [1] $(A\cup B)\cup C = A\cup(B\cup C)$
>
> [2] $(A\cap B)\cap C = A\cap(B\cap C)$

結合法則（補題 2.1）の [1] と [2] で表されている集合の関係を例示したのが図 2.3 と図 2.4 である。結合法則が成立していることが確認できる。

図 2.3　和集合：$A\cup B\cup C$　　　　　　図 2.4　共通集合：$A\cap B\cap C$

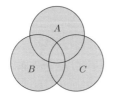
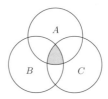

結合法則は、「3つ」の集合の和集合について、和集合をとる順番はその結果に影響しないことを示している。しかしこの法則は、集合が「3つ」の集合に限り成立するものではない。集合 A, B, C, D について、$E = C\cup D$ と定義すれば、4つの集合の和集合は、3つの集合の和集合、

$$A\cup B\cup C\cup D = A\cup B\cup E$$

として表すことができる。このように考えると、4つ以上の集合の和集合についても結合法則が成立することが分かるだろう。つまり、複数個の集合の和集合は、和集合をとる順番に関係なく定まるのである。このことは、和集合を共通集合に代えても成立する。

そこで、n 個の集合 $A_1, A_2, \cdots, A_n$ の和集合や共通集合を、

$$\bigcup_{k=1}^{n} A_k = \{x \mid x \in A_1 \text{または} x \in A_2 \cdots \text{または} x \in A_n\}$$

$$\bigcap_{k=1}^{n} A_k = \{x \mid x \in A_1 \text{かつ} x \in A_2 \cdots \text{かつ} x \in A_n\}$$

で表す。このように表記できるのは、演算の順番による曖昧さが生じないからである。

一方で、和集合と共通集合を組合せる場合には、演算の順序によって結果が異なる場合がある。次の**分配法則**をみてみよう。

補題 2.2（分配法則） 集合 A, B, C について以下が成り立つ。

[1] $A \cup (B \cap C) = (A \cup B) \cap (A \cup C)$

[2] $A \cap (B \cup C) = (A \cap B) \cup (A \cap C)$

証明　[1] $x \in A \cup (B \cap C)$ とする。$x \in A$ のとき、$x \in (A \cup B)$ かつ $x \in (A \cup C)$ より $x \in (A \cup B) \cap (A \cup C)$ を得る。一方、$x \in (B \cap C)$ のとき、$x \in B$ かつ $x \in C$ だから、$x \in (A \cup B)$ かつ $x \in (A \cup C)$、すなわち $x \in (A \cup B) \cap (A \cup C)$ を得る。したがって、$x \in A \cup (B \cap C)$ ならば、x は必ず $(A \cup B) \cap (A \cup C)$ に含まれる。このため、$A \cup (B \cap C) \subset (A \cup B) \cap (A \cup C)$ を得る。

次に、$x \in (A \cup B) \cap (A \cup C)$ とする。$A \subset (A \cup B) \cap (A \cup C)$ だから、$x \in A$ のときと、$x \notin A$ のときに分けて考える。$x \in A$ のとき、明らかに $x \in A \cup (B \cap C)$ となる。$x \notin A$ のとき、$x \in B$ かつ $x \in C$ となる。つまり $x \in B \cap C$ だから、$x \in A \cup (B \cap C)$ を得る。したがって、$(A \cup B) \cap (A \cup C) \subset A \cup (B \cap C)$ を得た。

[2] 分配法則 [1] を繰り返し適用すると、$(A \cap B) \cup (A \cap C) = [(A \cap B) \cup A] \cap [(A \cap B) \cup C] = [(A \cup A) \cap (B \cup A)] \cap [(A \cup C) \cap (B \cup C)]$ を得る。$A \cup A = A$ であることと、$A \cap (B \cup A) = A$ であること（例題 2.2）に注意すると、$[(A \cup A) \cap (B \cup A)] \cap [(A \cup C) \cap (B \cup C)] = A \cap [(A \cup C) \cap (B \cup C)]$ を得る。結合法則から、$A \cap [(A \cup C) \cap (B \cup C)] = [A \cap (A \cup C)] \cap (B \cup C) = A \cap (B \cup C)$ となり題意を得た。□

分配法則（補題 2.2）の [1] と [2] で表されている集合の関係を例示したのが図 2.5 と図 2.6 である。分配法則が成立していることが確認できる。

図 2.5　分配法則 [1]：$A \cup (B \cap C)$　　　　図 2.6　分配法則 [2]：$A \cap (B \cup C)$

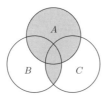
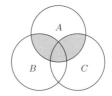

2.3.2　差集合と補集合

A に属する要素のうち、B に属さない要素を集めた集合を A から B を引いた**差集合（difference）**といい、$A \setminus B$ で表す。$A \setminus B$ は $x \in A$ かつ $x \notin B$ を満たす

x を集めた集合である。集合の表現を用いるならば、差集合は、

$$A \setminus B = \{x \in A \mid x \notin B\} \tag{2.2}$$

である。

考察の対象としている集合を**全体集合**とよぶ。全体集合を X、その部分集合を A とする。X の要素のうち、A に属さない要素の集合を A の**補集合**（complement）といい、A^c で表す。A^c は、$x \in X$ かつ $x \notin A$ となる x を集めた集合であるから、

$$A^c = \{x \in X \mid x \notin A\} \tag{2.3}$$

で表せる。

例題 2.4 $A = \{1, 2, 3, 4, 5\}$, $B = \{2, 4\}$, $C = \{1, 3, 5\}$ とする。以下の集合を簡潔に表せ。

(1) $A \setminus B$　　(2) $(A \setminus B) \setminus C$　　(3) $B \setminus C$　　(4) $A \setminus (B \setminus C)$

解答　(1) $A \setminus B = C$　(2) $(A \setminus B) \setminus C = C \setminus C = \varnothing$　(3) $B \setminus C = B$　(4) $A \setminus (B \setminus C) = A \setminus B = C$　　問 (2) と問 (4) の結果から、差集合については演算の順番が結果に影響することが分かる。

例題 2.5 全体集合を X とする。このとき以下が成立することを確かめよ。

(1) $X^c = \varnothing$　　　(2) $A^c = X \setminus A$　　(3) $(A^c)^c = A$

(4) $X = A \cup A^c$　　(5) $A \cap A^c = \varnothing$　　(6) $A \setminus B = A \cap B^c$

解答　(1) 補集合の定義 (2.3) 式より、$X^c = \{x \in X \mid x \notin X\}$ である。このような x は存在しないため、$X^c = \varnothing$ を得る。

(2) 補集合の定義 (2.3) 式より、$A^c = \{x \in X \mid x \notin A\}$。また、差集合の定義 (2.2) 式より、$X \setminus A = \{x \in X \mid x \notin A\}$ である。したがって、$A^c = X \setminus A$。

(3) $x \in (A^c)^c$ とする。問 (2) の結果を用いると $(A^c)^c = (X \setminus A)^c$ であるから、補集合の定義を用いて $x \in X$ かつ $x \notin (X \setminus A)$ となる。$x \notin (X \setminus A)$ のとき、$x \in A$ であるから、$x \in X$ かつ $x \in A$、すなわち、$x \in A$ を得る。したがって、$(A^c)^c \subset A$ である。次に $A \subset (A^c)^c$ を示すために $x \in A$ とする。このとき、$x \in$

X かつ $x \in A$ である。$x \in A$ のとき、$x \notin A^c$ であるから、$x \in X$ かつ $x \notin A^c$ を得る。したがって、補集合の定義から $x \in (A^c)^c$ であり、$A \subset (A^c)^c$ を得た。

(4) $A \cup A^c = A \cup (X \setminus A) = \{x \in X \mid x \in A$ または $x \notin A\} = X$ を得る。

(5) $A \cap A^c = \{x \in X \mid x \in A$ かつ $x \in (X \setminus A)\} = \varnothing$ を得る。

(6) 差集合の定義から、$A \setminus B = \{x \in X \mid x \in A$ かつ $x \notin B\} = \{x \in X \mid x \in A$ かつ $x \in B^c\} = A \cap B^c$ を得る。

例題 2.6 集合 A と B について、$A \subset B$ であるとき、$B = (B \setminus A) \cup A$ を示せ。

解答 $A \subset B$ より、B を全体集合、A を部分集合として考えることができる。例題 2.5 の問 (2) より、$B \setminus A = A^c$、ただし、$A^c = \{x \in B \mid x \notin A\}$ である。例題 2.5 の問 (4) より、$(B \setminus A) \cup A = A^c \cup A = B$ を得る。

例題 2.7 集合 A と B について、$A \cup B = A \cup (B \setminus A)$ を示せ。

解答 $A \cup B = \{x \mid x \in A$ または $x \in B\}$、$A \cup (B \setminus A) = \{x \mid x \in A$ または $x \in (B \setminus A)\}$ と表せることに注意する。$A \cap B = \varnothing$ のとき、$B \setminus A = B$ であるから明らかに成立する。したがって、$A \cap B \neq \varnothing$ の場合を考える。このとき B には A と共通する部分と共通しない部分があるから、$B = (B \setminus A) \cup (B \cap A)$ と分解できる。したがって、結合法則（補題 2.1）より、$A \cup B = \{x \mid x \in A$ または $x \in (B \setminus A) \cup (B \cap A)\} = \{x \mid x \in A$ または $x \in (B \setminus A)$ または $x \in (B \cap A)\} = \{x \mid x \in A$ または $x \in (B \setminus A)\}$ を得る。ただし、最後の等式には $(B \cap A) \subset A$ を用いた。

2.3.3 ド・モルガンの法則

補集合、和集合、共通集合の関係を表す、ド・モルガンの法則を紹介する。

補題 2.3（ド・モルガンの法則） 集合 A と B について以下が成り立つ。

[1] $(A \cup B)^c = A^c \cap B^c$

[2] $(A \cap B)^c = A^c \cup B^c$

証明　全体集合を X で表す。

[1] $x \in (A \cup B)^c$ とする。補集合の定義から $x \in X$ かつ $x \notin (A \cup B)$ である。ここで、もし $x \in A$ であれば、$x \in (A \cup B)$ となる。また、もし $x \in B$ であっても、$x \in (A \cup B)$ となる。したがって、$x \notin (A \cup B)$ であるとき、$x \notin A$ かつ $x \notin B$ となる。これを用いると、結合法則より、$x \in X$ かつ $x \notin (A \cup B)$ であるとは、$x \in X$ かつ $x \notin A$ と同時に $x \in X$ かつ $x \notin B$ であることを意味する。補集合の定義から $x \in A^c$ かつ $x \in B^c$、すなわち、$x \in A^c \cap B^c$ が成り立つ。したがって、$(A \cup B)^c \subset A^c \cap B^c$ を得た。

$x \in A^c \cap B^c$ とする。このとき、$x \in A^c$ かつ $x \in B^c$ である。補集合の定義から $x \in X$ かつ $x \notin A$ と同時に $x \in X$ かつ $x \notin B$ である。結合法則より、$x \in X$ と同時に、$x \notin A$ かつ $x \notin B$ が成立する。x が A に含まれず、かつ B に含まれないとき、$x \notin (A \cup B)$ であるから、$x \in X$ かつ $x \notin (A \cup B)$、すなわち $x \in (A \cup B)^c$ を得る。したがって、$A^c \cap B^c \subset (A \cup B)^c$ を得た。

[2] $x \in (A \cap B)^c$ とする。補集合の定義から $x \in X$ かつ $x \notin A \cap B$ である。$x \notin A \cap B$ のとき、$x \in A^c$ または $x \in B^c$ である。したがって、分配法則より $x \in X$ かつ $x \in A^c$、または、$x \in X$ かつ $x \in B^c$ である。これは、$x \in A^c$ または $x \in B^c$、すなわち、$x \in A^c \cup B^c$ を意味する。したがって、$(A \cap B)^c \subset A^c \cup B^c$ を得た。

$x \in A^c \cup B^c$ とする。このとき、$x \in A^c$ または $x \in B^c$ である。補集合の定義から、$x \in A^c$ は $x \in X$ かつ $x \notin A$ を意味する。したがって、$x \in X$ かつ $x \notin A$、または、$x \in X$ かつ $x \notin B$ である。分配法則より、$x \in X$ と同時に、$x \notin A$ または $x \notin B$ を得る。$x \notin A$ または $x \notin B$ のとき、$x \notin A \cap B$ であるから、$x \in X$ かつ $x \notin A \cap B$、すなわち、$x \in (A \cap B)^c$ を得る。したがって、$A^c \cup B^c \subset (A \cap B)^c$ を得た。□

ド・モルガンの法則（補題 2.3）の [1] が成り立つことを直感的に示すイメージを図 2.7 と図 2.8 に示した。図 2.7 のグレーの部分は、[1] の左辺を表す。また、図 2.8 において、線がない部分は、[1] の右辺を表す。左辺と右辺を表す部分が一致していることが分かるだろう。

図 2.7　補題 2.3[1] の左辺：$(A \cup B)^c$

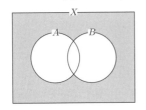

図 2.8　補題 2.3[1] の右辺：$A^c \cap B^c$

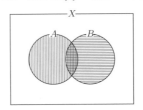

注：A^c は縦線がない部分、B^c は横線がない部分、
$A^c \cap B^c$ は横線も縦線もない部分で表されている。

ド・モルガンの法則はより一般的な形で成立する。集合 $A_1, A_2, \cdots, A_n$ の和集合 $\bigcup_{i=1}^{n} A_i$ と共通集合 $\bigcap_{i=1}^{n} A_i$ について、n を限りなく大きくすることを $\bigcup_{i=1}^{\infty} A_i$ と $\bigcap_{i=1}^{\infty} A_i$ で表す。

補題 2.4（ド・モルガンの法則）　集合 $A_1, A_2, \cdots$ について以下が成り立つ。

[1] $(\bigcap_{i=1}^{\infty} A_i)^c = \bigcup_{i=1}^{\infty} A_i^c$

[2] $(\bigcup_{i=1}^{\infty} A_i)^c = \bigcap_{i=1}^{\infty} A_i^c$

証明　[1] 集合 $A_1, A_2, \cdots$ のうち、任意の 1 つを取り出し、A_k とする。$\bigcap_{i=1}^{\infty} A_i = A_1 \cap A_2 \cap \cdots \cap A_k \cap \cdots$ であるから、明らかに $\bigcap_{i=1}^{\infty} A_i \subset A_k$ が成り立つ。この関係式の補集合を考えれば $A_k^c \subset (\bigcap_{i=1}^{\infty} A_i)^c$ を得る。A_k は、$A_1, A_2, \cdots$ のうちの任意の 1 つであったから、$A_1^c \subset (\bigcap_{i=1}^{\infty} A_i)^c$ も成り立つし、$A_2^c \subset (\bigcap_{i=1}^{\infty} A_i)^c$ も成り立つ。したがって、$\bigcup_{i=1}^{\infty} A_i^c \subset (\bigcap_{i=1}^{\infty} A_i)^c$ が成り立つ。

任意の A_k について、$A_k^c \subset \bigcup_{i=1}^{\infty} A_i^c$ が成り立つ。この関係式の補集合を考えれば、$(\bigcup_{i=1}^{\infty} A_i^c)^c \subset A_k$ を得る。A_k は任意であったから $(\bigcup_{i=1}^{\infty} A_i^c)^c \subset A_1$ も成り立つし、$(\bigcup_{i=1}^{\infty} A_i^c)^c \subset A_2$ も成り立つ。したがって、$(\bigcup_{i=1}^{\infty} A_i^c)^c \subset \bigcap_{i=1}^{\infty} A_i$ を得る。再び補集合をとれば、$(\bigcap_{i=1}^{\infty} A_i)^c \subset \bigcup_{i=1}^{\infty} A_i^c$ を得る。

以上で、$\bigcup_{i=1}^{\infty} A_i^c \subset (\bigcap_{i=1}^{\infty} A_i)^c$ かつ $(\bigcap_{i=1}^{\infty} A_i)^c \subset \bigcup_{i=1}^{\infty} A_i^c$ であることが示せたため、$\bigcup_{i=1}^{\infty} A_i^c = (\bigcap_{i=1}^{\infty} A_i)^c$ が成立する。

[2] 任意の A_k について、$A_k \subset \bigcup_{i=1}^{\infty} A_i$ が成り立つ。補集合をとれば、$(\bigcup_{i=1}^{\infty} A_i)^c \subset A_k^c$ を得る。A_k は任意であったから $(\bigcup_{i=1}^{\infty} A_i)^c \subset \bigcap_{i=1}^{\infty} A_i^c$ を得る。

任意の A_k について、$\bigcap_{i=1}^{\infty} A_i^c \subset A_k^c$ が成り立つ。補集合をとれば、$A_k \subset (\bigcap_{i=1}^{\infty} A_i^c)^c$

を得る。A_k は任意であったから $\bigcup_{i=1}^{\infty} A_i \subset (\bigcap_{i=1}^{\infty} A_i^c)^c$ を得る。再び補集合をとれば、$\bigcap_{i=1}^{\infty} A_i^c \subset (\bigcup_{i=1}^{\infty} A_i)^c$ を得る。以上で題意を得た。□

2.4 区間による集合

2 つの実数 a と b が $a < b$ を満たすとする。このとき、a 以上 b 以下の実数のような、端点を含む集合を**閉区間**（closed interval）といい、

$$[a,b] = \{x \in \mathbb{R} \mid a \leq x \leq b\}$$

で表す。また、a より大きく b より小さい実数のような、端点を含まない集合を**開区間**（open interval）といい、

$$(a,b) = \{x \in \mathbb{R} \mid a < x < b\}$$

で表す。また、次のような集合、

$$(a,b] = \{x \in \mathbb{R} \mid a < x \leq b\}$$
$$[a,b) = \{x \in \mathbb{R} \mid a \leq x < b\}$$

を、それぞれ、**左半開区間**、**右半開区間**とよぶ。

例題 2.8 次の集合を表せ。

(1) 1 から 10 までの整数を要素に持つ集合。

(2) 自然数全体の集合。

(3) 10 以上 25 未満の実数を要素に持つ集合。

解答　(1) $\{1,2,3,4,5,6,7,8,9,10\}$ や $\{x \in \mathbb{Z} \mid 1 \leq x \leq 10\}$ で表せる。

(2) $\{x \mid x \in \mathbb{N}\}$ や、単に $\mathbb{N}$ で表せる。

(3) $\{x \in \mathbb{R} \mid 10 \leq x < 25\}$ や $[10, 25)$ で表せる。

いくつかの開区間の共通集合を考える。例えば、

$$(-3,5) \cap (-2,5) \cap (-1,5) = (-1,5)$$

であることは簡単に確認できるだろう。一般に、有限個の開区間の共通集合は開区間になる。しかし、開区間の数を限りなく大きくした場合、必ずしもこのことは成立しない。このことを例題で確認しよう。

例題 2.9 任意の定数 α について、$\{x \in \mathbb{R} \mid x \geq \alpha\} = \bigcap\limits_{n=1}^{\infty} \{x \in \mathbb{R} \mid x > \alpha - 1/n\}$ が成り立つことを示せ。

解答 この例題は、

$$[\alpha, \infty) = \bigcap_{n=1}^{\infty} \left(\alpha - \frac{1}{n}, \infty\right)$$

を示すことと同じである。まず、$t \in [\alpha, \infty)$ とする。このとき、任意の n について、$\alpha - 1/n < \alpha \leq t$ であるから、$t \in (\alpha - 1/n, \infty)$ が成立する。n は任意であったから $t \in \bigcap\limits_{n=1}^{\infty} (\alpha - 1/n, \infty)$ を得る。したがって、$[\alpha, \infty) \subset \bigcap\limits_{n=1}^{\infty} (\alpha - 1/n, \infty)$ である。

次に、$\bigcap\limits_{n=1}^{\infty} (\alpha - 1/n, \infty) \subset [\alpha, \infty)$ を示すために、補集合について $[\alpha, \infty)^c \subset (\bigcap\limits_{n=1}^{\infty} (\alpha - 1/n, \infty))^c$ が成立することを示す。そこで、$t \notin [\alpha, \infty)$ とする。このとき、$t < \alpha$ より、十分大きな n をとれば $t < \alpha - 1/n \leq \alpha$ とできる。したがって、そのような n については $t \notin (\alpha - 1/n, \infty)$ となるため、$t \notin \bigcap\limits_{n=1}^{\infty} (\alpha - 1/n, \infty)$ が成立する。以上から、$[\alpha, \infty)^c \subset (\bigcap\limits_{n=1}^{\infty} (\alpha - 1/n, \infty))^c$ を得た。

この例題 2.9 から、開区間の無限個の共通集合は開区間になるとは限らないことが示唆される。実際に、任意の定数 α と β について、

$$[\alpha, \beta] = \bigcap_{n=1}^{\infty} \left(\alpha - \frac{1}{n}, \beta + \frac{1}{n}\right) \tag{2.4}$$

が成り立つことが知られている。同様に、閉区間の無限個の和集合は閉区間になるとは限らず、

$$(\alpha, \beta) = \bigcup_{n=1}^{\infty} \left[\alpha + \frac{1}{n}, \beta - \frac{1}{n}\right] \tag{2.5}$$

が成立する。

2.5 写像

集合 A のすべての要素のそれぞれに対して、集合 B の要素の 1 つを対応させる規則があるとき、その規則を**写像**（map）という。写像 f が集合 A から B への写像であるとき、これを、

$$f : A \to B$$

で表す。このとき、A を写像 f の**定義域**（domain）、B を写像 f の**値域**（range）という。写像 f によって、$a \in A$ が $b \in B$ に写されることを、$f(a) = b$ で表す。

　値域が実数である写像のことを実数値関数（real-valued functon）とよび、本書ではこれを単に**関数**（function）とよぶ。

　写像の定義について、2 つの注意点を挙げる。

注意 1

　写像 $f : A \to B$ が与えられたとき、A に属する「すべて」の要素のそれぞれに対して、B の要素が 1 つ対応していることに注意してほしい。ある $a \in A$ に対して $f(a) \notin B$ であるとき、f は A から B への写像とはいわない。一方で、A のすべての要素を対応させた集合 $\{f(a) \in B \mid a \in A\}$ は B の部分集合であればよく、B と等しくなくてもよい。A のすべての要素を対応させた集合を f の**像**（image）といい、$\operatorname{Im} f$ で表す。つまり、

$$\operatorname{Im} f = \{f(a) \in B \mid a \in A\}$$

である。像が値域と等しいとき、つまり、$\operatorname{Im} f = B$ であるとき、f は**全射**（surjection）であるという *1。

注意 2

　写像 $f : A \to B$ が与えられたとき、A に属するすべての要素のそれぞれに対して、B の要素が「1 つ」対応していることに注意してほしい。$a \in A$ に対して異なる 2 つの値が対応する規則は写像ではない。一方で、$a_1, a_2 \in A$ の行き先が重複し $f(a_1) = f(a_2)$ となることは、写像の定義に反しない。重複がないとき、つまり、任意の 2 点 $a_1, a_2 \in A$ について $a_1 \neq a_2$ であれば必ず $f(a_1) \neq f(a_2)$ となるとき、f は**単射**（injection）であるという。

例題 2.10 　実数から実数への関数 $f : \mathbb{R} \to \mathbb{R}$ として $f(x) = x^2$ を考える。f が関数であることを定義に当てはめて確かめよ。また、全射であるか単射であるかを確認せよ。

---

*1 値域の定義は本によって異なることがあるため注意しよう。本書で定義した値域は**終域**（codomain）ともよばれる。注意 1 にあるように、終域 B と像 $\operatorname{Im} f$ は必ずしも一致するものではない。本書のように、終域のことを値域とよぶ本もあれば、像のことを値域とよぶ本もある。

解答　$f(x) = x^2$ は、実数 $\mathbb{R}$ のすべての要素のそれぞれに対して、実数 1 つを対応させているので写像である。特に、値域が実数であるので関数である。f の像は非負（0 を含む正）の実数である。つまり、$\operatorname{Im} f = \{f(x) \mid x \in \mathbb{R}\} = \{x \in \mathbb{R} \mid x \geq 0\} \neq \mathbb{R}$ である。したがって、f は全射ではない。以後、非負の実数を $\mathbb{R}_+$ で表す。つまり $\mathbb{R}_+ = \{x \in \mathbb{R} \mid x \geq 0\}$ である。次に、0 を除く任意の実数 $a \in \mathbb{R}$ に対して、$a \neq -a$ かつ $f(a) = f(-a) = a^2$ であるので、f は単射ではない。これらは図 2.9 からも確認できる。

ただし、関数 $f : \mathbb{R} \to \mathbb{R}_+$ として $f(x) = x^2$ が定義されていれば、f は全射である。

例題 2.11　実数から実数への関数 $f : \mathbb{R} \to \mathbb{R}$ として $f(x) = x^3$ を考える。f が関数であることを定義に当てはめて確かめよ。また、全射であるか単射であるかを確認せよ。

解答　$f(x) = x^3$ は、実数 $\mathbb{R}$ のすべての要素のそれぞれに対して、実数 1 つを対応させているので写像である。特に、値域が実数であるので関数である。f の像は実数である。つまり、$\operatorname{Im} f = \{f(x) \mid x \in \mathbb{R}\} = \mathbb{R}$ である。したがって、f は全射である。また、任意の実数 $a, b \in \mathbb{R}$ に対して、$a \neq b$ であれば $f(a) = a^3 \neq b^3 = f(b)$ であるので、f は単射である。これらは図 2.10 からも確認できる。

図 2.9　$f : \mathbb{R} \to \mathbb{R}$ として、$f(x) = x^2$ は全射でも単射でもない

図 2.10　$f : \mathbb{R} \to \mathbb{R}$ として、$f(x) = x^3$ は全射であり単射

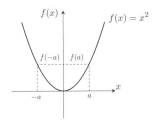

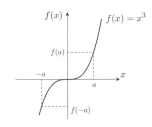

2.6 逆写像

写像 $f : A \to B$ が全射であり、かつ単射であるとき、f は A から B への**全単射**（bijection）であるという。

写像 $f : A \to B$ が全単射であれば、任意の $b \in B$ に対して写像 f によって対応されていた集合 A の要素が 1 つ存在する。言い換えれば、写像 $f : A \to B$ が全単射であれば、B から A への写像が存在する。この写像を f の**逆写像**（inverse map）といい、$f^{-1} : B \to A$ で表す。f^{-1} は、任意の $b \in B$ に対して $f(a) = b$ となる $a \in A$ を対応させる写像 $f^{-1}(b) = a$ である。

例えば、関数 $f : \mathbb{R} \to \mathbb{R}$ として $f(x) = x^2$ を考える（図 2.9）。例題 2.10 より、f は全単射でないので逆写像は存在しない。実際、任意の $a \in \mathbb{R}$ に対して $b = f(a) = f(-a)$ であるため、b に対して写像 f によって対応されていた値は a であるのか $-a$ であるのか分からない。これは写像の定義に反する。

図 2.10 の関数 $f(x) = x^3$ は、全単射である（例題 2.11）。したがって、逆写像が存在する。実際、$g(x) = x^{1/3}$ とすれば、これは f の逆写像である。つまり、$f^{-1}(x) = g(x)$ である。

例題 2.12 写像 $f : \mathbb{R} \to \mathbb{R}$ として $f(x) = ax + b$ を考える。ただし、a と b は任意の実数とする。写像 f が逆写像を持つための a と b の条件を求めよ。

解答 写像 f が逆写像を持つ条件は、f が全単射であることなので、f が全単射かどうかを調べる。任意の実数 x と y について、$x \neq y$ とする。このとき、$f(x) - f(y) = ax + b - (ay + b) = a(x - y)$ である。仮定から $x \neq y$ であるから、$a \neq 0$ と $f(x) \neq f(y)$ は同値である。したがって、f が単射であるための条件は $a \neq 0$ である。f の像は、$\operatorname{Im} f = \{ax + b \mid x \in \mathbb{R}\}$ である。$a = 0$ のとき $\operatorname{Im} f = \{b\}$ であり、$a \neq 0$ のとき $\operatorname{Im} f = \mathbb{R}$ である。したがって、f が全射であるための条件は $a \neq 0$ である。以上から、求める条件は、$a \neq 0$ かつ b は任意の実数である。

2.7 可算集合

この節では、集合の要素の個数について考察する。集合 $A = \{a, b, c, d, e\}$ の要素の個数は 5 である。任意の $n \in \mathbb{N}$ について、集合の要素の個数が n であると

図 2.11　有限集合の濃度の例　　　　図 2.12　無限集合の濃度の例

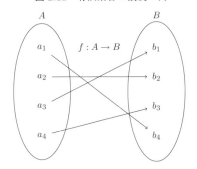

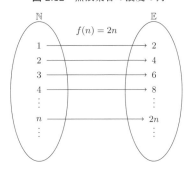

注：A, B は有限集合である。全単射が存在す
れば（濃度が等しければ）、要素の個数は等
しい。

注：写像 $f : \mathbb{N} \to \mathbb{E}$ は全単射であるため、
自然数と正の偶数の濃度は等しい。

き、その集合を**有限集合**（finite set）という。一方、有限集合でない集合を**無限
集合**（infinite set）という。

　集合 A と B がともに有限集合である場合には、2 つの集合の要素の数を数え
ることで、どちらの集合が多くの要素を含むのかを調べることができる。それで
は、集合 A と B がともに無限集合である場合はどうだろうか。無限集合の場合
には、A と B の要素の数を数え上げて、どちらの集合が多くの要素を含むかを検
討することはできない。そこで、**濃度**（cardinality）という概念を導入し、無限
集合に対しても要素の数の比較をできるようにする。

　集合 A から B への全単射が存在するとき、A と B は**濃度が等しい**という。有
限集合の場合には、濃度が等しいことと、要素の数が等しいことが同じことを意
味することは明らかであろう（図 2.11）。無限集合の場合には、要素の数を数え
ることはできないが、全単射が存在するかは考えることができる。有限集合にお
ける要素の数が等しいという性質を、濃度が等しいという性質に置き換えること
で、要素の数の比較を無限集合に拡張しているのである。

　例えば、自然数全体の集合 $\mathbb{N}$ から正の偶数全体の集合 $\mathbb{E}$ への写像 $f : \mathbb{N} \to \mathbb{E}$
として、$f(n) = 2n$ を考える。$f : \mathbb{N} \to \mathbb{E}$ は明らかに全単射であるので、自然数
と偶数の濃度は等しい（図 2.12）。正の偶数全体の集合は自然数全体の集合の部
分集合であるが、その濃度は等しいのである。全体集合とその部分集合の濃度が

等しくなることは、有限集合では起こらない。

無限集合のうち、自然数と濃度が等しい集合を**可算集合**（countable set）という。集合 A が可算集合であれば、ある全単射 $f: \mathbb{N} \to A$ が存在するため、A の要素に自然数でできた通し番号を付けて表すことができる。例えば、添字を付けた記号 $a_1, a_2, a_3, \cdots$ を用いて、集合 A を、

$$A = \{a_1, a_2, a_3, \cdots\}$$

で表すことができる。一方で、可算集合でない集合を**非可算集合**（uncountable set）という。非可算集合に対しては、自然数でできた通し番号を付けていっても、番号を付けることができない要素が残ってしまうのである。例えば、実数全体の集合 $\mathbb{R}$ は非可算集合であることが知られている [*2]。

例題 **2.13** 正の奇数からなる集合 $\mathbb{O}$ は可算集合であるか。

解答 写像 $f: \mathbb{N} \to \mathbb{O}$ として、$f(n) = 2n - 1$ を考える。この写像を示したのが図 2.13 である。この図からも分かるように、f は明らかに全単射である。したがって、$\mathbb{O}$ は可算集合である。

例題 **2.14** 整数の集合 $\mathbb{Z}$ は可算集合であるか。

解答 写像 $f: \mathbb{N} \to \mathbb{Z}$ として、

$$f(n) = \begin{cases} \dfrac{n-1}{2} & (n \text{ が奇数のとき}) \\ -\dfrac{n}{2} & (n \text{ が偶数のとき}) \end{cases}$$

を考える。この写像を示したのが図 2.14 である。f は全単射であるため、$\mathbb{Z}$ が可算集合であることが分かる。

[*2] 実数全体の集合 $\mathbb{R}$ が非可算集合であることを示すには、対角線論法とよばれる方法を使う。証明は、例えば内田（1986）の例 7.2（p.28）を参照されたい。

図 2.13 写像 $f: \mathbb{N} \to \mathbb{O}$

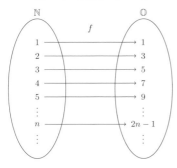

図 2.14 写像 $f: \mathbb{N} \to \mathbb{Z}$

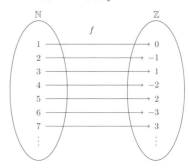

章 末 問 題

問 2.1 全体集合を $X = \{x, y, z, w, u\}$ とし、$A = \{z, y, x, w\}$, $B = \{y, w\}$, $C = \{u, z\}$ とする。このとき、以下の集合を要素を列挙する方法で表せ。

(1) $A \cap C$　　(2) $(A \cup B) \cap C$　　(3) $A \setminus C$　　(4) B^c　　(5) $(B^c)^c$

問 2.2 次の関数が全射であるか単射であるかを確認せよ。全単射である場合には逆写像を求めよ。

(1) $f: \mathbb{R}_+ \to \mathbb{R}_+$, $f(x) = \sqrt{x}$

(2) $f: \mathbb{R} \to [-1, 1]$, $f(x) = \sin(x)$

第3章

確率

「降水確率」や「宝くじが当たる確率」など、確率という言葉は馴染みの深い言葉であるが、日常的に使われている確率は厳密な定義なしに用いられていることが多い。統計学は確率を土台とした学問であるため、確率の定義が曖昧なままで学習してしまうと、間違った解釈をしたり、理解ができず混乱したりすることがある。本章では、確率を厳密に定義し、統計学の土台作りを行う。

3.1 標本空間

サイコロ投げのように、同じ条件下で繰り返し行うことができ、結果が偶然によって決まる作業のことを**試行**（trial）という。また、試行の結果を**根元事象**といい、起こりうるすべての根元事象を集めた集合を**標本空間**（sample space）という。Ω を標本空間としよう。例えば、サイコロを 1 回投げる試行の根元事象は、「1 の目」、「2 の目」、「3 の目」、「4 の目」、「5 の目」、「6 の目」である。これらの根元事象を $\boxdot, \boxdot, \cdots, \boxdot$ で表す。このとき、標本空間は、

$$\Omega = \left\{ \boxdot, \boxdot, \boxdot, \boxdot, \boxdot, \boxdot \right\}$$

である。

例題 **3.1** 52 枚のトランプから 1 枚を引き、引いたカードのマーク（$\diamondsuit$, $\heartsuit$, $\spadesuit$, $\clubsuit$）を観測する試行を考える。この試行に対する標本空間を表せ。

解答 この試行の結果は、引いたトランプに記された 4 種類のマークである。

したがって、4 種類のマークが根元事象であり、標本空間は $\Omega = \{\diamondsuit, \heartsuit, \spadesuit, \clubsuit\}$ である。標本空間は集合であるので、中括弧を用いて表すことに注意しよう。

例題 3.2 52 枚のトランプから 1 枚を引き、引いたカードのマークが「$\diamondsuit$ か $\heartsuit$」であるか、「$\spadesuit$ か $\clubsuit$」であるかを観測する。「$\diamondsuit$ か $\heartsuit$」が観測されることを R、「$\spadesuit$ か $\clubsuit$」が観測されることを B で表すことにする。この作業を 2 回繰り返す試行を考える。1 回目の結果が R、2 回目の結果が B であるとき、この結果をまとめて RB のように表す。この試行に対する標本空間を表せ。

解答 「トランプを引くという作業を 2 回繰り返す」という試行を考えているのであるから、1 度の試行の結果として得られるのは、RR, RB, BR, BB のうちのどれかである。したがって、$\Omega = \{RR, RB, BR, BB\}$ である。

例題 3.3 52 枚のトランプから 1 枚を引き、引いたカードのマークが「$\diamondsuit$ か $\heartsuit$」であるか、「$\spadesuit$ か $\clubsuit$」であるかを観測する。この作業を、同じ結果が 2 回連続で起こるまで繰り返す試行の標本空間を表せ。

解答 1 度の試行は、同じ結果が 2 回連続で起こるまで繰り返される。したがって、この試行の標本空間は、

$$\Omega = \{RR, BB, RBB, BRR, RBRR, BRBB, RBRBB, BRBRR, \cdots\}$$

である。

3.2 事象

標本空間 Ω の任意の部分集合を**事象**（event）とよぶ。部分集合であればよく、1 つの要素からなる集合でも、いくつかの要素からなる集合でも事象とよぶ。

例えば、例題 3.2 の試行における標本空間 $\Omega = \{RR, RB, BR, BB\}$ に対して、次のような事象を考えることができる。

- $\{BB\} \subset \Omega$：「2 回連続で $\spadesuit$ か $\clubsuit$ を引く」事象。
- $\{RB, BR\} \subset \Omega$：「交互に異なる結果を得る」事象。

- $\{RR, RB, BR\} \subset \Omega$：「少なくとも 1 度は ◇ か ♡ を引く」事象。

もちろん、上記の 3 つ以外にも事象は存在する。事象は集合であるので、中括弧を用いて表記することに注意しよう。

例題 3.4 例題 3.2 の試行において、すべての事象を書け。

解答 標本空間は $\Omega = \{RR, RB, BR, BB\}$ であった。Ω の部分集合をすべて書けば、$\varnothing, \{RR\}, \{RB\}, \{BR\}, \{BB\}, \{RR, RB\}, \{RR, BR\}, \{RR, BB\},$ $\{RB, BR\}, \{RB, BB\}, \{BR, BB\}, \{RR, RB, BR\}, \{RR, RB, BB\}, \{RR, BR, BB\},$ $\{RB, BR, BB\}, \{RR, RB, BR, BB\}$ である。

3.3 σ-加法族

確率に厳密な定義を与えるために、日常的に使われている確率の簡単な例を用いて確率が定義される集合について考えてみよう。サイコロを 1 回投げる試行を考える。

上の図は、それぞれの結果が 1/6 の確率で起こることを示している。それぞれの結果が起こる確率が分かっていれば、「⚀ か ⚁ が出る確率」や、「⚀ も ⚁ も出ない確率」なども分かる。

サイコロの例から分かるように、確率は、標本空間の各要素に対してのみ割り当てられているのではなく、標本空間の部分集合、すなわち事象に対しても定義されていると考えるのが自然であろう。実際に、確率は標本空間上の事象に対して、0 以上 1 以下の実数を対応させる写像として定義される。事象の集まりのことを**事象族**といい、$\mathcal{B}$ で表す。

それでは、どのような事象族に対して確率が定められているべきであろうか。サイコロの例において「⚀ か ⚁ が出る確率」は 1/3 であった。この確率から、「⚀

も 🎲 も出ない確率」が 2/3 であることは直感的に分かるだろう。つまり、事象 {🎲,🎲} に対して確率が定義されているときには、その補集合 {🎲,🎲,🎲,🎲} に対しても確率が定義されていなければならない。このように、確率を定義する事象族はどんなものでもよいわけではない。

　確率が定義される事象族 $\mathcal{B}$ は、どのような性質を持つべきであろうか。その性質を与えるのが次に紹介する σ-加法族である。確率は、事象族の中でも、σ-加法族とよばれる集合上において定義されるのである。

> **定義 3.1**　標本空間 Ω 上の事象族 $\mathcal{B}$ は、以下の性質を満たすとき、Ω 上の σ-加法族（σ-algebra）であるという。
>
> (B1) $\Omega \in \mathcal{B}$
>
> (B2) $A \in \mathcal{B}$ ならば $A^c \in \mathcal{B}$
>
> (B3) $A_1, A_2, \cdots \in \mathcal{B}$ ならば $\bigcup_{i=1}^{\infty} A_i \in \mathcal{B}$

　標本空間は起こりうる結果をすべて集めた集合であった。したがって、標本空間の確率（すべての結果のうちのいずれかが起こる確率）が 1 と考えるのは自然であろう。(B1) の下で、標本空間 Ω に対して確率が定義される。(B2) は、ある事象 A の確率が定義されるとき、その補集合 $A^c = \Omega \setminus A$ にも確率が定義されることを保証する。事象 A が起こる確率が p であれば、事象 A が起きない確率（A^c が起きる確率）は $1 - p$ とするのが自然であろう。最後に、(B3) は、$A_1, A_2, \cdots$ に確率が定義されているとき、それらの和集合 $\bigcup_{i=1}^{\infty} A_i$ にも確率が定義されることを意味している。

　標本空間 Ω と Ω 上の σ-加法族 $\mathcal{B}$ の組合せを可測空間（measurable space）といい、$(\Omega, \mathcal{B})$ で表す。この可測空間が確率を定義する舞台となり、確率は可測空間上の σ-加法族 $\mathcal{B}$ 上に定義される。$\mathcal{B}$ に属する集合は、確率を測ることが可能な集合であるため、可測集合（measurable set）とよばれる。

例題 3.5　$\mathcal{B}$ を Ω 上の σ-加法族とする。$A_1, A_2, \cdots \in \mathcal{B}$ であるとき、$\bigcap_{i=1}^{\infty} A_i \in \mathcal{B}$ を示せ。

解答　ド・モルガンの法則より、$\bigcap_{i=1}^{\infty} A_i = \left(\bigcup_{i=1}^{\infty} A_i^c \right)^c$ である。(B2) より、$A_1^c, A_2^c, \cdots \in \mathcal{B}$ であるから、(B3) より $\bigcup_{i=1}^{\infty} A_i^c \in \mathcal{B}$ である。再び (B2) を適用すれば $\left(\bigcup_{i=1}^{\infty} A_i^c \right)^c \in \mathcal{B}$ となり題意を得る。

例題 3.6 例題 3.2 の試行において、以下の事象族は σ-加法族であるか。

(1) $\mathcal{B} = \{\Omega, \{BB, RB\}, \{RR, BR\}\}$

(2) $\mathcal{B} = \{\varnothing, \Omega, \{BB, RB, BR\}, \{RR\}\}$

(3) Ω のすべての部分集合からなる集合

解答 (1) $\Omega \in \mathcal{B}$ であるが、$\Omega^c = \varnothing \notin \mathcal{B}$ であるため σ-加法族でない。

(2) この $\mathcal{B}$ は、(B1)〜(B3) の性質をすべて満たすため σ-加法族である。

(3) すべての部分集合は、例題 3.4 で示されている。この集合が σ-加法族の定義を満たすことは容易に確認できる。

　この例のように、可算個の要素で構成される標本空間のすべての部分集合からなる集合は σ-加法族となる。

例題 3.7 $\mathcal{B}$ を Ω 上の σ-加法族とする。$A, B \in \mathcal{B}$ であるとき以下を示せ。

(1) $A \cap B \in \mathcal{B}$

(2) $A \setminus B \in \mathcal{B}$

解答 (1) ド・モルガンの法則（補題 2.3）より、$A \cap B = (A^c \cup B^c)^c$ である。(B2) より $A^c, B^c \in \mathcal{B}$ だから、(B3) より $A^c \cup B^c \in \mathcal{B}$ を得る。再び (B2) より $(A^c \cup B^c)^c \in \mathcal{B}$ となる。

(2) 例題 2.5 より、$A \setminus B = A \cap B^c$ であることに注意する。(B2) より $B^c \in \mathcal{B}$ だから、問 (1) より $A \setminus B \in \mathcal{B}$ を得る。

3.4　確率測度

定義 3.2 $(\Omega, \mathcal{B})$ を可測空間とする。$\mathcal{B}$ 上に定義された写像 P が以下の条件を満たすとき、P を $(\Omega, \mathcal{B})$ 上の**確率測度**（probability measure）、あるいは単に**確率**（probability）とよぶ。

(P1) 任意の $A \in \mathcal{B}$ に対して $0 \leq P(A) \leq 1$

(P2) $P(\Omega) = 1$

(P3) (**可算加法性**) $A_1, A_2, \cdots \in \mathcal{B}$, $A_i \cap A_j = \varnothing \ (i \neq j)$ ならば、
$$P(\bigcup_{i=1}^{\infty} A_i) = \sum_{i=1}^{\infty} P(A_i)$$

　定義 3.2 では、写像 $P : \mathcal{B} \to [0,1]$ のうち、性質 (P1), (P2), (P3) を満たすものを確率と定義している。性質 (P1) より、確率は 0 以上 1 以下の値をとる。また、(P2) より、起こりうるすべての結果のうちのどれかが起きる確率は 1 となる。(P3) より、互いに素である事象の和集合の確率は、それぞれの事象の確率の和となる。

　(P3) について、具体例で考えてみよう。52 枚のトランプから 1 枚引き、引いたカードのマーク ($\diamondsuit, \heartsuit, \spadesuit, \clubsuit$) を観測する試行を考える（例題 3.1）。このとき、$P(\{\diamondsuit\}) = 1/4, P(\{\clubsuit\}) = 1/4$ である。このとき、明らかに $\{\diamondsuit\} \cap \{\clubsuit\} = \varnothing$ であり、$P(\{\diamondsuit\} \cup \{\clubsuit\}) = P(\{\diamondsuit\}) + P(\{\clubsuit\}) = 1/2$ が成立する。この例では、互いに素である事象は 2 つであるが、(P3) では、互いに素である事象が無限個ある場合にも、この性質が満たされることを意味している。この性質を**可算加法性**（countable additivity）とよぶ。

　可測空間 $(\Omega, \mathcal{B})$ と、その上に定義された確率 P の組合せを**確率空間**（probability space）といい、$(\Omega, \mathcal{B}, P)$ で表す。

例題 3.8　コインを 1 回投げる試行を考える。事象を $H = \{\text{表が出る}\}$、$T = \{\text{裏が出る}\}$ で表す。標本空間 $\Omega = \{H, T\}$、σ-加法族 $\mathcal{B} = \{\Omega, \varnothing, H, T\}$ とする。ある定数 $0 \le p \le 1$ に対して $P(H) = p$ であるとき、$P(T)$ を求めよ。

解答　T と H は互いに素であるから、(P3) より、$P(T \cup H) = P(T) + P(H)$。また、$T \cup H = \Omega$ であるから、(P2) より $1 = P(\Omega) = P(T \cup H)$ を得る。以上から、$P(T) = 1 - p$ となる。

　次に、例題 3.8 を一般化して考えてみよう。

例題 3.9　$(\Omega, \mathcal{B}, P)$ を確率空間とする。任意の $A \in \mathcal{B}$ に対して、$P(A^c) = 1 - P(A)$ となることを示せ。

解答　$A^c = \Omega \setminus A$ より、A と A^c は違いに素であるから、(P3) より $P(A \cup A^c) = P(A) + P(A^c)$ である。また、$A \cup A^c = \Omega$ であるから、$1 = P(\Omega) = P(A) + P(A^c)$ を得る。(B2) の性質から $A^c \in \mathcal{B}$ であるために $P(A^c)$ が定義できていることに注意する。

例題 3.10 $P(\varnothing)$ を求めよ。

解答 例題 3.9 より、$P(\varnothing) = 1 - P(\varnothing^c) = 1 - P(\Omega) = 0$ となる。

例題 3.11 サイコロを 1 回投げる試行を考える。標本空間は $\Omega = \{\boxdot,\boxdot,\boxdot,\boxdot,\boxdot,$ $\boxdot\}$、σ-加法族 $\mathcal{B}$ は Ω のすべての部分集合からなる集合とする。また、$(\Omega,\mathcal{B})$ 上の確率について、

$$P(\{\boxdot\}) = P(\{\boxdot\}) = \cdots = P(\{\boxdot\}) = \frac{1}{6} \tag{3.1}$$

であるとする。

(1) 2 以下の目が出る確率を定義 3.2 に基づき求めよ。

(2) 1 以外の目が出る確率を定義 3.2 に基づき求めよ。

解答 (1) 事象 $\{\boxdot,\boxdot\}$ の確率を計算する。考えている試行において、事象 $\{\boxdot\}$ と事象 $\{\boxdot\}$ はともに根元事象であり、同時に起こることはない。したがって、$\{\boxdot,\boxdot\} = \{\boxdot\} \cup \{\boxdot\}$ である。性質 (P3) から $P(\{\boxdot,\boxdot\}) = P(\{\boxdot\} \cup \{\boxdot\}) = P(\{\boxdot\}) + P(\{\boxdot\}) = 1/3$ となる。

(2) 同じく性質 (P3) を用いれば $P(\{\boxdot\}^c) = P(\{\boxdot,\boxdot,\boxdot,\boxdot,\boxdot\}) = P(\{\boxdot\}) + \cdots + P(\{\boxdot\}) = 5/6$ を得る。

例題 3.11 では、各サイコロの目（根元事象）の確率から、「2 以下の目」や「1 以外の目」の事象の確率を計算することができた。このように、根元事象の確率を用いれば、他の事象の確率を計算できる。このことを詳しく考えてみよう。標本空間 $\Omega = \{\omega_1, \omega_2, \cdots\}$ の根元事象の数が可算であるとする。また、Ω のすべての部分集合からなる集合を $\mathcal{B}$ とする。例題 3.6 で確認したように、$\mathcal{B}$ は σ-加法族となる。いま、$(\Omega,\mathcal{B})$ 上の確率を P とする。任意の $A \in \mathcal{B}$ は、根元事象の和集合で表すことができるため、可算加法性から、

$$P(A) = \sum_{\omega_i \in A} P(\omega_i) \tag{3.2}$$

が成り立つ。つまり、根元事象の確率 $P(\omega_1), P(\omega_2), \cdots$ が分かっていれば、$\mathcal{B}$ に属するすべての事象の確率を計算することができるのである。

確率は、集合の集まりである σ-加法族上で定義された写像である。したがっ

て、$P(\cdot)$ の括弧内に入るのは集合でなければならない。例えば、集合 A の確率は $P(A)$ である。集合の要素を具体的に記述する場合には、中括弧 $\{\cdot\}$ を用いたことを思い出そう。サイコロの 1 の目か 2 の目が出る事象の確率を、$P(\{\boxdot, \boxdot\})$ と中括弧を用いて表しているのはこのためである。

3.5　確率測度の性質

確率測度の定義から導かれる性質をみてみよう。

> **補題 3.1**　$(\Omega, \mathcal{B}, P)$ を確率空間とする。確率 P は以下の性質を持つ。
>
> [1] $P(\varnothing) = 0$
>
> [2]（単調性）$A, B \in \mathcal{B}, A \subset B$ ならば、$P(A) \leq P(B)$
>
> [3] $A, B \in \mathcal{B}$ ならば、$P(A \cup B) + P(A \cap B) = P(A) + P(B)$

証明　[1] 例題 3.10 を参照されたい。

[2] この性質は単調性とよばれる。$A \subset B$ より、$B = (B \setminus A) \cup A$ となる（例題 2.6）。また、$B \setminus A$ と A は互いに素である。したがって、(P3) より、$P(B) = P(B \setminus A) + P(A) \geq P(A)$ を得る。

[3] $A \cup B = A \cup (B \setminus A) = A \cup [B \setminus (A \cap B)]$ である（例題 2.7）。A と $B \setminus (A \cap B)$ は互いに素であるから、可算加法性 (P3) より、

$$P(A \cup B) = P(A \cup [B \setminus (A \cap B)]) = P(A) + P(B \setminus (A \cap B)) \tag{3.3}$$

を得る。次に、$(A \cap B) \subset B$ より、$B = [B \setminus (A \cap B)] \cup (A \cap B)$ である。$B \setminus (A \cap B)$ と $A \cap B$ は互いに素であるから、可算加法性より、

$$P(B) = P(B \setminus (A \cap B)) + P(A \cap B) \tag{3.4}$$

を得る。(3.3) 式と (3.4) 式より $P(A \cup B) = P(A) + P(B) - P(A \cap B)$ となり、題意を得る。□

互いに素とは限らない $A_1, A_2 \in \mathcal{B}$ について、$P(A_1 \cup A_2) \leq P(A_1) + P(A_2)$ が成り立つことは、確率測度の性質の補題 3.1 [3] から明らかであろう。実は、これを一般化した不等式、

$$A_1, A_2, \cdots \in \mathcal{B} \text{ ならば、} \quad P\left(\bigcup_{i=1}^{\infty} A_i\right) \leq \sum_{i=1}^{\infty} P(A_i)$$

も成立することが知られている。この性質を**劣加法性**（subadditivity）とよぶ。

3.6 確率変数

確率変数は、標本空間上の実数値関数として定義される。

定義 3.3 $(\Omega, \mathcal{B})$ を可測空間とする。任意の実数 α に対して、条件

$$\{\omega \in \Omega \mid X(\omega) \leq \alpha\} \in \mathcal{B} \tag{3.5}$$

を満たす関数 $X(\omega) : \Omega \to \mathbb{R}$ を**確率変数**（random variable）とよぶ。

まずは、確率変数の定義を満たすような関数の例をみてみよう。サイコロを
1 回投げる試行を考える。標本空間を $\Omega = \{\boxdot, \boxdot, \boxdot, \boxdot, \boxdot, \boxdot\}$、$\sigma$-加法族を $\mathcal{B} =$
$\{\Omega, \varnothing, \{\boxdot, \boxdot\}, \{\boxdot, \boxdot, \boxdot, \boxdot\}\}$ とする。このとき、関数 $X(\omega) : \Omega \to \{0, 1\}$ を、

$$X(\omega) = \begin{cases} 1 & (\omega = \boxdot \text{ or } \boxdot \text{ のとき}) \\ 0 & (\text{それ以外}) \end{cases}$$

と定義する。この関数 $X(\omega)$ について、条件 (3.5) 式の左辺に表されている集合
を α の値ごとに書けば、

任意の $\alpha \geq 1$ について、 $\{\omega \in \Omega \mid X(\omega) \leq \alpha\} = \Omega$

任意の $0 \leq \alpha < 1$ について、 $\{\omega \in \Omega \mid X(\omega) \leq \alpha\} = \{\boxdot, \boxdot, \boxdot, \boxdot\}$

任意の $\alpha < 0$ について、 $\{\omega \in \Omega \mid X(\omega) \leq \alpha\} = \varnothing$

である。上記 3 つの集合はすべて σ-加法族 $\mathcal{B}$ の要素であるから、この関数 $X(\omega)$
は (3.5) 式を満たす。したがって、$X(\omega)$ は確率変数である。

例題 3.12 サイコロを 1 回投げる試行 $\Omega = \{\boxdot, \boxdot, \boxdot, \boxdot, \boxdot, \boxdot\}$ を考える。Ω 上
の σ-加法族を $\mathcal{B} = \{\Omega, \varnothing, \{\boxdot, \boxdot, \boxdot, \boxdot\}, \{\boxdot, \boxdot\}, \{\boxdot, \boxdot\}, \{\boxdot, \boxdot, \boxdot, \boxdot\}, \{\boxdot, \boxdot, \boxdot, \boxdot\},$
$\{\boxdot, \boxdot\}\}$ とする。このとき、以下の関数は確率変数であるか。

(1)
$$X(\omega) = \begin{cases} 0 & (\omega = \boxdot \text{ or } \boxdot \text{ のとき}) \\ 1 & (\omega = \boxdot \text{ or } \boxdot \text{ のとき}) \\ 2 & (\omega = \boxdot \text{ or } \boxdot \text{ のとき}) \end{cases}$$

(2)
$$X(\omega) = \begin{cases} 0 & (\omega = \boxdot \text{ or } \boxdot \text{ or } \boxdot \text{ のとき}) \\ 1 & (\omega = \boxdot \text{ or } \boxdot \text{ or } \boxdot \text{ のとき}) \end{cases}$$

解答　(1) 条件 (3.5) 式の左辺で表されている集合を α の値によって分けて考えると、

任意の $\alpha \geq 2$ について、$\{\omega \in \Omega \mid X(\omega) \leq \alpha\} = \Omega$

任意の $1 \leq \alpha < 2$ について、$\{\omega \in \Omega \mid X(\omega) \leq \alpha\} = \{\boxdot, \boxdot, \boxdot, \boxdot\}$

任意の $0 \leq \alpha < 1$ について、$\{\omega \in \Omega \mid X(\omega) \leq \alpha\} = \{\boxdot, \boxdot\}$

任意の $\alpha < 0$ について、$\{\omega \in \Omega \mid X(\omega) \leq \alpha\} = \varnothing$

である。これらの集合はすべて σ-加法族 $\mathcal{B}$ の要素であるから、$X(\omega)$ は確率変数である。

(2) 条件 (3.5) 式の左辺で表されている集合を α の値によって分けて考えると、

任意の $\alpha \geq 1$ について、$\{\omega \in \Omega \mid X(\omega) \leq \alpha\} = \Omega$

任意の $0 \leq \alpha < 1$ について、$\{\omega \in \Omega \mid X(\omega) \leq \alpha\} = \{\boxdot, \boxdot, \boxdot\}$

任意の $\alpha < 0$ について、$\{\omega \in \Omega \mid X(\omega) \leq \alpha\} = \varnothing$

である。$\{\boxdot, \boxdot, \boxdot\} \notin \mathcal{B}$ であるため、$X(\omega)$ は確率変数ではない。

例題 3.13　サイコロを 1 回投げる試行 $\Omega = \{\boxdot, \boxdot, \boxdot, \boxdot, \boxdot, \boxdot\}$ を考える。次の関数、

$$X(\omega) = \begin{cases} 1 & (\boxdot \text{ のとき}) \\ 2 & (\boxdot \text{ のとき}) \\ 3 & (\boxdot \text{ のとき}) \\ 4 & (\boxdot \text{ のとき}) \\ 5 & (\boxdot \text{ のとき}) \\ 6 & (\boxdot \text{ のとき}) \end{cases}$$

が確率変数となるような Ω 上の σ-加法族 $\mathcal{B}$ を書け。

解答　条件 (3.5) 式の左辺で表されている集合を α の値によって分けて考えると、

任意の $\alpha \geq 6$ について、$\{\omega \in \Omega \mid X(\omega) \leq \alpha\} = \Omega$

任意の $5 \leq \alpha < 6$ について、　$\{\omega \in \Omega \mid X(\omega) \leq \alpha\} = \{⚀, ⚁, ⚂, ⚃, ⚄\}$

任意の $4 \leq \alpha < 5$ について、　$\{\omega \in \Omega \mid X(\omega) \leq \alpha\} = \{⚀, ⚁, ⚂, ⚃\}$

任意の $3 \leq \alpha < 4$ について、　$\{\omega \in \Omega \mid X(\omega) \leq \alpha\} = \{⚀, ⚁, ⚂\}$

任意の $2 \leq \alpha < 3$ について、　$\{\omega \in \Omega \mid X(\omega) \leq \alpha\} = \{⚀, ⚁\}$

任意の $1 \leq \alpha < 2$ について、　$\{\omega \in \Omega \mid X(\omega) \leq \alpha\} = \{⚀\}$

任意の $\alpha < 1$ について、　$\{\omega \in \Omega \mid X(\omega) \leq \alpha\} = \varnothing$

である。σ-加法族の定義 3.1 より、$\mathcal{B}$ は上記の集合とその補集合、そして、それらの任意の和集合を含む集合である。

　例題 3.13 では、$X(\omega)$ が確率変数の条件 (3.5) 式を満たす σ-加法族を、$X(\omega)$ がとりうる値から生成した。このように生成された $\mathcal{B}$ は $X(\omega)$ から**生成された σ-加法族**（σ-algebra generated by）という。例題 3.12 や 3.13 では、$\Omega = \{⚀, ⚁, ⚂, ⚃, ⚄, ⚅\}$ という具体的な標本空間を考えているが、確率変数の性質について一般的に考える場合には、標本空間の具体的な要素については考えないことが多い。このことから、確率変数 $X(\omega) : \Omega \to \mathbb{R}$ は、簡略化して単に X と表記される慣例がある。今後、本書においては、確率変数を単に X や Y などのアルファベットで表す。なお、「X は確率変数である」としたとき、実際には、X はある標本空間 Ω から実数 $\mathbb{R}$ への関数 $X(\omega) : \Omega \to \mathbb{R}$ であることを意識すると理解しやすいことがある。

　事象 $\{\omega \in \Omega \mid X(\omega) \leq \alpha\}$ の表記を簡単化し $\{X \leq \alpha\}$ で表す。確率変数を定義するにあたり、なぜ条件 (3.5) 式を考えるのだろうか。(3.5) 式は、$\{X \leq \alpha\}$ が可測集合であるような関数 X を確率変数と定義している。確率 P は、$\mathcal{B}$ 上で定義さてれている関数なので、$\{X \leq \alpha\} \in \mathcal{B}$ のとき、事象 $\{X \leq \alpha\}$ の起こりやすさを P で測ることができる。したがって、確率変数をこのように定義することで、$\mathcal{B}$ 上の確率 P を用いて、X の起こりやすさを測ることができるのである。確率変数は、確率測度を用いてその実現値の起こりやすさを評価できるように定義された関数であるといえよう。確率空間 $(\Omega, \mathcal{B}, P)$ の Ω 上で定義された確率変数 X の実現値の起こりやすさは、確率 P で決まっているのである。

　例えば、例題 3.13 において、P を可測空間 $(\Omega, \mathcal{B})$ の $\mathcal{B}$ 上で定義された確率とし、確率変数 X が 2 以下の値をとる確率を考えてみよう。「X が 2 以下の値をと

る」確率とは、「事象 $\{X \le 2\}$ が起こる」確率である。その事象とは、$\{X \le 2\} = \{\omega \in \Omega \mid X(\omega) \le 2\} = \{⚀,⚁\}$ である。この事象を A とする。X が確率変数であれば、条件 (3.5) 式を満たしているはずであるから、$A \in \mathcal{B}$ となり A の確率、

$$P(A) = P(\{X \le 2\})$$

を考えることができる。

　以後、表記の簡単化のため、事象 $\{X \le 2\}$ の確率のことを、単に $P(X \le 2)$ で表す。つまり、

$$P(X \le 2) = P(\{X \le 2\}) = P(\{\omega \in \Omega \mid X(\omega) \le 2\})$$

である。

　確率変数の定義から、「確率変数 X が α 以下の値をとる」事象の起こりやすさを確率 P で測ることができることが分かったであろう。それでは、「確率変数 X が α より大きな値をとる」事象や、「確率変数 X が α と一致する」事象の確率はどうだろうか。実は、条件 (3.5) 式が満たされていれば、$\{X \le 2\}$ だけではなく、$\{X > 2\}, \{X \ge 2\}, \{X < 2\}, \{X = 2\}, \{1 < X \le 2\}$ などの事象も可測集合となり、これらの事象の確率を考えることができる。実際に、

$$\{X > 2\} = \{\omega \in \Omega \mid X(\omega) > 2\} = \{⚂,⚃,⚄,⚅\} = \{⚀,⚁\}^c$$
$$\{X \ge 2\} = \{\omega \in \Omega \mid X(\omega) \ge 2\} = \{⚁,⚂,⚃,⚄,⚅\} = \{⚀\}^c$$
$$\{X < 2\} = \{\omega \in \Omega \mid X(\omega) < 2\} = \{⚀\}$$
$$\{X = 2\} = \{\omega \in \Omega \mid X(\omega) = 2\} = \{⚁\}$$
$$\{1 < X \le 2\} = \{\omega \in \Omega \mid 1 < X(\omega) \le 2\} = \{⚁\}$$

であり、これらは例題 3.13 で考えた X から生成された σ-加法族に属することを確かめることができる。このことの一般化を、次の補題 3.2 で考えよう。

補題 3.2　X を $(\Omega, \mathcal{B})$ 上の確率変数とする。このとき、任意の実数 α と β について以下の事象は可測集合である。

[1] $\{X > \alpha\}$　　　[2] $\{X \ge \alpha\}$　　　[3] $\{X < \alpha\}$
[4] $\{X = \alpha\}$　　　[5] $\{\beta < X \le \alpha\}$

証明　X は $(\Omega, \mathcal{B})$ 上の確率変数であるから、$\{X \le \alpha\} \in \mathcal{B}$ である。また、$\mathcal{B}$ が σ-加法族であることを用いる。

[1] $\{X > \alpha\} = \{X \le \alpha\}^c \in \mathcal{B}$ となる。

[2] 例題 2.9 とド・モルガンの法則（補題 2.4）より、$\{X \ge \alpha\} = \bigcap_{n=1}^{\infty} \{X > \alpha - 1/n\} = (\bigcup_{n=1}^{\infty} \{X \le \alpha - 1/n\})^c \in \mathcal{B}$ を得る。

[3] $\{X < \alpha\} = \{X \ge \alpha\}^c \in \mathcal{B}$ となる。

[4] $\{X = \alpha\} = \{X \le \alpha\} \cap \{X \ge \alpha\}$ であることに注意する。$\{X \le \alpha\}, \{X \ge \alpha\} \in \mathcal{B}$ と例題 3.5 より、これが $\mathcal{B}$ に属することが分かる。

[5] $\{\beta < X \le \alpha\} = \{\beta < X\} \cap \{X \le \alpha\}$ である。[1] の結果から $\{\beta < X\} \in \mathcal{B}$ であり、確率変数の定義から $\{X \le \alpha\} \in \mathcal{B}$ である。したがって、例題 3.5 より $\{\beta < X \le \alpha\} \in \mathcal{B}$ を得る。□

章 末 問 題

問 3.1　2 つのサイコロを同時に投げる試行を考える。2 つのサイコロに差異はないとする。

(1) 標本空間 Ω を表せ。

(2) ゾロ目が出るという事象を表せ。

(3) 2 つの目がともに奇数であるという事象を O とする。このとき O を具体的に表せ。

(4) $\mathcal{B}$ を Ω 上の σ-加法族であるとする。2 つの目がともに奇数であるという事象が $\mathcal{B}$ に属することが分かっているとき、$\mathcal{B}$ に属することが分かる事象をすべて表せ。

(5) Ω のすべての部分集合からなる集合は σ-加法族であるか。

問 3.2　サイコロを 1 回投げる試行を考える。標本空間、σ-加法族、確率は例題 3.11 で与えられているものと同じであるとする。このとき、以下の確率を計算せよ。

(1) 5 以下の目が出る確率。

(2) 偶数の目が出る確率。

(3) 奇数の目が出る確率。

(4) 1 から 6 いずれかの目が出る確率。

(5) 1 から 6 以外の目が出る確率。

問 3.3　　例題 3.2 で考えた、52 枚のトランプから 1 枚を引く試行を 2 回繰り返す試行を再び考える。標本空間は $\Omega = \{RR, RB, BR, BB\}$ であり、Ω 上の σ-加法族 $\mathcal{B}$ は Ω のすべての部分集合を含むとする（例題 3.4）。このとき、確率変数、

$$X = \begin{cases} 500 & (\{RR\} \text{ のとき}) \\ 300 & (\{BB\} \text{ のとき}) \\ 0 & (\text{その他}) \end{cases}$$

について考える。また、$P(\{RR\}) = P(\{BB\}) = P(\{RB\}) = P(\{BR\}) = 1/4$ であるとする。

(1) $X = 0$ となるのは、試行の結果がどのような場合か。

(2) X が確率変数であることを確認せよ。

(3) $P(X = 500)$ を計算せよ。

(4) $P(X > 300)$ を計算せよ。

(5) $P(X < 300)$ を計算せよ。

第4章

分布

　定義 3.3 において、確率空間 $(\Omega, \mathcal{B}, P)$ 上の確率変数を、標本空間 Ω 上で定義された実数値関数で (3.5) 式を満たすものとして定義した。補題 3.2 で考えたように、確率変数が、ある値と一致する事象、ある値よりも小さい（大きい）事象、ある区間に入る事象は、すべて σ-加法族 $\mathcal{B}$ に属する。このため、確率変数がとる値の起こりやすさは、確率 P によって測ることができる。つまり、確率変数の確率的な振る舞いは、その確率変数が定義されている確率空間によって決まっているのである。本章では、確率変数の確率的振る舞いを表す 3 つの関数（分布関数、確率関数、密度関数）を紹介する。

4.1　分布関数

　X を確率空間 $(\Omega, \mathcal{B}, P)$ 上の確率変数とする。確率変数の定義から、任意の実数 α について、事象 $\{X \leq \alpha\}$ は可測集合、つまり $\{X \leq \alpha\} \in \mathcal{B}$ である。一方、確率 P は、$\mathcal{B}$ 上で定義された関数であるから、事象 $\{X \leq \alpha\}$ が起こる確率 $P(X \leq \alpha)$ を考えることができる。確率変数 X が α 以下となる確率 $P(X \leq \alpha)$ を α の関数としてみたものを、X の分布関数という。分布関数は X の実現値の起こりやすさを表す有益な関数である。

定義 4.1 確率空間 $(\Omega, \mathcal{B}, P)$ 上の確率変数 X について、

$$F_X(x) = P(X \leq x)$$

によって定義される関数 $F_X : \mathbb{R} \to [0,1]$ を X の**分布関数**（distribution function）という。

$F_X(x)$ の下付き X は、$F_X(x)$ が確率変数 X の分布関数であることを意味している。確率変数 Z の分布関数を表す場合には $F_Z(x)$ とする。括弧の中の x は任意の実数で、例えば、$F_X(1) = P(X \leq 1)$ とすれば、これは X が 1 以下の値をとる確率を意味する。

分布関数は確率であるため、定義 3.2 や、補題 3.1 で示した確率の性質を満たす。定義 3.2 (P1) と (P2) から、任意の実数 x に対して $0 \leq F_X(x) \leq 1$ であることと、$x \to \infty$ のとき $F_X(x) \to 1$ となることが分かる*1。また、補題 3.1 [1] と [2] からは、$x \to -\infty$ のとき $F_X(x) \to 0$、任意の実数 x と z について $x \leq z$ のとき $F_X(x) \leq F_X(z)$ となることが分かる。

例題 4.1 サイコロを 1 回投げる試行 $\Omega = \{\boxdot, \boxdot, \boxdot, \boxdot, \boxdot, \boxdot\}$ を考える。それぞれの目が出る確率は等しく、いずれも 1/6 であるとする。このとき、例題 3.12 で定義した確率変数 X の分布関数を具体的に表せ。また、横軸を x、縦軸を $F_X(x)$ として X の分布関数を図示せよ。

解答 (1) サイコロの目の 1 か 2 が出る確率 $P(\{\boxdot,\boxdot\})$ は、確率測度の可算加法性を用いて、$P(\{\boxdot,\boxdot\}) = P(\{\boxdot\}) + P(\{\boxdot\}) = 1/3$ と計算できる。同様に $P(\{\boxdot,\boxdot,\boxdot,\boxdot\}) = P(\{\boxdot\}) + P(\{\boxdot\}) + P(\{\boxdot\}) + P(\{\boxdot\}) = 2/3$ である。したがって、分布関数は、

$$F_X(x) = P(X \leq x) = \begin{cases} P(\varnothing) = 0 & (x < 0) \\ P(\{\boxdot,\boxdot\}) = 1/3 & (0 \leq x < 1) \\ P(\{\boxdot,\boxdot,\boxdot,\boxdot\}) = 2/3 & (1 \leq x < 2) \\ P(\Omega) = 1 & (2 \leq x) \end{cases}$$

である。この分布関数を図示したのが図 4.1 である。

---

*1 「$x \to \infty$ のとき」とは、x が ∞ に近づいていくときという意味である。

(2) 分布関数は、

$$F_X(x) = P(X \le x) = \begin{cases} P(\varnothing) = 0 & (x < 0) \\ P(\{\boxdot, \boxdot, \boxdot\}) = 1/2 & (0 \le x < 1) \\ P(\Omega) = 1 & (1 \le x) \end{cases}$$

であり、これを図示したのが図 4.2 である。

図 4.1　例題 4.1(1) の分布関数　　　　　図 4.2　例題 4.1(2) の分布関数

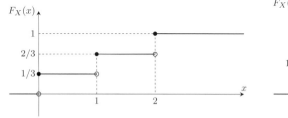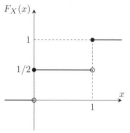

注：白丸 ◦ はその点が含まれないことを意味し、黒丸 ● はその点が含まれることを意味する。

　図 4.1 や図 4.2 の分布関数は階段状になっているが、分布関数は階段状であるという決まりはなく、連続な関数のこともある。例えば、確率変数 X の分布関数が、

$$F_X(x) = \frac{1}{\sqrt{2\pi}} \int_{-\infty}^{x} \exp\left(-\frac{z^2}{2}\right) dz \tag{4.1}$$

である場合を考える。ただし、$\pi \approx 3.14$ は円周率を表す。$\exp(x) = e^x$ は指数関数とよばれる関数で、$e \approx 2.718$ はネイピア数である。なぜこのような複雑な分布関数を考えるのだろうと驚くかもしれない。実はこの関数は、**標準正規分布**（standard normal distribution）とよばれる分布の分布関数である。標準正規分布は、統計学や計量経済学で非常によく使われる代表的な分布である。標準正規分布の重要性は、本書を読み進めていくにつれて自然と理解できるであろう。標準正規分布の分布関数を図示したのが図 4.3 である。この分布関数は階段状ではなく、滑らかに変化していることが分かるだろう。

図 4.3　標準正規分布の分布関数 (4.1) 式の図

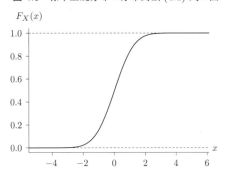

4.2　離散確率変数と連続確率変数

前節では分布関数を、確率空間 $(\Omega, \mathcal{B}, P)$ 上の確率変数 X が、ある値 x 以下の値をとる確率 $F_X(x) = P(X \leq x)$ として定義した。ここからは、$X = x$ の起こりやすさについて考える。このことを考えるために、確率変数をその分布関数の種類によって離散確率変数と連続確率変数に分類する。

X の分布関数 $F_X(x)$ が階段状の形で表されていることを想定しよう（図 4.1 や図 4.2）。このとき、分布関数が階段状の形をしているのは、確率変数 X の実現値の集合が、有限集合か可算集合であるためである。例えば例題 4.1 の問 (1) において、分布関数の値が変動するのは、X が $0, 1, 2$ のいずれかの点を実現値とした場合である（図 4.1）。そしてこの確率変数 X は、例題 3.12 で定義されているように $0, 1, 2$ の値しかとらない。このように、とりうる値の集合が有限集合か可算集合である確率変数を**離散確率変数**（discrete random variable）という。言い換えれば、確率変数 $X(\omega) : \Omega \to \mathbb{R}$ の像、

$$\mathrm{Im}\, X = \{ X(\omega) \in \mathbb{R} \mid \omega \in \Omega \}$$

が有限集合か可算集合であるとき、その確率変数を離散確率変数という。X が離散確率変数である場合には、$X = x$ の起こりやすさは、X が x と一致する確率 $P(X = x)$ を用いて表すことができる。

次に、X の分布関数 F_X が実数上の連続関数になっている場合を考えよう。このとき、X の実現値は実数上の連続した区間上に存在し、非可算集合となる。例

えば、(4.1) 式で表されている標準正規分布の分布関数 $F_X(x)$ は、x について連続的に変化しており、X は実現値として $-\infty$ から ∞ までの実数をとりうる。このように、連続な分布関数を持つ確率変数を**連続確率変数**（continuous random variable）という。連続確率変数の分布関数は、実数上の連続関数であるため、X がある値 x と「一致する」確率は 0 となる[*2]。このため、X が連続確率変数の場合には、$X = x$ の起こりやすさを表すには工夫が必要となる。

4.3 確率関数

X が離散確率変数であるとする。X がある値をとる確率を、その値の関数としてみたものを確率関数といい、次のように定義する。

> **定義 4.2** 離散確率変数 X が、値 $x_1, x_2, \cdots$ をとるとする。このとき、
>
> $$P_X(x_j) = P(X = x_j), \quad j = 1, 2, \cdots$$
>
> によって定義される関数 $P_X : \mathrm{Im}\, X \to [0,1]$ を X の**確率関数**（probability function）という。

確率関数は確率であるため、定義 3.2 や補題 3.1 で示した確率の性質を満たす。

X が、J 個の値 $x_1, x_2, \cdots, x_J$ をとるとしよう。ただし、$x_1 < x_2 < \cdots < x_J$ とする。このとき、

$$\sum_{j=1}^{k} P_X(x_j) = P_X(x_1) + P_X(x_2) + \cdots + P_X(x_k) = P(X \leq x_k) = F_X(x_k) \quad (4.2)$$

となる。このように、分布関数は確率関数を足し合わせた（累積した）ものと解釈できる。このため、分布関数は**累積分布関数**（cumulative distribution function）ともよばれる。分布関数の性質から、X がとりうるすべての値の確率の総和は 1 になる。つまり、

$$\sum_{j=1}^{J} P_X(x_j) = P_X(x_1) + P_X(x_2) + \cdots + P_X(x_J) = F_X(x_J) = 1 \quad (4.3)$$

である。この性質は $J = \infty$ の場合にも必ず成立する。

[*2] 実現値の集合が非可算集合であるとき、実現値のそれぞれに対して 0 よりも大きい確率を割り当てると、総和が無限大となり、確率の定義（定義 3.2 (P1) や (P2)）に反してしまう。

例題 4.2 コインを 1 回投げる試行において、事象を $H = \{$表が出る$\}$, $T = \{$裏が出る$\}$ で表す。標本空間 $\Omega = \{H, T\}$、σ-加法族 $\mathcal{B} = \{\Omega, \varnothing, H, T\}$ としたとき、

$$X = \begin{cases} 1 & (\text{表}) \\ 0 & (\text{裏}) \end{cases}$$

となる関数 X は可測空間 $(\Omega, \mathcal{B})$ 上の確率変数 $X : \Omega \to \{0, 1\}$ となる。また、$(\Omega, \mathcal{B})$ 上の確率 $P : \mathcal{B} \to [0, 1]$ を、

$$P(\Omega) = 1, \quad P(\varnothing) = 0, \quad P(H) = p, \quad P(T) = 1 - p$$

と定める。このとき、

(1) X の確率関数を具体的に表せ。

(2) X の分布関数を具体的に表せ。

(3) X の分布関数を図示せよ。ただし、横軸を X がとる値、縦軸を X の分布関数の値とする。

解答 (1) X は 0 か 1 の値をとり、$\{X = 1\} = H$, $\{X = 0\} = T$ であることに注意する。確率関数は、

$$P_X(x) = P(X = x) = \begin{cases} 1 - p & (x = 0) \\ p & (x = 1) \end{cases}$$

である。

(2) 分布関数は、

$$F_X(x) = P(X \le x) = \begin{cases} 0 & (x < 0) \\ 1 - p & (0 \le x < 1) \\ 1 & (1 \le x) \end{cases} \tag{4.4}$$

である。

(3) p は 0 以上 1 以下のどんな値でもよいが、図 4.4 は $p = 0.4$ とした場合の分布関数を図示したものである。離散確率変数であるため、分布関数は階段状である。

図 4.4　コインを 1 回投げる
試行の分布関数

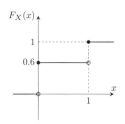

図 4.5　コインを 3 回投げて表が出る回数
の分布関数

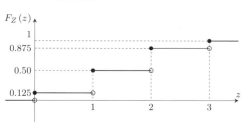

注：$p = 0.4$ とした。

注：$p = 0.5$ とした。

例題 4.3　例題 4.2 のコイン投げに関する確率空間 $(\Omega, \mathcal{B}, P)$ について考える。このコイン投げを 3 回繰り返す試行において、表が出た回数を Z とする。コイン投げを 3 回繰り返す試行についての標本空間を $\overline{\Omega} = \{HHH, HHT, HTT, HTH,$ $THH, THT, TTH, TTT\}$ とし、σ-加法族 $\overline{\mathcal{B}}$ を標本空間のすべての部分集合からなる集合とする。このとき、$Z : \overline{\Omega} \to \{0, 1, 2, 3\}$ は可測空間 $(\overline{\Omega}, \overline{\mathcal{B}})$ 上の確率変数である。また、可測空間 $(\overline{\Omega}, \overline{\mathcal{B}})$ 上の確率を $\overline{P} : \overline{\mathcal{B}} \to [0, 1]$ とする。

(1) Z の確率関数を具体的に表せ。

(2) Z の分布関数を具体的に表せ。

(3) Z の分布関数を図示せよ。横軸を z、縦軸を $F_Z(z)$ とする。

解答　Z がとる値は、

$$Z = \begin{cases} 0 & (TTT) \\ 1 & (TTH, THT, HTT) \\ 2 & (THH, HTH, HHT) \\ 3 & (HHH) \end{cases}$$

である。また、$P(H) = p$, $P(T) = 1 - p$ であることを用いて、例えば、$\overline{P}(TTH)$ $= P(T)^2 P(H) = p(1 - p)^2$ を得る。

(1) (3.2) 式で解説したように、根元事象の確率から可測空間 $(\Omega, \mathcal{B})$ 上の確率が決まることに注意すると、確率の可算加法性から、確率関数は、

$$\overline{P}_Z(z) = \overline{P}(Z = z) = \begin{cases} (1-p)^3 & (z = 0) \\ 3p(1-p)^2 & (z = 1) \\ 3p^2(1-p) & (z = 2) \\ p^3 & (z = 3) \end{cases}$$

となる。

(2) 分布関数は、

$$F_Z(z) = \overline{P}(Z \le z) = \begin{cases} 0 & (z < 0) \\ (1-p)^3 & (0 \le z < 1) \\ (1-p)^3 + 3p(1-p)^2 & (1 \le z < 2) \\ (1-p)^3 + 3p(1-p)^2 + 3p^2(1-p) & (2 \le z < 3) \\ 1 & (3 \le z) \end{cases}$$

である。

(3) 図 4.5 は $p = 0.5$ とした場合の分布関数を図示したものである。

4.3.1 ベルヌーイ分布

結果が 2 種類しかない試行を**ベルヌーイ試行**（Bernoulli trial）という。例えば、例題 4.2 で考えたコインを 1 回投げる試行はベルヌーイ試行である。ベルヌーイ試行の結果から構成される標本空間を Ω、Ω のすべての部分集合からなる σ-加法族を $\mathcal{B}$ とする。説明を簡単にするために、ベルヌーイ試行の 1 つの結果を「成功」、他方の結果を「失敗」とよぶことにする。このとき、標本空間と σ-加法族は、それぞれ、$\Omega = \{成功, 失敗\}$, $\mathcal{B} = \{\Omega, \varnothing, 成功, 失敗\}$ である。

X を、

$$X = \begin{cases} 1 & (成功のとき) \\ 0 & (失敗のとき) \end{cases}$$

と定義する。X は可測空間 $(\Omega, \mathcal{B})$ 上の確率変数 $X : \Omega \to \{0, 1\}$ である。$X = 1$ となる確率（成功確率）を p とすれば、$X = 0$ となる確率（失敗確率）は $1 - p$ である。したがって、p から可測空間 $(\Omega, \mathcal{B})$ 上の確率 $P : \mathcal{B} \to [0, 1]$ を構成することができる。このとき、X の確率関数は、

$$P_X(x) = P(X = x) = \begin{cases} 1 - p & (x = 0) \\ p & (x = 1) \end{cases} \tag{4.5}$$

である。あるいは、

$$P_X(x) = p^x(1-p)^{1-x}, \quad x = 0, 1$$

と表してもよい。また、分布関数は (4.4) 式のように表せる。

ベルヌーイ試行から上記のような確率空間を構成すると、ベルヌーイ試行の確率的な振る舞いを分布関数や確率関数で表せることが分かったであろう。このような確率関数によって表される分布を**ベルヌーイ分布**（Bernoulli distribution）とよぶ。確率変数 X が、成功確率 p の「ベルヌーイ分布に従って分布する」、あるいは、「ベルヌーイ分布に従う」というときには、X の確率関数が (4.5) 式のように書けることを意味する。

例題 **4.4** ベルヌーイ分布に従うような確率変数 X の例を挙げよ。

解答 サッカーのペナルティキックや野球の盗塁など、その結果が「成功」か「失敗」かに分けられる事柄はベルヌーイ試行である。関数 X を、成功すれば $X = 1$、失敗すれば $X = 0$ とし、成功確率を p とすれば、X は成功確率 p のベルヌーイ分布に従う確率変数である。

ペナルティキックや盗塁などは、同じ条件で繰り返すものではないし、結果は偶然決まるものでもない。したがって、厳密にいえば、これらは試行とはよべない。しかし、これらの事柄をベルヌーイ試行であるかのように捉えることで、成功や失敗についての分析の手がかりをつかむことができるであろう。

4.3.2 二項分布

確率 p で成功するベルヌーイ試行を n 回繰り返したとき、x 回成功する確率はどのくらいであろうか。この確率的な事柄を表すのが**二項分布**（binomial distribution）である。

例題 4.3 では、コインを 3 回投げて表が出る回数を Z とした。表を「成功」と捉えれば Z は成功回数を表す。例題 4.3 のように可測空間を構成すれば、$Z: \overline{\Omega} \to \{0, 1, 2, 3\}$ はその可測空間上の確率変数となる。

これを一般化してみよう。$X_1, X_2, \cdots, X_n$ をベルヌーイ分布に従う確率変数とする。このとき、X を、

$$X = X_1 + X_2 + \cdots + X_n$$

とすれば、X は成功回数を表す確率変数である。$X = 0$ となるのは、n 回の試行のうちすべて失敗する場合であるから、

$$P(X = 0) = (1 - p)^n$$

となる。$X = 1$ となるのは、n 回の試行のうち 1 回成功し $n - 1$ 回失敗する場合である。n 回の試行のうち 1 回成功する組合せは $_nC_1$ であるから、

$$P(X = 1) = {}_nC_1 p(1 - p)^{n-1}$$

となる *3。$X = 2$ となるのは、n 回の試行のうち 2 回成功し $n - 2$ 回失敗する場合である。n 回の試行のうち 2 回成功する組合せは $_nC_2$ であるから、

$$P(X = 2) = {}_nC_2 p^2 (1 - p)^{n-2}$$

となる。このように考えていけば、k 回成功する場合の確率関数は、

$$P(X = k) = {}_nC_k p^k (1 - p)^{n-k} \tag{4.6}$$

で表せることが分かるだろう。

二項分布に従う確率変数 X の分布関数は、(4.2) 式から導出でき、

$$F_X(x) = \sum_{j=0}^{x} P(X = j) = \sum_{j=0}^{x} {}_nC_j p^j (1 - p)^{n-j}, \quad x = 0, 1, 2, \cdots, n \tag{4.7}$$

である。ただし $x < 0$ のとき $F_X(x) = 0$、$x > n$ のとき $F_X(x) = 1$ とする。$x = n$ のときに $F_X(x) = 1$ となることは、二項定理を用いて確認することができる *4。

---

*3 $_nC_k$ は二項係数であり、

$$_nC_k = \frac{n!}{k!(n - k)!}$$

である。

*4 二項定理は次の関係、

$$(x + y)^n = \sum_{j=0}^{n} {}_nC_j x^j y^{n-j}$$

が成立していることを示す定理である。二項分布の分布関数 (4.7) 式において、$F_X(n)$ を考えると、二項定理より、

$$F_X(n) = \sum_{j=0}^{n} {}_nC_j p^j (1 - p)^{n-j} = [p + (1 - p)]^n = 1$$

となる。

確率変数 X が成功確率 p、繰り返し回数 n 回の二項分布に従うことを、$X \sim$ Bin(n, p) で表す。

例題 4.5 (1) 例題 4.3 の問 (1) で考えた確率関数が、二項分布の確率関数 (4.6) 式の定義に従っていることを確認せよ。

(2) 例題 4.3 の問 (2) で考えた分布関数が、二項分布の分布関数 (4.7) 式の定義に従っていることを確認せよ。

解答 (1) $n = 3$ 回の試行のうち、表が出る回数（成功する回数）を x として、(4.6) 式に当てはめて計算すると、

$$P_X(x) = P(X = x) = \begin{cases} {}_3\mathrm{C}_0 p^0 (1-p)^3 = (1-p)^3 & (x = 0) \\ {}_3\mathrm{C}_1 p^1 (1-p)^2 = 3p(1-p)^2 & (x = 1) \\ {}_3\mathrm{C}_2 p^2 (1-p)^1 = 3p^2(1-p) & (x = 2) \\ {}_3\mathrm{C}_3 p^3 (1-p)^0 = p^3 & (x = 3) \end{cases}$$

を得る。これは、例題 4.3 の問 (1) で考えた確率関数と一致している。

(2) (4.7) 式のとおりに計算すると、

$$F_X(x) = P(X \leq x)$$

$$= \begin{cases} 0 & (x < 0) \\ P(X = 0) = (1-p)^3 & (0 \leq x < 1) \\ P(X = 0) + P(X = 1) = (1-p)^3 + 3p(1-p)^2 & (1 \leq x < 2) \\ \begin{aligned} &P(X = 0) + P(X = 1) + P(X = 2) \\ &\quad = (1-p)^3 + 3p(1-p)^2 + 3p^2(1-p) \end{aligned} & (2 \leq x < 3) \\ \begin{aligned} &P(X = 0) + P(X = 1) + P(X = 2) + P(X = 3) \\ &\quad = [p + (1-p)]^3 = 1 \end{aligned} & (3 \leq x) \end{cases}$$

を得る。これは、例題 4.3 の問 (2) で考えた分布関数と一致している。

例題 4.6 あるサッカー選手のペナルティキックの成功確率は $p = 0.7$ であることが知られている。成功回数が二項分布に従うとして以下を計算せよ。

(1) 10 回中ちょうど 5 回成功する確率。

(2) 10 回中 8 回以上成功する確率。

(3) 10 回中の成功回数が 8 回未満である確率。

解答 (1) $n = 10$, $p = 0.7$, $k = 5$ として、(4.6) 式に当てはめ、

$$P(X = 5) = {}_{10}C_5 0.7^5 0.3^5 \approx 0.10$$

を得る。

(2) 10 回中 8 回以上成功する確率とは、8 回成功する確率、9 回成功する確率、10 回成功する確率を足し合わせたものである。したがって、$P(X \geq 8) = P(X = 8) + P(X = 9) + P(X = 10) = {}_{10}C_8 0.7^8 0.3^2 + {}_{10}C_9 0.7^9 0.3 + 0.7^{10} \approx 0.23 + 0.12 + 0.03 = 0.38$ を得る。

(3) 10 回中の成功回数が 8 回未満である事象 $\{X < 8\}$ の余事象（補集合）は $\{X \geq 8\}$ である。したがって、例題 3.9 の結果を用いて、$P(X < 8) = 1 - P(X \geq 8) \approx 0.62$ を得る。

4.4 密度関数

次に、X が連続確率変数である場合の確率関数 $P_X(x)$ について考えよう。例えば、区間 $[0,1]$ を値域とする確率変数 X について、区間内のどの値をとる確率も等しく p であるとする。言い換えれば、すべての $x \in [0,1]$ について、$P_X(x) = p$ となる状況を考える。このとき、区間 $[0,1]$ には非可算個の実数が属するため、$p > 0$ のとき、p をいくら小さくしても、確率の総和は無限大になり、確率測度の定義に反してしまう（確率測度の性質 (P1)）。このため、すべての $x \in [0,1]$ に対して $P_X(x) = 0$ としなければならない。以上の議論から、X が連続確率変数であるとき、確率関数 $P_X(x)$ は実現値の起こりやすさを表す関数として適切ではないことが分かるだろう。そこで、連続確率変数の実現値の起こりやすさを表すには、別の方法を用いる。

連続確率変数の値のとりやすさは、次に定義する密度関数を用いて表すことができる。

定義 4.3 連続確率変数 X の分布関数を F_X とする。$\int_{-\infty}^{\infty} f_X(z)dz = 1$ を満たす関数 $f_X(\cdot)$ が、任意の x について、

$$F_X(x) = \int_{-\infty}^{x} f_X(z)dz \tag{4.8}$$

と表せるとき、関数 $f_X : \mathbb{R} \to \mathbb{R}$ を X の**密度関数**（density function）という。

　　密度関数を積分したものが分布関数であるから、微分を用いれば密度関数は、

$$f_X(x) = \frac{dF_X(x)}{dx}$$

で表すことができる。つまり、X の密度関数は、X の分布関数を微分したものである。また、定義にあるように、密度関数は $-\infty$ から ∞ まで積分すると 1 となる。つまり、

$$\int_{-\infty}^{\infty} f_X(z)dz = \lim_{x \to \infty} F_X(x) = 1 \tag{4.9}$$

である。(4.9) 式にある記号 $\lim_{n \to \infty}$ は、n が限りなく大きくなることを意味する極限記号である [*5]。分布関数 $F_X(x)$ は非減少関数であるから、$f_X(x) \geq 0$ が成り立つ [*6]。

　　密度関数が連続確率変数の値のとりやすさを表すことを確認してみよう。微分の定義を用いると、

$$f_X(x) = \frac{dF_X(x)}{dx} = \lim_{h \to 0} \frac{F_X(x+h) - F_X(x)}{h}$$

である。ただし、$h > 0$ である。したがって h が十分小さいときには、

$$f_X(x) \approx \frac{F_X(x+h) - F_X(x)}{h} = \frac{P(X \leq x+h) - P(X \leq x)}{h}$$
$$= \frac{P(x < X \leq x+h)}{h}$$

となる。つまり、$f_X(x)$ は X が x の近くの値をとる確率を h で割ったものになっている。同様の議論は任意の点で成り立つので、例えば、点 y においても、

$$f_X(y) \approx \frac{P(y < X \leq y+h)}{h} \tag{4.10}$$

となる。このことから、点 x と y において、$f_X(x) < f_X(y)$ であるとき、

---

　*5　極限記号の意味を確認しよう。実数 $z_1, z_2, \cdots$ と、ある定数 z について、$\lim_{n \to \infty} z_n = z$ と書くとき、これは、n が限りなく大きくなると z_n は定数 z に近づいていくということを意味する。正式には、ε–δ 論法とよばれる方法で、次のように定義する。任意の $\varepsilon > 0$ に対して、ある N が存在し、$n \geq N$ を満たす、すべての n に対して、$|z_n - z| < \varepsilon$ が成立する。$\lim_{n \to \infty} z_n = z$ が成立するとき、z_n は z に収束するといい、$z_n \to z$ とも表す。

　*6　$F_X(x)$ が非減少関数であるとは、x が大きくなるときに $F_X(x)$ は小さくならないことを意味する。正式には、$x < z$ であるとき $f(x) \leq f(z)$ を満たす関数 $f(\cdot)$ を非減少関数という。分布関数は、その定義上、明らかに非減少関数である。

$$P(x < X \le x + h) < P(y < X \le y + h)$$

が成り立つ。密度関数を x で評価した点よりも、y で評価した点の方が値が大きいとき、X が x の近くの値をとる確率よりも、X が y の近くの値をとる確率の方が大きいということを意味するのである。この意味で、密度関数は値のとりやすさを表す。

4.4.1　標準正規分布

標準正規分布に従う確率変数 $X : \Omega \to \mathbb{R}$ の分布関数は、(4.1) 式で表されている。このとき、X の密度関数は、

$$f_X(x) = \frac{1}{\sqrt{2\pi}} \exp\left(-\frac{x^2}{2}\right) \tag{4.11}$$

である。

図 4.6　標準正規分布の密度関数

図 4.7　標準正規分布に従う確率変数 X が -2 以下の値をとる確率

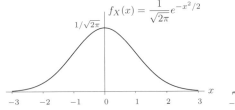
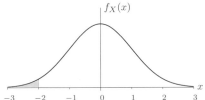

この密度関数を図示したのが図 4.6 である。標準正規分布の密度関数は、0 を中心として左右対称であり、$x = 0$ のときに最大値をとる。また、0 から離れるにしたがって密度が小さくなることから、大きい値や小さい値は実現しにくいということが分かるだろう。

分布関数の定義（定義 4.1）と (4.8) 式から、

$$P(X \le x) = F_X(x) = \int_{-\infty}^{x} f_X(z) dz$$

が成り立つ。つまり、確率変数 X が x 以下の値をとる確率は、密度関数を $-\infty$ から x まで積分した値となる。例えば、標準正規分布に従う確率変数 X が -2 以

下の値をとる確率は、$P(X \leq -2) = F_X(-2) = \int_{-\infty}^{-2} f_X(z)dz \approx 0.023$ であり、これは図 4.7 においてグレーの部分の面積である。また、分布関数を用いて X が区間 $[a,b]$ に入る確率を計算するには、$P(a \leq X \leq b) = P(X \leq b) - P(X \leq a) = F_X(b) - F_X(a) = \int_{-\infty}^{b} f_X(z)dz - \int_{-\infty}^{a} f_X(z)dz$ であることを用いる[*7]。標準正規分布のように密度関数が分かっている場合には、密度関数の積分（分布関数）を計算することで、区間の確率を計算することができる。

例題 4.7 標準正規分布の分布関数を表す (4.1) 式と密度関数を表す (4.11) 式を比較して、密度関数が定義 4.3 を満たしていることを確認せよ。

解答 密度関数が定義 4.3 の (4.8) 式が成立していることは、

$$F_X(x) = \int_{-\infty}^{x} f_X(z)dz = \frac{1}{\sqrt{2\pi}} \int_{-\infty}^{x} \exp\left(-\frac{z^2}{2}\right) dz$$

であることから直ちに分かる。また、ガウス積分を用いると、

$$\int_{-\infty}^{\infty} f_X(z)dz = \frac{1}{\sqrt{2\pi}} \int_{-\infty}^{\infty} \exp\left(-\frac{z^2}{2}\right) dz = 1$$

であることが確認できる[*8]。

[*7] 最初の等式の導出には、X が連続確率変数であるため、X が値 a と一致する確率が 0 となることを用いた (4.2 節)。つまり、$P(X = a) = 0$ であることから $P(X < a) = P(X \leq a)$ が成立している。

[*8] ガウス積分とは、正の定数 $a > 0$ について、$\int_{-\infty}^{\infty} \exp(-az^2)dz = \sqrt{\pi/a}$ が成立することである。ガウス積分が成立することは次のように示すことができる。まず、左辺の 2 乗を考え、

$$\left[\int_{-\infty}^{\infty} \exp(-az^2)dz\right]^2 = \int_{-\infty}^{\infty} \exp(-az^2)dz \int_{-\infty}^{\infty} \exp(-ax^2)dx$$
$$= \int_{-\infty}^{\infty} \int_{-\infty}^{\infty} \exp\left[-a(z^2 + x^2)\right] dzdx$$

を得る。ここで、$z = r\sin(\theta)$, $x = r\cos(\theta)$ として極座標へ変換をすると、

$$\int_{-\infty}^{\infty} \int_{-\infty}^{\infty} \exp\left[-a(z^2 + x^2)\right] dzdx = \int_{0}^{\infty} \int_{0}^{2\pi} \exp(-ar^2)rd\theta dr$$
$$= 2\pi \int_{0}^{\infty} \exp(-ar^2)rdr$$
$$= 2\pi \left[-\frac{1}{2a} \exp(-ar^2)\right]_{0}^{\infty} = \frac{\pi}{a}$$

を得る。以上でガウス積分が成立していることが示せた。

図 4.8　一様分布に従う確率変数の分布関数（上）と密度関数（下）

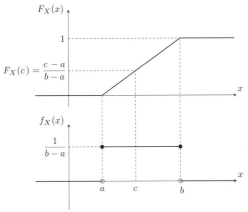

例題 **4.8**　標準正規分布の密度関数 f_X について以下を計算せよ。

(1) $f_X(0)$　　　(2) $\lim_{x \to \infty} f_X(x)$　　　(3) $\lim_{x \to -\infty} f_X(x)$

解答　(1) $e^0 = 1$ より、$f_X(0) = \dfrac{1}{\sqrt{2\pi}} e^0 = \dfrac{1}{\sqrt{2\pi}}$ を得る。

(2) と (3) $\lim_{x \to \infty} \exp(-x) = 0$ より、$\lim_{x \to \pm\infty} f_X(x) = 0$ を得る。

4.4.2　一様分布

確率変数 $X : \Omega \to [a, b]$ を考える。X の実現値の起こりやすさが、区間 $[a, b]$ 内で一様に等しいとき、X は**一様分布**（uniform distribution）に従うという。一様分布に従う確率変数 X の密度関数は、

$$f_X(x) = \begin{cases} 0 & (x \notin [a, b]) \\ \dfrac{1}{b - a} & (x \in [a, b]) \end{cases} \tag{4.12}$$

で表される。また、分布関数は、

$$F_X(x) = \begin{cases} 0 & (x < a) \\ \dfrac{x - a}{b - a} & (a \le x < b) \\ 1 & (b \le x) \end{cases} \tag{4.13}$$

である。確率変数 $X : \Omega \to [a, b]$ が一様分布に従うことを $X \sim \mathrm{Uni}(a, b)$ で表す。

図 4.8 は、一様分布の分布関数（上）と密度関数（下）を図示している。この図

から、密度関数 $f_X(x)$ と分布関数 $F_X(x)$ の関係がよく分かる。例えば、分布関数の性質から $\lim_{x \to \infty} F_X(x) = 1$ であるが、これは密度関数を積分することからも確かめることができる。関数 f_X の積分は、f_X と x 軸との間の面積であるから、

$$\int_{-\infty}^{\infty} f_X(u)du = \int_a^b f_X(u)du = \frac{b-a}{b-a} = 1$$

となることが直ちに分かる。

また、任意の $c \in [a,b]$ について、f_X を $-\infty$ から c まで積分した値は、横の長さが $c-a$ で、高さ $\frac{1}{b-a}$ の四角形の面積 $\frac{c-a}{b-a}$ である。このことから、

$$\int_{-\infty}^c f_X(u)du = \int_a^c f_X(u)du = \frac{c-a}{b-a}$$

であることが分かるが、これは $F_X(c)$ と一致している。

例題 4.9 ルーレットを回して針が止まる位置を観察する。回し始めた点を 0 度とし、時計回りで針までの角度を X 度としよう。例えば、12 時の方向から針を回し始め、針が 3 時の方向に止まった場合、$X = 90$ である。同様に、針が 6 時の方向で止まれば $X = 180$、9 時の方向で止まれば $X = 270$ である（図 4.9）。ルーレットが公平であるとし、確率変数 $X : \Omega \to [0, 360]$ は一様分布に従うとする。このとき、以下の問いに答えよ。

(1) 分布関数を具体的な数値を用いて表せ。

(2) 密度関数を具体的な数値を用いて表せ。

(3) $F_X(90)$ を計算せよ。

図 4.9　ルーレット：スタート地点から 90 度のところで針が止まった様子

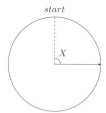

解答　(1) 一様分布の分布関数 (4.13) 式に当てはめて考える。(4.13) 式の a

と b は、それぞれ 0 と 360 に該当するので、分布関数は、

$$F_X(x) = \begin{cases} 0 & (x < 0) \\ x/360 & (0 \leq x < 360) \\ 1 & (360 \leq x) \end{cases}$$

である。

(2) 一様分布の密度関数を表す (4.12) 式に当てはめて、

$$f_X(x) = \begin{cases} 0 & (x \notin [0, 360]) \\ 1/360 & (x \in [0, 360]) \end{cases}$$

を得る。この関数を $-\infty$ から x まで積分すると、$F_X(x)$ と一致することが分かる。

(3) 問 (1) で導出した分布関数に当てはめて、$F_X(90) = 1/4$ を得る。

章 末 問 題

問 4.1　章末問題 3.3 で考えた確率変数 X の分布関数を具体的に表し、図示せよ。

問 4.2　確率 $p = 0.9$ であたりが出るくじを引くベルヌーイ試行の $n = 10$ 回繰り返しを考える。$X \sim \mathrm{Bin}(n, p)$ として、以下の確率とその意味を答えよ。

(1) $P(X = 10)$　　(2) $P(X = 5)$　　(3) $P(X \geq 5)$　　(4) $P(X < 5)$

問 4.3　付録の表 S.1 は、標準正規分布表とよばれる表である。この表は、X を標準正規分布に従う確率変数としたとき、各 x について、

$$1 - P(X \leq x) = p$$

となる p を示している。x と p の対応を表したのが図 4.10 である。この表を用いて以下の確率を計算せよ。

(1) $P(X > 0)$　　　(2) $P(X > 1.96)$　　　(3) $P(X \leq 1.96)$

(4) $P(X \leq -1.96)$　　(5) $P(X > -1.96)$

問 4.4　$X \sim \mathrm{Uni}(1, 5)$ であるとする。

(1) 密度関数を表し、図示せよ。

図 4.10 標準正規分布表の x と p の対応の例示

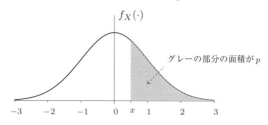

グレーの部分の面積が p

(2) 分布関数を表し、図示せよ。

(3) $P(1 \leq X \leq 3)$ を計算せよ。

(4) $P(X \geq 4)$ を計算せよ。

第5章

期待値と分散

　本章では、分布の代表値である「期待値」と「分散」を定義し、その性質を紹介する。確率変数が離散である場合と連続である場合に分けて議論する。

　確率空間 $(\Omega, \mathcal{B}, P)$ 上の確率変数 X とは、標本空間 Ω 上で定義された実数値関数 $X(\omega): \Omega \to \mathbb{R}$ であり（定義 3.3）、その確率的な振る舞い（実現値の起こりやすさ）は、確率 P によって定められている（4 章）。本章以降では議論の本質を明確にするため、確率変数の背後にある確率空間の表示を省略する。例えば、「確率空間 $(\Omega, \mathcal{B}, P)$ 上の確率変数 $X(\omega): \Omega \to \mathbb{R}$ の分布関数を $F_X(x) = P(X \leq x)$ とする」は、簡単に「確率変数 X の分布関数を $F_X(x)$ とする」と書く。省略はするが、確率変数の背後には確率空間 $(\Omega, \mathcal{B}, P)$ が定められていることを意識しながら読み進めてほしい。確率変数の背後にある理論を意識することで、本章以降の内容の理解に役立つだろう。

5.1　離散確率変数の期待値

　本節では、確率変数の期待値を紹介する。期待値は、確率変数の実現値の起こりやすさの特徴を表す統計量の 1 つである。期待値の定義は、その確率変数が離散であるか連続であるかによって異なる。まずは離散の場合を考えよう。

定義 5.1（離散確率変数の期待値） 離散確率変数 X の実現値を $x_1, x_2, \cdots, x_J$ とし、X の確率関数を P_X で表す。このとき、

$$E(X) = \sum_{j=1}^{J} x_j P_X(x_j)$$

を X の**期待値**（expectation）という。

　離散確率変数の期待値は、実現値 x_j を、その実現値が起こる確率 $P_X(x_j)$ で重み付けした加重平均として定義されている。これをサイコロの例で確認してみよう。

　サイコロを 1 回投げる試行において、出たサイコロの目と同じ数字を実現値とする確率変数 X を考える。X の実現値は 6 つであり、これらを $x_j = j$, $j = 1, 2, \cdots, 6$ とする。確率関数を $P_X(x_j) = p_j$ で表すとき、出る目の期待値は、

$$E(X) = \sum_{j=1}^{6} x_j p_j = 1p_1 + 2p_2 + \cdots + 6p_6$$

となる。以下の例題 5.1 で示すように、期待値は確率変数の実現値の重心を表している。

例題 5.1 　サイコロを 1 回投げる試行において、サイコロの目と同じ数字を実現値とする確率変数を X とする。$j = 1, 2, \cdots, 6$ について X の確率関数を $P_X(x_j) = p_j$ で表す。以下の確率の下での期待値を計算せよ。

(1) すべての j について $p_j = 1/6$ のとき（このとき、サイコロはフェアであるという）。

(2) $p_3 = 2/3$, $p_6 = 1/3$, その他の $j\ (= 1, 2, 4, 5)$ について $p_j = 0$ のとき。

(3) $p_1 = 1/6$, $p_2 = 1/2$, $p_5 = 1/6$, $p_6 = 1/6$, その他の $j\ (= 3, 4)$ について $p_j = 0$ のとき。

解答 　(1) 定義のとおりに期待値を計算し、

$$E(X) = 1p_1 + 2p_2 + \cdots + 6p_6 = (1 + 2 + 3 + 4 + 5 + 6)\frac{1}{6} = 3.5$$

を得る。1 から 6 の実現値に対して、それぞれ 1/6 で重み付けして和をとると 3.5 となり、これが期待値である。図 5.1 は、横軸を X、縦軸を確率としたヒス

トグラムである。ヒストグラムの高さはすべて 1/6 である。シーソーの上に高さの分の重み付けがされていると考えると、期待値である 3.5 が重心となることが分かるだろう。

図 5.1　(1) の期待値：三角形で記された場所（期待値）が重心

(2) 定義どおりに期待値を計算し、

$$E(X) = 3p_3 + 6p_6 = 3 \times \frac{2}{3} + 6 \times \frac{1}{3} = 4$$

を得る。図 5.2 では、$X = 3$ の上に 2/3 の重りと $X = 6$ の上に 1/3 の重りが乗っている様子を示している。上記の計算のとおり期待値は 4 である。期待値の 4 がシーソーの重心となる。

図 5.2　(2) の期待値：三角形で記された場所（期待値）が重心

(3) 定義どおりに期待値を計算し、

$$E(X) = 1p_1 + 2p_2 + 5p_5 + 6p_6 = 1 \times \frac{1}{6} + 2 \times \frac{1}{2} + 5 \times \frac{1}{6} + 6 \times \frac{1}{6} = 3$$

を得る。

図 5.3　(3) の期待値：三角形で記された場所（期待値）が重心

例題 5.2　以下の確率変数の期待値を計算せよ。

(1) 成功確率 p のベルヌーイ分布に従う確率変数 X

(2) $X \sim \text{Bin}(n, p)$

解答　(1) 4.3.1 項でみたように、X は 0 か 1 の値をとる確率変数である。これらの実現値を $x_0 = 0$, $x_1 = 1$ で表す。また、これらの値が実現する確率は $P_X(x_0) = 1 - p$, $P_X(x_1) = p$ である。したがって、期待値は、

$$E(X) = \sum_{j=0}^{1} x_j P_X(x_j) = 0 \times (1-p) + 1 \times p = p$$

となる。

(2) X は成功回数であり、実現値は $0, 1, \cdots, n$ である。実現値を $x_j = j, j = 0, 1, \cdots, n$ で表す。4.3.2 項でみたように、j 回成功する場合の確率関数は、

$$P_X(x_j) = {}_n\mathrm{C}_j p^j (1-p)^{n-j} \tag{5.1}$$

である。したがって、期待値は、

$$\begin{aligned}
E(X) &= \sum_{j=0}^{n} x_j P_X(x_j) = \sum_{j=0}^{n} x_j ({}_n\mathrm{C}_j) p^j (1-p)^{n-j} \\
&= \sum_{j=0}^{n} j \frac{n!}{j!(n-j)!} p^j (1-p)^{n-j} = \sum_{j=1}^{n} j \frac{n!}{j!(n-j)!} p^j (1-p)^{n-j} \\
&= np \sum_{j=1}^{n} \frac{(n-1)!}{(j-1)!(n-j)!} p^{j-1} (1-p)^{n-j} \\
&= np
\end{aligned}$$

となる。最後の等式が成立する理由を説明しよう。和記号以降の部分において、$n-1 = n', j-1 = j'$ に置き換えると、

$$\begin{aligned}
\sum_{j=1}^{n} \frac{(n-1)!}{(j-1)!(n-j)!} p^{j-1} (1-p)^{n-j} &= \sum_{j'=0}^{n'} \frac{n'!}{j'!(n'-j')!} p^{j'} (1-p)^{n'-j'} \\
&= \sum_{j'=0}^{n'} {}_{n'}\mathrm{C}_{j'} p^{j'} (1-p)^{n'-j'}
\end{aligned}$$

を得る。これは、$\mathrm{Bin}(n', p)$ に従う確率変数の確率関数を、すべての実現値について総和をとったものになっているため、1 である。

5.2　連続確率変数の期待値

確率変数が連続である場合には、期待値を以下のように定義する。

定義 5.2（連続確率変数の期待値） 連続確率変数 X の密度関数を f_X で表す。このとき、

$$E(X) = \int_{-\infty}^{\infty} x f_X(x) dx$$

を X の期待値という。

連続確率変数の期待値を考えるにあたって、なぜ積分が出てきたのか不思議に思うかもしれない。しかし連続確率変数の期待値の定義は、離散確率変数の期待値の自然な拡張になっている。このことの直感的な説明をする。

まずは積分の意味を確認しよう。ある関数 $f(x)$ (≥ 0) の積分は、$f(x)$ を座標軸上に描いたときの、$f(x)$ と x 軸の間の面積である。例えば、$f(x)$ が図 5.4 に表された関数であるとして、これを $[a,b]$ の範囲で積分することを考える。このとき、積分をして得る値は、図 5.4 のグレーの部分の面積である。

図 5.4 $f(x)$ を範囲 $[a,b]$ で積分した様子

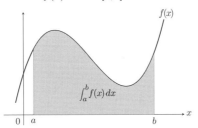

次に、積分で得られる値を近似することを考える。図 5.5 をみてみよう。この図では、積分範囲 $[a,b]$ を n 個の区間に分けるために、$a = x_1 < x_2 < \cdots < x_{n+1} = b$ となる値を固定している。図 5.5 において、グレーの部分の長方形の面積は、

$$高さ \times 横幅 = f(x_1) \times (x_2 - x_1)$$

で求めることができる。

長方形の面積を n 個すべての区間で計算し足し合わせれば、積分値をおおよそ近似できることが分かるだろう。つまり、

$$\int_a^b f(x)dx \approx \sum_{j=1}^n f(x_j)(x_{j+1} - x_j) \tag{5.2}$$

図 5.5　長方形による積分値の近似

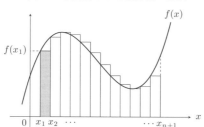

である。n が大きくなるにつれて、右辺の値は左辺の値に近づいていくことが分かるだろう。

　議論を簡単にするために、確率変数 X の値域を区間 $[a,b]$ とする。このとき、X の期待値に対して (5.2) 式のような近似を考えれば、

$$E(X) = \int_a^b x f_X(x) dx \approx \sum_{j=1}^n x_j f_X(x_j)(x_{j+1} - x_j) \tag{5.3}$$

となる。ここで、密度関数と確率関数の近似的な関係を表す (4.10) 式について、y と $y+h$ をそれぞれ x_j と x_{j+1} に置き換えれば、

$$f_X(x_j)(x_{j+1} - x_j) \approx P(x_j < X \le x_{j+1}) \tag{5.4}$$

を得る。これを (5.3) 式に代入すれば、

$$\int_a^b x f_X(x) dx \approx \sum_{j=1}^n x_j P(x_j < X \le x_{j+1}) \tag{5.5}$$

を得る。

　(5.5) 式から、連続確率変数 X の期待値（左辺）は、X の実現値 x_j を、X が x_j 付近の値をとる確率で重み付けした加重平均で近似できることが分かる。また、分割の数 n が大きくなるにつれて近似の精度は上がる。このため、連続確率変数の期待値は、確率で重み付けした加重平均の極限として理解できる。この意味において、連続確率変数の期待値は、離散確率変数の期待値の自然な拡張になっているのである。

例題 5.3　確率変数 $X \sim \mathrm{Uni}(a,b)$ の期待値を計算せよ。

解答　X の密度関数は、(4.12) 式で与えられている。連続確率変数の期待値

の定義から、

$$E(X) = \int_{-\infty}^{\infty} x f_X(x) dx = \frac{1}{b-a} \int_a^b x dx = \frac{1}{b-a} \frac{b^2 - a^2}{2} = \frac{a+b}{2}$$

を得る。

例題 5.4 標準正規分布に従う確率変数 X の期待値を計算せよ。

解答 X の密度関数は、(4.11) 式で与えられている。連続確率変数の期待値の定義から、

$$E(X) = \int_{-\infty}^{\infty} x f_X(x) dx = \frac{1}{\sqrt{2\pi}} \int_{-\infty}^{\infty} x \exp\left(-\frac{x^2}{2}\right) dx = 0$$

を得る。ただし、$\exp(-x^2/2)$ を x で微分すると、$-x \exp(-x^2/2)$ となることを用いて積分を計算した。

5.3 期待値の性質

確率変数の期待値は以下の性質を持つ。

定理 5.1（期待値の線形性） 任意の確率変数 X と定数 a, b について、

$$E(aX + b) = aE(X) + b$$

が成り立つ。

証明 この性質は X が離散であるか連続であるかに関係なく成立する。ここでは、X が離散確率変数であるとして証明をする。離散確率変数 X の実現値を $x_1, x_2, \cdots, x_J$ とし、確率関数を P_X で表す。a, b は定数であるため、$aX + b = ax_j + b$ となる確率は、$X = x_j$ となる確率と同じであるから、

$$E(aX + b) = \sum_{j=1}^J (ax_j + b) P_X(x_j)$$

$$= a \sum_{j=1}^J x_j P_X(x_j) + b \sum_{j=1}^J P_X(x_j) = aE(X) + b$$

を得る。ただし、(4.3) 式で示した性質から、$\sum_{j=1}^{J} P_X(x_j) = 1$ となることを用いた。
□

定理 5.1 の証明では、$P(aX + b = ax_j + b) = P_X(x_j)$、つまり、確率変数 $aX +$ b の確率的な振る舞いは、X の確率によって決まっていることを用いた。これが成立することは式の変形から明らかであるが、これが何を意味しているのかについてもう少し詳しく考えてみよう。

X は確率変数であるため、$aX + b$ も確率変数である。このことを強調するために $Y = aX + b$ として、新しい確率変数 $Y : \Omega \to \{y_1, y_2, \cdots, y_J\}$ を導入しよう。確率変数 Y は $X : \Omega \to \{x_1, x_2, \cdots, x_J\}$ の値域を a 倍して b だけ移動したものだから、

$$Y : \Omega \to \{y_1, y_2, \cdots, y_J\} = \{ax_1 + b, ax_2 + b, \cdots, ax_J + b\}$$

と表せる。ここで注意すべきは、Y と X はその写像の行き先が違うだけで、確率的な振る舞いを決める定義域は共通になっている点である（図 5.6）。このことから、Y の確率関数を P_Y とすれば、$P_Y(y_j) = P(\{\omega \in \Omega | Y(\omega) = y_j\}) = P(\omega_j) =$ $P(\{\omega \in \Omega | X(\omega) = x_j\}) = P_X(x_j)$ であることが分かる。確率変数 X を定数倍したり平行移動したりして新しい確率変数 Y を作成した場合、Y の実現値は X の実現値を定数倍し平行移動したものになるが、その実現値が起こる確率は、根元事象の確率によって決まるのである。

図 5.6　写像としての確率変数 X と Y の描写

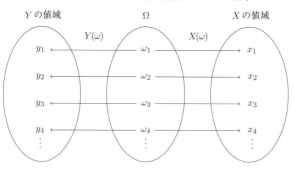

上記の議論は、定数 a と b による線形変換を考えているため、当たり前のように思えるかもしれない。そこで、$Y = X^2$ の場合を考えてみよう。X の実現値

が $\{x_1, x_2, x_3\} = \{-1, 0, 1\}$ のとき、Y の実現値は $\{y_1, y_2\} = \{0, 1\}$ である。図
5.7 から明らかなように、$P(Y = 0) = P(\omega_2) = P(X = 0)$、および、$P(Y = 1) =$
$P(\{\omega_1, \omega_3\}) = P(\omega_1) + P(\omega_3) = P(X = -1) + P(X = 1)$ となる。したがって Y
の期待値は、Y の確率関数を用いて、

$$E(Y) = \sum_{k=1}^{2} y_k P(Y = y_k)$$

と表すこともできるし、X の確率関数を用いて、

$$E(Y) = E(X^2) = \sum_{j=1}^{3} x_j^2 P(X = x_j)$$

と表すこともできる。一般に、任意の関数 $g(\cdot)$ を用いて、$Y = g(X)$ という変換
を考えるとき、X の実現値 $x_1, x_2, \ldots, x_J$ を用いて、

$$E(Y) = E[g(X)] = \sum_{j=1}^{J} g(x_j) P(X = x_j)$$

となる。確率変数は標本空間を実数に写す関数であり、確率変数それ自体が確率
的に異なる実現値をとるものではない。確率変数の確率的な振る舞いは、その確
率変数が定義されている確率空間によって定められている。この例において、Y
は X の関数として定義されているため、Y の実現値の起こりやすさを X の確率
で表すことができるのである。

図 5.7　$Y = X^2$ の場合の確率変数 X と Y の描写

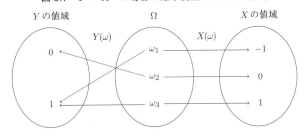

例題 5.5　サイコロを 1 回投げる試行において、サイコロの目から 3 を引いた数
字を実現値とする確率変数を X とする。$j = 1, 2, \cdots, 6$ について X の実現値を
$x_j = j - 3$ とし、確率関数を $P_X(x_j) = 1/6$ とする。

(1) $E(X)$ を計算せよ。

(2) 定数 a と b について $E(aX + b) = aE(X) + b$ となることを確認せよ。

(3) $E(X^2)$ を計算せよ。

解答　(1) 離散確率変数の期待値の定義のとおりに計算して、

$$E(X) = \sum_{j=1}^{6} \frac{x_j}{6} = (-2 - 1 + 0 + \cdots + 3)\frac{1}{6} = \frac{1}{2}$$

を得る。

(2) 期待値の定義のとおりに計算して、

$$E(aX + b) = \sum_{j=1}^{6} (ax_j + b)\frac{1}{6} = a \sum_{j=1}^{6} \frac{x_j}{6} + \frac{6}{6}b = aE(X) + b$$

を得る。

(3) X の確率関数を用いて、

$$E(X^2) = \sum_{j=1}^{6} x_j^2 P(X = x_j) = \sum_{j=1}^{6} \frac{x_j^2}{6} = [(-2)^2 + (-1)^2 + \cdots + 3^2]\frac{1}{6} = \frac{19}{6}$$

を得る。$Y = X^2$ とするとき、$P(Y = 0) = 1/6$, $P(Y = 1) = 1/3$, $P(Y = 4) = 1/3$, $P(Y = 9) = 1/6$ であることを用いて、$E(X^2) = E(Y) = \sum_{k=1}^{4} y_k P(Y = y_k) = 0 \cdot 1/6 + 1 \cdot 1/3 + 4 \cdot 1/3 + 9 \cdot 1/6 = 19/6$ と計算することもできる。

例題 5.6　定理 5.1 が連続確率変数 X でも成立することを証明せよ。

解答　連続確率変数 X の密度関数を f_X で表す。$\int_{-\infty}^{\infty} f_X(x)dx = 1$ であることに注意して、

$$E(aX + b) = \int_{-\infty}^{\infty} (ax + b)f_X(x)dx$$

$$= a\int_{-\infty}^{\infty} xf_X(x)dx + b\int_{-\infty}^{\infty} f_X(x)dx = aE(X) + b$$

を得る。

5.4 分散と標準偏差

本節では、確率変数のばらつきを表す分散と標準偏差を定義し、その意味と性質について考える。

定義 5.3 確率変数 X の期待値を μ_X で表す。このとき、

$$\mathrm{Var}(X) = E[(X - \mu_X)^2]$$

を X の**分散**（variance）という。また、分散の正の平方根 $\sqrt{\mathrm{Var}(X)}$ を X の**標準偏差**（standard deviation）という。

定義 5.3 の確率変数 X は離散でも連続でもよい。離散の場合を考えてみよう。離散確率変数 X の実現値を $x_1, x_2, \cdots, x_J$ とし、確率関数を P_X で表す。$E(X) = \mu_X$ は定数であることに注意すると、分散は、

$$\mathrm{Var}(X) = E[(X - \mu_X)^2] = \sum_{j=1}^{J} (x_j - \mu_X)^2 P_X(x_j) \tag{5.6}$$

と表せる。$(x_j - \mu_X)^2$ は、x_j が期待値 μ_X からどれくらい離れているのかを表している。その期待値からの距離を、$X = x_j$ となる確率で重み付けした加重平均が分散である。期待値に近い値が実現しやすい確率変数の分散は小さな値となり、期待値から離れた値が実現しやすい確率変数の分散は大きな値になることが分かるだろう。

X が連続確率変数のときには、

$$\mathrm{Var}(X) = E[(X - \mu_X)^2] = \int_{-\infty}^{\infty} (x - \mu_X)^2 f_X(x) dx$$

と表せる。ただし、f_X は X の密度関数である。

例題 5.7 サイコロを 1 回投げる試行において、サイコロの目と同じ数字を実現値とする確率変数を X とする。$j = 1, 2, \cdots, 6$ について X の確率関数を $P_X(x_j) = p_j$ で表す。また、X の期待値を μ_X で表す。以下の確率の下で X の分散を計算せよ。

(1) すべての j について $p_j = 1/6$ のとき。

(2) $p_3 = 2/3$, $p_6 = 1/3$, その他の $j\ (= 1, 2, 4, 5)$ について $p_j = 0$ のとき。

(3) $p_1 = 1/6$, $p_2 = 1/2$, $p_5 = 1/6$, $p_6 = 1/6$, その他の j $(= 3, 4)$ について $p_j = 0$ のとき。

解答 X は離散確率変数であるから、(5.6) 式に従って計算する。

(1) 例題 5.1 の問 (1) より、$\mu_X = 3.5$ であるため、

$$\mathrm{Var}(X) = \sum_{j=1}^{6} (x_j - 3.5)^2 P_X(x_j)$$
$$= [(1 - 3.5)^2 + (2 - 3.5)^2 + \cdots + (6 - 3.5)^2]\frac{1}{6} = \frac{35}{12}$$

を得る。

(2) 例題 5.1 の問 (2) より、$\mu_X = 4$ であるため、

$$\mathrm{Var}(X) = (x_3 - 4)^2 P_X(x_3) + (x_6 - 4)^2 P_X(x_6)$$
$$= (3 - 4)^2 \times \frac{2}{3} + (6 - 4)^2 \times \frac{1}{3} = 2$$

を得る。

(3) 例題 5.1 の問 (3) より、$\mu_X = 3$ であるため、

$$\mathrm{Var}(X) = (x_1 - 3)^2 P_X(x_1) + (x_2 - 3)^2 P_X(x_2)$$
$$+ (x_5 - 3)^2 P_X(x_5) + (x_6 - 3)^2 P_X(x_6)$$
$$= (1 - 3)^2 \times \frac{1}{6} + (2 - 3)^2 \times \frac{1}{2} + (5 - 3)^2 \times \frac{1}{6} + (6 - 3)^2 \times \frac{1}{6}$$
$$= \frac{10}{3}$$

を得る。

分散と期待値に関して次の補題が成り立つ。この等式を用いることで、分散の計算が簡単になることがある。

補題 5.1 確率変数 X の期待値を μ_X で表す。このとき、

$$\mathrm{Var}(X) = E(X^2) - \mu_X^2$$

が成立する。

証明は容易であるため、例題とする（例題 5.8）。

例題 5.8 補題 5.1 を示せ。

解答　期待値の線形性（定理 5.1）を用いて、

$$\mathrm{Var}(X) = E[(X - \mu_X)^2] = E(X^2 - 2X\mu_X + \mu_X^2)$$
$$= E(X^2) - 2E(X)\mu_X + \mu_X^2 = E(X^2) - \mu_X^2$$

を得る。

例題 5.9　以下の確率変数の分散を計算せよ。

(1) 成功確率 p のベルヌーイ分布に従う確率変数 X

(2) $X \sim \mathrm{Bin}(n, p)$

解答　確率変数 X はともに離散である。X の確率関数を P_X で表す。

(1) 例題 5.2 の問 (1) より、期待値は p である。これを用いて、

$$\mathrm{Var}(X) = (1 - p)^2 P_X(1) + (0 - p)^2 P_X(0)$$
$$= (1 - p)^2 p + (0 - p)^2 (1 - p) = p(1 - p)$$

を得る。

(2) 例題 5.2 の問 (2) より、$E(X) = np$ であることを用いて、

$$E(X^2) = \sum_{j=0}^{n} x_j^2 P_X(x_j) = \sum_{j=0}^{n} x_j^2 ({}_n\mathrm{C}_j) p^j (1 - p)^{n-j}$$
$$= \sum_{j=0}^{n} j^2 \frac{n!}{j!(n-j)!} p^j (1 - p)^{n-j}$$
$$= \sum_{j=0}^{n} [j(j-1) + j] \frac{n!}{j!(n-j)!} p^j (1 - p)^{n-j}$$
$$= \sum_{j=0}^{n} j(j-1) \frac{n!}{j!(n-j)!} p^j (1 - p)^{n-j} + \sum_{j=0}^{n} j \frac{n!}{j!(n-j)!} p^j (1 - p)^{n-j}$$
$$= \sum_{j=0}^{n} j(j-1) \frac{n!}{j!(n-j)!} p^j (1 - p)^{n-j} + np \tag{5.7}$$

を得る。右辺第 1 項を展開すると、

$$\sum_{j=0}^{n} j(j-1) \frac{n!}{j!(n-j)!} p^j (1 - p)^{n-j} = \sum_{j=2}^{n} \frac{n(n-1)(n-2)!}{(j-2)!(n-j)!} p^j (1 - p)^{n-j}$$
$$= n(n-1)p^2 \sum_{j=2}^{n} \frac{(n-2)!}{(j-2)!(n-j)!} p^{j-2} (1 - p)^{n-j}$$

$$= n(n-1)p^2 \tag{5.8}$$

を得る。ただし、最後の等式は、和記号以降の部分において、$n-2=n'$, $j-2=j'$ と置き換えると、

$$\sum_{j=2}^{n} \frac{(n-2)!}{(j-2)!(n-j)!} p^{j-2}(1-p)^{n-j} = \sum_{j'=0}^{n'} \frac{n'!}{j'!(n'-j')!} p^{j'}(1-p)^{n'-j'}$$
$$= \sum_{j'=0}^{n'} {}_{n'}\mathrm{C}_{j'} p^{j'}(1-p)^{n'-j'}$$

となる。これは、$\mathrm{Bin}(n',p)$ に従う確率変数の確率関数を、すべての実現値について総和をとったものになっているため、1 である。したがって、(5.7) 式に (5.8) 式を代入して、

$$E(X^2) = n(n-1)p^2 + np$$

を得る。最後に、補題 5.1 より、

$$\mathrm{Var}(X) = E(X^2) - [E(X)]^2 = n(n-1)p^2 + np - (np)^2 = np(1-p)$$

を得る。

例題 5.10 確率変数 $X \sim \mathrm{Uni}(a,b)$ の分散を計算せよ。

解答 確率変数 X は連続であることに注意する。(4.12) 式より X の密度関数は、$x \in [a,b]$ について $f_X(x) = \frac{1}{b-a}$ である。また、X の期待値は例題 5.3 より $E(X) = \frac{a+b}{2}$ である。ここで、

$$E(X^2) = \int_{-\infty}^{\infty} x^2 f_X(x)dx = \frac{1}{b-a} \int_{a}^{b} x^2 dx = \frac{1}{b-a} \frac{(b^3-a^3)}{3} = \frac{a^2+ab+b^2}{3}$$

である。このことを用いると、補題 5.1 より、

$$\mathrm{Var}(X) = E(X^2) - [E(X)]^2 = \frac{a^2+ab+b^2}{3} - \frac{a^2+2ab+b^2}{4} = \frac{(a-b)^2}{12}$$

を得る。

例題 5.11 確率変数 X が標準正規分布に従うとする。このとき、X の分散を求めめよ。

解答　解答には部分積分法を使う。ここでは部分積分法の結果だけを紹介する。関数 $f(x)$ と $g(x)$ について、1 階微分をそれぞれ $f'(x)$ と $g'(x)$ で表すとき、

$$\int_a^b \left[\frac{d}{dx}f(x)g(x)\right] dx = \int_a^b f'(x)g(x)dx + \int_a^b f(x)g'(x)dx$$

という等式の成立を主張するのが部分積分法である。

確率変数 X は連続であることに注意する。(4.11) 式より、X の密度関数は $f_X(x) = \frac{1}{\sqrt{2\pi}}\exp(-x^2/2)$ であり、例題 5.4 より $E(X) = 0$ である。ここで、$f(x) = \exp(-x^2/2), g(x) = x$ とすれば、

$$E(X^2) = \int_{-\infty}^{\infty} x^2 f_X(x)dx = \frac{1}{\sqrt{2\pi}}\int_{-\infty}^{\infty} x^2 \exp\left(-\frac{x^2}{2}\right) dx$$
$$= \frac{-1}{\sqrt{2\pi}}\int_{-\infty}^{\infty} f'(x)g(x)dx$$

である。$\int_{-\infty}^{\infty} \left[\frac{d}{dx}f(x)g(x)\right] dx = [f(x)g(x)]_{-\infty}^{\infty} = 0$ であることに注意して、右辺に部分積分法を適用すれば、

$$E(X^2) = \frac{1}{\sqrt{2\pi}}\int_{-\infty}^{\infty} f(x)g'(x)dx = \frac{1}{\sqrt{2\pi}}\int_{-\infty}^{\infty} \exp\left(-\frac{x^2}{2}\right) dx$$
$$= \int_{-\infty}^{\infty} f_X(x)dx = 1$$

を得る。したがって、補題 5.1 より、

$$\mathrm{Var}(X) = E(X^2) - [E(X)]^2 = 1$$

を得る。

例題 5.4 と例題 5.11 の結果から、標準正規分布の期待値は 0 で分散は 1 であることが分かった。標準正規分布を一般化し、期待値を μ_X、分散を σ_X^2 とした分布を**正規分布**（normal distribution）という。正規分布に従う確率変数 X の分布関数と密度関数は、それぞれ、

$$F_X(x) = \int_{-\infty}^{x} f_X(z)dz \tag{5.9}$$

$$f_X(x) = \frac{1}{\sqrt{2\pi\sigma_X^2}}\exp\left[-\frac{(x-\mu_X)^2}{2\sigma_X^2}\right] \tag{5.10}$$

である。確率変数 X が期待値 μ_X、分散 σ_X^2 の正規分布に従うことを $X \sim$ $\mathrm{N}(\mu_X, \sigma_X^2)$ で表す。正規分布の密度関数において $\mu_X = 0, \sigma_X^2 = 1$ とすれば、標準正規分布の密度関数 (4.11) 式と一致しており、標準正規分布は正規分布の特殊ケースであることが分かるだろう。

5.5 分散の性質

次に示す確率変数の分散の性質は、確率変数が離散であるか連続であるかに関係なく成立する。

定理 5.2 任意の確率変数 X と定数 a, b について、
$$\mathrm{Var}(aX + b) = a^2 \, \mathrm{Var}(X)$$
が成り立つ。

証明 補題 5.1 と期待値の線形性を示す定理 5.1 を用いて、

$$
\begin{aligned}
\mathrm{Var}(aX + b) &= E[(aX + b)^2] - [E(aX + b)]^2 \\
&= E(a^2 X^2 + 2abX + b^2) - [aE(X) + b]^2 \\
&= a^2 E(X^2) + 2abE(X) + b^2 - \{a^2[E(X)]^2 + 2abE(X) + b^2\} \\
&= a^2 \{E(X^2) - [E(X)]^2\} \\
&= a^2 \, \mathrm{Var}(X)
\end{aligned}
$$

を得る。□

定理 5.2 から、$\mathrm{Var}(aX) = a^2 \, \mathrm{Var}(X)$ であるため、X の定数倍の分散は X の分散に定数の 2 乗をかけたものに一致する。また $\mathrm{Var}(X + b) = \mathrm{Var}(X)$ であるから、X の平行移動は分散に影響しない。

例題 5.12 フェアなサイコロを 1 回投げる試行において、サイコロの目と同じ数字を実現値とする確率変数を X とする。確率変数 Z を $Z = 2X - 6$ と定義するとき、以下の問いに答えよ。

(1) Z の実現値とその確率を求めよ。

(2) $\mathrm{Var}(Z)$ を定義に従って計算せよ。

(3) 定理 5.2 を用いて $\mathrm{Var}(Z)$ を計算せよ。

(4) 問 (2) と問 (3) の結果が等しいことを確認せよ。

解答　(1) Z の実現値とその確率は、

$$Z = \begin{cases} z_1 = -4, & P_Z(-4) = P_X(1) = 1/6 \\ z_2 = -2, & P_Z(-2) = P_X(2) = 1/6 \\ z_3 = 0, & P_Z(0) = P_X(3) = 1/6 \\ z_4 = 2, & P_Z(2) = P_X(4) = 1/6 \\ z_5 = 4, & P_Z(4) = P_X(5) = 1/6 \\ z_6 = 6, & P_Z(6) = P_X(6) = 1/6 \end{cases} \tag{5.11}$$

である。

(2) 例題 5.1 の問 (1) より $E(X) = 3.5$ である。また、定理 5.1 より $E(Z) = 2E(X) - 6 = 1$ である。分散の定義のとおりに計算し、

$$\mathrm{Var}(Z) = \sum_{j=1}^{6} (z_j - 1)^2 P_Z(z_j) = (25 + 9 + 1 + 1 + 9 + 25)\frac{1}{6} = \frac{35}{3}$$

を得る。

(3) 定理 5.2 より、$\mathrm{Var}(Z) = \mathrm{Var}(2X - 6) = 2^2\,\mathrm{Var}(X)$ である。また、例題 5.7 の問 (1) より、$\mathrm{Var}(X) = 35/12$ である。したがって、

$$\mathrm{Var}(Z) = 2^2\,\mathrm{Var}(X) = \frac{35}{3}$$

を得る。

(4) 問 (2) と問 (3) で導出した分散は同値である。

　　分散と標準偏差は、期待値からのばらつきの度合いを表すものであった。次に紹介するチェビシェフの不等式は、確率変数とその期待値の間の距離が、標準偏差の定数倍以上となる確率の上限を表す不等式である。

定理 5.3　確率変数 X の期待値を μ_X、標準偏差を σ_X で表す。このとき、任意の定数 $k > 0$ について、

$$P(|X - \mu_X| \geq k\sigma_X) \leq \frac{1}{k^2}$$

が成り立つ。この不等式をチェビシェフの不等式（Chebyshev's inequality）という。

証明　まず、確率変数 Z を、

$$Z = \begin{cases} 1 & (|X - \mu_X| \geq k\sigma_X) \\ 0 & (|X - \mu_X| < k\sigma_X) \end{cases} \tag{5.12}$$

と定義する。つまり、Z は、$X = x$ が観測されたとき $|x - \mu_X| \geq k\sigma_X$ であれば 1、そうでなければ 0 をとるような確率変数である[*1]。$Z = 1$ となるのは、事象 $\{|X - \mu_X| \geq k\sigma_X\}$ が真であるときだから、

$$P(Z = 1) = P(|X - \mu_X| \geq k\sigma_X) \tag{5.13}$$

となる。したがって、Z は、$Z = 1$ となる確率が $P(|X - \mu_X| \geq k\sigma_X)$ のベルヌーイ分布に従う。

$k\sigma_X > 0$ であることに注意すれば、Z の定義から、$Z = 1$ のとき必ず $|X - \mu_X|/k\sigma_X \geq 1$ であるから、

$$Z \leq \frac{|X - \mu_X|^2}{k^2\sigma_X^2}$$

が成立する。両辺に期待値をとれば、

$$E(Z) \leq \frac{E(|X - \mu_X|^2)}{k^2\sigma_X^2} = \frac{1}{k^2} \tag{5.14}$$

を得る。Z はベルヌーイ分布に従う確率変数だから、例題 5.2 の問 (1) より、$E(Z) = P(Z = 1)$ である。したがって、(5.13) 式と (5.14) 式より不等式が示せた。□

[*1]　このような変数は、指示関数とよばれる関数を用いて表されることが多い。指示関数 $1\{\cdot\}$ は、中括弧 $\{\cdot\}$ の中の主張が正しければ 1、間違いであれば 0 を返す関数である。これを用いれば、

$$Z = 1\{|X - \mu_X| \geq k\sigma_X\}$$

と簡潔に表すことができる。

任意の確率変数 X に対して、$k = 2$ としてチェビシェフの不等式を書けば、

$$P(|X - \mu_X| \geq 2\sigma_X) \leq \frac{1}{4}$$

となる。これは、X が μ_X から標準偏差の 2 倍以上離れた値をとる確率は $1/4$ 以下であるということを示している。チェビシェフの不等式は、どのような確率変数に対しても成立するため、このことは、確率変数が従う分布がどんな分布であっても成立する。

章 末 問 題

問 5.1　以下の確率変数の期待値、分散、標準偏差を計算せよ。

(1) 成功確率が $p = 0.3$ のベルヌーイ分布に従う確率変数 X

(2) $X \sim \mathrm{Bin}(100, 0.1)$

(3) $X \sim \mathrm{Uni}(0, 5)$

問 5.2　$X \sim \mathrm{N}(0, \sigma_X^2)$ とする。

(1) $\sigma_X = 1$ のとき、$|X| > 2$ となる確率の上限をチェビシェフの不等式を用いて計算せよ。

(2) $\sigma_X = 1$ のとき、標準正規分布表を用いて、$|X| > 2$ となる確率を確認せよ。

(3) 問 (1) で計算した確率の上限と、問 (2) で導出した確率を比較せよ。

(4) $\sigma_X = 2$ のとき、$|X| > 2$ となる確率の上限をチェビシェフの不等式を用いて計算せよ。

(5) $\sigma_X = 2$ のとき、$|X| > 4$ となる確率の上限をチェビシェフの不等式を用いて計算せよ。

問 5.3　確率変数 X の期待値を μ_X、標準偏差を σ_X とする。標準偏差 σ_X が小さな値であるとき、確率変数 X はどのような値をとるか考察せよ。

第6章
条件付き期待値

　複数の確率変数があるとき、それらの関係性はどのように表現できるだろうか。本章では、「条件付き期待値」を定義し、その性質を考察することを目的とする。条件付き期待値とは、例えば、教育年数と賃金の関係について、教育を高卒に限定した場合の賃金の期待値や、大卒に限定した場合の賃金の期待値のように、条件を課したときの確率変数の期待値を意味する。

　条件付き期待値は、統計学において最も基礎的なデータ分析手法の1つである回帰分析を理解するうえで重要である。回帰分析とは、条件付き期待値を簡単なモデルで近似し、そのモデルから変数間の関係を分析する手法のことをいう。先ほどの例でいえば、高卒と大卒で賃金の期待値がどれくらい異なるかなどを回帰分析を用いて検証することが可能となる。回帰分析については、11章で詳しく解説する。

　本章では、まず、条件付き期待値を定義するために、2つの確率変数の同時分布関数を定義する。4章において離散と連続の場合に分けて、それぞれ確率関数と密度関数を考えたように、本章でも同時確率関数と同時密度関数を導入する。次に、1つの確率変数の値が既知であるという条件の下での、他方の確率変数の分布を表す、条件付き分布関数を定義する。条件付きの分布についても、条件付き確率関数と条件付き密度関数を考える。最後に、条件付き確率関数や条件付き密度関数で重み付けをした加重平均として、条件付き期待値を定義する。

6.1　同時分布

　目が3つ（$\odot, \boxdot, \boxdot$）のサイコロを2回投げる試行を考えよう。1回目のサイコロの目が i、2回目のサイコロの目が j であるとき、この事象を $\omega_{i,j}$ で表すことにする。例えば, $\omega_{2,3} = \{\boxdot, \boxdot\}$ である。また、事象 $\omega_{i,j}$ に対して $X = i, Y = j$ となるような確率変数 X と Y を考える。確率変数 X と Y の定義域 Ω と値域を表すのが図 6.1 である。

図 6.1　写像 X と Y の定義域と値域

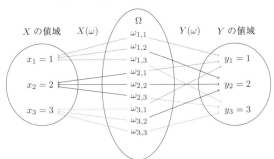

　図 6.1 の標本空間 Ω の任意の要素の組合せの集合を $\mathcal{B}$ とし、すべての i と j について $P(\omega_{i,j}) = 1/9$ と定めれば、X と Y は確率空間 $(\Omega, \mathcal{B}, P)$ 上の確率変数である。このとき、確率変数 X と Y の分布関数は、それぞれ、

$$P(X \leq x) = \begin{cases} 0 & (x < 1) \\ 1/3 & (1 \leq x < 2) \\ 2/3 & (2 \leq x < 3) \\ 1 & (3 \leq x) \end{cases} \tag{6.1}$$

$$P(Y \leq y) = \begin{cases} 0 & (y < 1) \\ 1/3 & (1 \leq y < 2) \\ 2/3 & (2 \leq y < 3) \\ 1 & (3 \leq y) \end{cases} \tag{6.2}$$

であることが図 6.1 から容易に分かるであろう。(6.1) 式は、確率変数 X が定数 x 以下の値をとる確率を表し、(6.2) 式は、確率変数 Y が定数 y 以下の値をとる確率を表している。

X と Y は、ともに確率空間 $(\Omega, \mathcal{B}, P)$ 上で定義された確率変数であるため、$X \leq x$ かつ $Y \leq y$ となる確率を考えることができる。この確率は、同時分布関数とよばれる。

定義 6.1 確率空間 $(\Omega, \mathcal{B}, P)$ 上で定義された確率変数 X と Y について、

$$F_{X,Y}(x,y) = P(X \leq x, Y \leq y)$$

を X と Y の**同時分布関数**（joint distribution function）という。

定義 6.1 における $P(X \leq x, Y \leq y)$ は、事象 $\{X \leq x\}$ と事象 $\{Y \leq y\}$ が同時に起こる確率を意味している。つまり、

$$P(X \leq x, Y \leq y) = P(\{X \leq x\} \cap \{Y \leq y\})$$
$$= P(\{\omega \in \Omega | X(\omega) \leq x\} \cap \{\omega \in \Omega | Y(\omega) \leq y\})$$

である（3.6 節）。したがって、同時分布関数は $X \leq x$ かつ $Y \leq y$ となるような事象の確率である。

図 6.1 の例における X と Y の同時分布関数を示してみよう。$x = 2, y = 1$ のとき、

$$F_{X,Y}(2,1) = P(X \leq 2, Y \leq 1)$$

である。したがって、$F_{X,Y}(2,1)$ は、「X が 2 以下かつ Y が 1 以下」となる確率を意味する。この条件を満たす事象は、$\omega_{1,1} = \{\boxdot, \boxdot\}$ と $\omega_{2,1} = \{\boxdot, \boxdot\}$ であるから、

$$F_{X,Y}(2,1) = P(X \leq 2, Y \leq 1) = P(\{\omega_{1,1}, \omega_{2,1}\}) = \frac{2}{9} \tag{6.3}$$

を得る。

同様にして、$F_{X,Y}(2,2)$ を考えてみよう。$F_{X,Y}(2,2)$ は、X が 2 以下かつ Y が 2 以下であるような確率であるから、

$$F_{X,Y}(2,2) = P(X \leq 2, Y \leq 2) = P(\{\omega_{1,1}, \omega_{1,2}, \omega_{2,1}, \omega_{2,2}\}) = \frac{4}{9} \tag{6.4}$$

となる。

2 つの確率変数の同時分布関数が分かっているとき、それぞれの確率変数の単独の分布関数を求めることができる。単独の分布関数のことを周辺分布関数という。

定義 6.2 確率空間 $(\Omega, \mathcal{B}, P)$ 上で定義された確率変数 X と Y について、同時分布関数を $F_{X,Y}(x,y)$ で表す。このとき、

$$F_X(x) = P(X \le x, Y \le \infty)$$
$$F_Y(y) = P(X \le \infty, Y \le y)$$

を X や Y の**周辺分布関数**（marginal distribution function）という。

定義 6.2 における周辺分布関数は、X や Y の（単独の）分布関数と同じである。つまり、$P(X \le x, Y \le \infty) = P(X \le x)$ や $P(X \le \infty, Y \le y) = P(Y \le y)$ である。同じものに 2 つの名前が付いているわけだが、周辺分布関数は同時分布関数に対して「周辺的（marginal）な」分布関数であるという意味で使われる。

図 6.1 の例において、X の周辺分布関数 $F_X(x)$ を考えてみよう。例えば、$x = 1$ として、$F_X(1)$ を考える。周辺分布関数の定義に当てはめて、

$$F_X(1) = P(X \le 1, Y \le \infty)$$

を得る。したがって、$F_X(1)$ は、「X が 1 以下かつ Y が ∞ 以下」であるような確率を意味する。この条件を満たす事象は、$\omega_{1,1} = \{\boxdot, \boxdot\}$ と $\omega_{1,2} = \{\boxdot, \boxdot\}$ と $\omega_{1,3} = \{\boxdot, \boxdot\}$ であるから、

$$F_X(1) = P(X \le 1, Y \le \infty) = P(\{\omega_{1,1}, \omega_{1,2}, \omega_{1,3}\}) = \frac{1}{3}$$

となる。これは、X の分布関数 (6.1) 式において $x = 1$ としたときと一致している。

例題 6.1 目が 3 つ（$\boxdot$, $\boxdot$, $\boxdot$）のフェアなサイコロを 2 回投げ、1 回目に出た目を X、2 回目に出た目を Y とした図 6.1 の例について、以下を求めよ。

(1) $X \le 2$ かつ $Y \le 3$ となる事象とその確率。

(2) $X \le 2$ かつ $Y \le \infty$ となる事象とその確率。

(3) $X \le 3$ かつ $Y \le \infty$ となる事象とその確率。

解答 (1) $X \le 2$ かつ $Y \le 3$ となる事象は、$\omega_{1,1}, \omega_{1,2}, \omega_{1,3}, \omega_{2,1}, \omega_{2,2}, \omega_{2,3}$ である。これらの事象を要素に持つ集合を $\Omega_{2,3}$ で表すとき、$X \le 2$ かつ $Y \le 3$ となる確率は、

$$P(X \le 2, Y \le 3) = P(\Omega_{2,3}) = \frac{2}{3}$$

である。

(2) $X \le 2$ かつ $Y \le \infty$ となる事象は、$\omega_{1,1}$, $\omega_{1,2}$, $\omega_{1,3}$, $\omega_{2,1}$, $\omega_{2,2}$, $\omega_{2,3}$ である。これらの事象を要素に持つ集合を $\Omega_{2,\infty}$ で表すとき、$X \le 2$ かつ $Y \le \infty$ となる確率は、

$$P(X \le 2, Y \le \infty) = P(\Omega_{2,\infty}) = \frac{2}{3}$$

である。

(3) $X \le 3$ かつ $Y \le \infty$ となる事象は、Ω である。したがって、

$$P(X \le 3, Y \le \infty) = P(\Omega) = 1$$

を得る。

例題 6.2 フェアなサイコロを 1 回投げる試行において、サイコロの目と同じ数字を実現値とする確率変数を X とし、確率変数 Z を $Z = 2X - 6$ と定義する。このとき以下に答えよ。

(1) X と Z について、図 6.1 に対応する図を描け。

(2) $X \le 2$ かつ $Z \le 0$ となる事象とその確率を求めよ。

(3) $X \le 2$ かつ $Z \le 6$ となる事象とその確率を求めよ。

確率変数 Z の実現値とその確率は (5.11) 式を参照されたい。

解答 (1) 図 6.1 に対応する図とは、写像 X と Z の定義域と値域を表した図のことである。写像 X と Z の定義域は標本空間であり、$\Omega = \{⚀, ⚁, ⚂, ⚃, ⚄, ⚅\}$ である。写像 X の値域は、サイコロの目と同じ数字であるから、$\{1, 2, 3, 4, 5, 6\}$ である。また、写像 Z の値域は例題 5.12 において考えた。以上を参考に作図し、図 6.2 を得る。

(2) $X \le 2$ かつ $Z \le 0$ を満たす事象は $\{⚀\}$ と $\{⚁\}$ である。したがって、

$$P(X \le 2, Z \le 0) = P(\{⚀, ⚁\}) = \frac{1}{3}$$

を得る。

(3) $X \le 2$ かつ $Z \le 6$ を満たす事象は $\{⚀\}$ と $\{⚁\}$ である。したがって、

図 6.2　写像 X と Y の定義域と値域

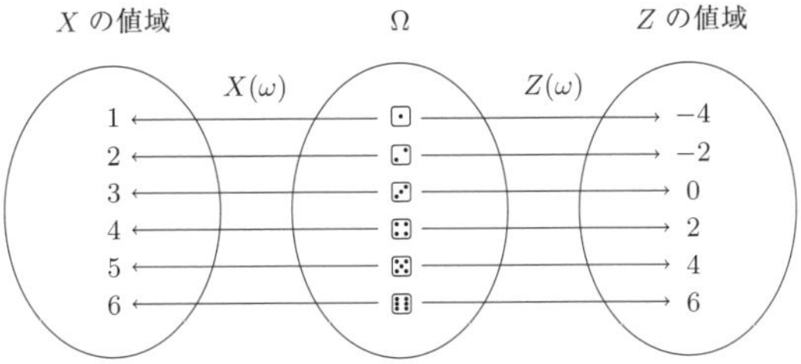

$$P(X \leq 2, Z \leq 6) = P(\{\boxdot, \boxdot\}) = \frac{1}{3}$$

を得る。

6.2　同時確率関数

4.3 節において、確率変数 X が離散であるとき、X の実現値が、ある値と「一致する」確率を確率関数と定義した（定義 4.2）。離散確率変数が 2 つある場合に、確率関数に対応する関数を同時確率関数といい、以下のように定義する。

> **定義 6.3**　確率空間 $(\Omega, \mathcal{B}, P)$ 上で定義された確率変数 X と Y の実現値をそれぞれ、$x_1, x_2, \cdots, x_J$ と $y_1, y_2, \cdots, y_K$ で表す。このとき、すべての $j = 1, 2, \cdots, J$ と $k = 1, 2, \cdots, K$ について、
>
> $$P_{X,Y}(x_j, y_k) = P(X = x_j, Y = y_k)$$
>
> を X と Y の**同時確率関数**（joint probability function）という。

同時分布関数が既知であるとき、単独の分布関数を周辺分布関数として求めることができた。これと同じように、同時確率関数が分かっていれば、単独の確率関数を求めることができる。これを周辺確率関数という。

> **定義 6.4** 確率空間 $(\Omega, \mathcal{B}, P)$ 上で定義された確率変数 X と Y の実現値をそれぞれ、$x_1, x_2, \cdots, x_J$ と $y_1, y_2, \cdots, y_K$ で表し、同時確率関数を $P_{X,Y}(x_j, y_k)$ で表す。このとき、
>
> $$P_X(x_j) = \sum_{k=1}^{K} P_{X,Y}(x_j, y_k)$$
>
> $$P_Y(y_k) = \sum_{j=1}^{J} P_{X,Y}(x_j, y_k)$$
>
> を X や Y の**周辺確率関数**（marginal probability function）という。

例題 6.3 目が 3 つ（⊡, ⊡, ⊡）のフェアなサイコロを 2 回投げ、1 回目に出た目を X、2 回目に出た目を Y とした図 6.1 の例について以下に答えよ。

(1) $X = 1$ かつ $Y = 1$ となる事象とその確率を求めよ。

(2) $X = 1$ かつ $Y = 2$ となる事象とその確率を求めよ。

(3) $X = 1$ かつ $Y = 3$ となる事象とその確率を求めよ。

(4) 周辺確率関数の定義を用いて $P_X(1)$ を計算せよ。

解答 (1) $X = 1$ かつ $Y = 1$ となる事象は、$\omega_{1,1}$ である。したがって、$X = 1$ かつ $Y = 1$ となる確率は、

$$P(X = 1, Y = 1) = P(\omega_{1,1}) = \frac{1}{9}$$

である。

(2) $X = 1$ かつ $Y = 2$ となる事象は、$\omega_{1,2}$ である。したがって、$X = 1$ かつ $Y = 2$ となる確率は、

$$P(X = 1, Y = 2) = P(\omega_{1,2}) = \frac{1}{9}$$

である。

(3) $X = 1$ かつ $Y = 3$ となる事象は、$\omega_{1,3}$ である。したがって、$X = 1$ かつ $Y = 3$ となる確率は、

$$P(X = 1, Y = 3) = P(\omega_{1,3}) = \frac{1}{9}$$

である。

(4) 周辺確率関数の定義より、

$$P_X(1) = \sum_{k=1}^{3} P_{X,Y}(1, y_k) = \sum_{k=1}^{3} P(X = 1, Y = y_k)$$

$$= P(X = 1, Y = 1) + P(X = 1, Y = 2) + P(X = 1, Y = 3) = \frac{1}{3}$$

を得る。

6.3 同時密度関数

4.4 節において、確率変数 X が連続であるときに、X の実現値の起こりやすさを表す関数として、密度関数を定義した（定義 4.3）。連続確率変数が 2 つある場合に、密度関数に対応する関数を同時密度関数という。

> **定義 6.5** 確率空間 $(\Omega, \mathcal{B}, P)$ 上で定義された確率変数 X と Y について、同時分布関数を $F_{X,Y}(x, y)$ で表す。$\int_{-\infty}^{\infty} \int_{-\infty}^{\infty} f_{X,Y}(z, u) dz du = 1$ を満たす関数 $f_{X,Y}(\cdot, \cdot)$ が、任意の x と y について、
>
> $$F_{X,Y}(x, y) = \int_{-\infty}^{x} \int_{-\infty}^{y} f_{X,Y}(z, u) dz du$$
>
> と表せるとき、$f_{X,Y}$ を X と Y の**同時密度関数**（joint density function）という。

同時密度関数を積分したものが同時分布関数である。したがって、同時密度関数は微分を用いて、

$$f_{X,Y}(x, y) = \frac{\partial^2 F_{X,Y}(x, y)}{\partial x \partial y}$$

と表すことができる。ただし、∂ は偏微分を表し、∂^2 は 2 階の偏微分を表す。つまり、X と Y の同時密度関数は、X と Y の同時分布関数を x と y について微分したものである。また、定義でも強調しているように、同時密度関数は X と Y についてそれぞれ $-\infty$ から ∞ まで積分すると 1 となる。つまり、

$$\int_{-\infty}^{\infty} \int_{-\infty}^{\infty} f_{X,Y}(z, u) dz du = \lim_{x,y \to \infty} F_{X,Y}(x, y) = 1$$

である。

　確率変数が離散である場合には、同時確率関数 $P_{X,Y}(x_j, y_k)$ を Y がとりうる値すべてに対して足し合わせると X の確率関数を得ることができた（定義 6.4）。連続確率変数の場合には、Y がとりうる値は連続した区間であるため、その区間について同時密度関数を積分することで、X 単独の密度関数を得ることができる。これを周辺密度関数という。

定義 6.6 確率空間 $(\Omega, \mathcal{B}, P)$ 上で定義された確率変数 X と Y について、同時密度関数を $f_{X,Y}(x, y)$ で表す。このとき、

$$f_X(x) = \int_{-\infty}^{\infty} f_{X,Y}(x, y) dy$$

$$f_Y(y) = \int_{-\infty}^{\infty} f_{X,Y}(x, y) dx$$

を X や Y の**周辺密度関数**（marginal density function）という。

例題 6.4 確率変数 X と Y が次の同時密度関数、

$$f_{X,Y}(x, y) = \begin{cases} \dfrac{1}{ab} & (0 < x < a \text{ かつ } 0 < y < b) \\ 0 & (\text{その他}) \end{cases} \tag{6.5}$$

を持つとする。ただし、a と b は任意の正の実数である。このような密度関数を持つ確率変数が従う分布を $(0, a) \times (0, b)$ 上の一様分布という。以下の手順で確率変数 X と Y の同時分布関数を求めよ。

(1) $0 < x < a$ かつ $0 < y < b$ のときの $F_{X,Y}(x, y)$。

(2) $x < 0$ または $y < 0$ のときの $F_{X,Y}(x, y)$。

(3) $a \leq x$ かつ $b \leq y$ のときの $F_{X,Y}(x, y)$。

(4) $a \leq x$ かつ $0 < y < b$ のときの $F_{X,Y}(x, y)$。

(5) $0 < x < a$ かつ $b \leq y$ のときの $F_{X,Y}(x, y)$。

解答 考えている密度関数は、X の範囲 $(0, a)$ と、Y の範囲 $(0, b)$ において、高さが $\dfrac{1}{ab}$ であるような立方体の形をしている。この例題は、X と Y が自由に動ける区間を定めたときに、この立方体の体積を計算する問題である。これを図示したのが、図 6.3 から図 6.7 である。

(1) 同時密度関数の定義 6.5 より、

$$F_{X,Y}(x,y) = \int_{-\infty}^{x} \int_{-\infty}^{y} f_{X,Y}(z,u)dzdu$$

である。同時密度関数 $f_{X,Y}(x,y)$ は、$0 < x < a$ かつ $0 < y < b$ のとき $\frac{1}{ab}$ で、それ以外は 0 であるから、

$$F_{X,Y}(x,y) = \int_{0}^{x} \int_{0}^{y} f_{X,Y}(z,u)dzdu = \int_{0}^{x} \int_{0}^{y} \frac{1}{ab}dzdu = \frac{xy}{ab}$$

を得る。

(2) 同時密度関数 $f_{X,Y}(x,y)$ は、$0 < x < a$ かつ $0 < y < b$ のとき $\frac{1}{ab}$ で、それ以外は 0 であることに注意する。したがって、$x < 0$ である場合は y の値に関係なく $f_{X,Y}(x,y) = 0$ であるから、

$$F_{X,Y}(x,y) = \int_{-\infty}^{x} \int_{-\infty}^{y} f_{X,Y}(z,u)dzdu = 0$$

を得る。$y < 0$ である場合でも同じである。

(3) 同時密度関数 $f_{X,Y}(x,y)$ は、$0 < x < a$ かつ $0 < y < b$ のとき $\frac{1}{ab}$ で、$a \leq x$ や $b \leq y$ となる場合には 0 であるから、積分範囲に注意して、

$$F_{X,Y}(x,y) = \int_{-\infty}^{x} \int_{-\infty}^{y} f_{X,Y}(z,u)dzdu = \int_{0}^{a} \int_{0}^{b} f_{X,Y}(z,u)dzdu$$
$$= \int_{0}^{a} \int_{0}^{b} \frac{1}{ab}dzdu = 1$$

を得る。

(4) $a \leq x$ となる場合には $f_{X,Y}(x,y) = 0$ であるから、積分範囲に注意して、

$$F_{X,Y}(x,y) = \int_{-\infty}^{x} \int_{-\infty}^{y} f_{X,Y}(z,u)dzdu = \int_{0}^{a} \int_{0}^{y} f_{X,Y}(z,u)dzdu$$
$$= \int_{0}^{a} \int_{0}^{y} \frac{1}{ab}dzdu = \frac{ay}{ab} = \frac{y}{b}$$

を得る。

(5) 問 (4) と同様の議論から、

$$F_{X,Y}(x,y) = \int_{0}^{x} \int_{0}^{b} f_{X,Y}(z,u)dzdu = \frac{x}{a}$$

を得る。

例題 6.4 では、(6.5) 式を同時密度関数とする X と Y の同時分布関数を導出している。これをまとめると、同時分布関数は、

$$F_{X,Y}(x,y) = \begin{cases} 1 & (a \le x \text{ かつ } b \le y) \\ \dfrac{xy}{ab} & (0 < x < a \text{ かつ } 0 < y < b) \\ \dfrac{y}{b} & (a \le x \text{ かつ } 0 < y < b) \\ \dfrac{x}{a} & (0 < x < a \text{ かつ } b \le y) \\ 0 & (x < 0 \text{ または } y < 0) \end{cases}$$

と表せる。これは、$(0,a) \times (0,b)$ 上の一様分布の同時分布関数である。

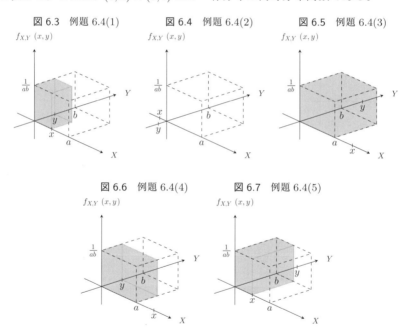

図 6.3 例題 6.4(1)　　図 6.4 例題 6.4(2)　　図 6.5 例題 6.4(3)

図 6.6 例題 6.4(4)　　図 6.7 例題 6.4(5)

6.4 条件付き分布

確率変数 X の実現値が x であることが分かっているときの、確率変数 Y の分布のことを、$X = x$ を条件とした Y の**条件付き分布**（conditional distribution）という。

　条件付き分布について詳しくみるために、まずは、条件付きの事象の確率を考えてみよう*1。例えば、フェアなサイコロを 1 回投げる試行において、出た目が偶数であると分かっているとしよう。偶数であると分かっているので、その目は 2, 4, 6 のうちのどれかであろう。サイコロがフェアであるから、3 つのうちのどの目が出る確率も等しく 1/3 である。

　このことをもう少し具体的に考えてみよう。サイコロを投げて出る目は 6 通り {⚀,⚁,⚂,⚃,⚄,⚅} である。サイコロがフェアであれば、⚀ が出る確率は 1/6 である。目が偶数であると分かっている状況では、サイコロの目は {⚁,⚃,⚅} のうちのどれかであるため、この条件の下で ⚁ が出る確率は 1/3 である。つまり、条件付き確率を考えるときには、標本空間のうちの条件を満たすものだけを取り出し、その中で確率を考えることになる。

　このことを一般化するために確率空間 $(\Omega, \mathcal{B}, P)$ を考える。事象 $A, B \in \mathcal{B}$ について、

$$P(A|B) = \frac{P(A \cap B)}{P(B)} \tag{6.6}$$

を B を条件とした A の**条件付き確率**（conditional probability）という。

　言葉で表せば、条件付き確率 $P(A|B)$ は、B が起きたときに A も起こる確率 $P(A \cap B)$ が、$P(B)$ が起こるという確率のうちどれくらいであるかを計算することで得られる。これを図示したのが図 6.8 である。この図において、$P(A|B)$ は、グレーの部分（B）が起こる確率のうち、斜線部（$A \cap B$）が起こる確率となる。

　図 6.8 　$P(A|B)$ は、グレーの部分（B）が起こる確率のうち、斜線部（$A \cap B$）が起こる確率

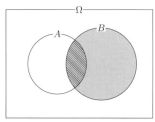

サイコロの例でこの定義を確かめてみよう。$A = \{⚀\}$, $B = \{⚁,⚃,⚅\}$ とする。

目が偶数であるという条件の下で、⚀ が出る条件付き確率は、

$$P(A|B) = \frac{P(A \cap B)}{P(B)} = \frac{1/6}{1/2} = \frac{1}{3}$$

である。

2 つの確率変数 X と Y が離散であるときの条件付き分布について考える。$X = x_j$ が観測された条件の下で $Y = y_k$ となる確率は、事象 $\{X = x_j\}$ が起きたという条件の下で事象 $\{Y = y_k\}$ が起こる確率である。したがって、条件付き確率の (6.6) 式を用いれば、

$$P(Y = y_k | X = x_j) = P(\{Y = y_k\}|\{X = x_j\})$$
$$= \frac{P(\{Y = y_k\} \cap \{X = x_j\})}{P(\{X = x_j\})} = \frac{P_{Y,X}(y_k, x_j)}{P_X(x_j)}$$

となる。この条件付き確率は、X や Y の実現値によって確率が変動する関数となっている。この意味で、$P(Y = y_k | X = x_j)$ は条件付き確率関数とよばれる。

定義 6.7 離散確率変数 X と Y について

$$P_{Y|X}(y_k|x_j) = P(Y = y_k | X = x_j) = \frac{P_{Y,X}(y_k, x_j)}{P_X(x_j)}$$

を X で条件付けられた Y の**条件付き確率関数**（conditional probability function）という。

$P_{Y|X}(y_k|x_j)$ は、（X を x_j に固定したときに）Y が y_k になる確率であるため、これを Y がとりうるすべての値について足し合わせると 1 になる。つまり、Y の実現値を $y_1, y_2, \cdots, y_K$ で表すとき、

$$\sum_{k=1}^{K} P_{Y|X}(y_k|x_j) = \frac{\sum_{k=1}^{K} P_{Y,X}(y_k, x_j)}{P_X(x_j)} = \frac{P_X(x_j)}{P_X(x_j)} = 1 \tag{6.7}$$

が成立する。この性質は、条件なしの確率関数を、確率変数がとりうるすべての値について足し合わせると 1 になることを示す (4.3) 式（p.44）に対応する性質である。

確率変数が連続である場合には、密度関数を用いて実現値の起こりやすさを表すことを思い出そう。離散確率変数における条件付き確率関数の定義に対応させ

る形で、連続確率変数の条件付き密度関数を定義する。

> **定義 6.8**　連続確率変数 X と Y について、
>
> $$f_{Y|X}(y|x) = \frac{f_{Y,X}(y,x)}{f_X(x)}$$
>
> を X で条件付けられた Y の**条件付き密度関数**（conditional density function）という。

　条件付き密度関数 $f_{Y|X}(y|x)$ は、（$X=x$ という条件の下で）Y が値 y をとるとりやすさ（密度）であるため、これを Y の範囲について積分すると 1 になる。つまり、

$$\int_{-\infty}^{\infty} f_{Y|X}(y|x)dy = \frac{\int_{-\infty}^{\infty} f_{Y,X}(y,x)dy}{f_X(x)} = \frac{f_X(x)}{f_X(x)} = 1$$

が成立する。この性質は、条件なしの密度関数を、確率変数がとる範囲で積分すると 1 になることを示す (4.9) 式（p.52）に対応する性質である。

例題 6.5　目が 3 つ（⚀, ⚁, ⚂）のフェアなサイコロを 2 回投げ、1 回目に出た目を X、2 回目に出た目を Y とした図 6.1 の例について、X で条件付けられた Y の条件付き確率関数を、すべての X と Y の実現値に対して計算せよ。

解答　例えば、$X=1$ で条件付けられた $Y=1$ の条件付き確率は、

$$P_{Y|X}(1|1) = \frac{P_{Y,X}(1,1)}{P_X(1)} = \frac{1/9}{1/3} = \frac{1}{3}$$

である。同様に、すべての実現値 $Y=\{1,2,3\}$, $X=\{1,2,3\}$ の組合せに対して条件付き確率を計算し、表 6.1 に示された結果を得る。

表 6.1　i 行 j 列に $P_{Y|X}(i|j)$ を示す表

	$X=1$	$X=2$	$X=3$
$Y=1$	1/3	1/3	1/3
$Y=2$	1/3	1/3	1/3
$Y=3$	1/3	1/3	1/3
合計	1	1	1

例題 6.6　フェアなサイコロを 1 回投げて出た目を X とし、確率変数 Z を X を用いて $Z = 2X - 6$ と定義した図 6.2 の例について、Z で条件付けられた X の条件付き確率関数を、すべての Z と X の実現値に対して計算せよ。

解答　例えば、$Z = -4$ で条件付けられた $X = 1$ の条件付き確率は、

$$P_{X|Z}(1|-4) = \frac{P_{X,Z}(1,-4)}{P_Z(-4)} = \frac{1/6}{1/6} = 1$$

である。また、$Z = -2$ で条件付けられた $X = 1$ の条件付き確率は、

$$P_{X|Z}(1|-2) = \frac{P_{X,Z}(1,-2)}{P_Z(-2)} = \frac{0}{1/6} = 0$$

である。同様に、すべての実現値 $X = \{1, 2, \cdots, 6\}$, $Z = \{-4, -2, \cdots, 6\}$ の組合せに対して条件付き確率を計算して、表 6.2 に示された結果を得る。

表 6.2　i 行 j 列に $P_{X|Z}(i|2j-6)$ を示す表

	$Z=-4$	$Z=-2$	$Z=0$	$Z=2$	$Z=4$	$Z=6$
$X=1$	1	0	0	0	0	0
$X=2$	0	1	0	0	0	0
$X=3$	0	0	1	0	0	0
$X=4$	0	0	0	1	0	0
$X=5$	0	0	0	0	1	0
$X=6$	0	0	0	0	0	1
合計	1	1	1	1	1	1

　例題 6.5 では、目が 3 つ（⊡, ⊡, ⊡）のフェアなサイコロを 2 回投げる試行において、1 回目に出た目を X、2 回目に出た目を Y としている。一定の環境下でサイコロを 2 回投げている状況を考えているのだから、1 回目の結果と 2 回目の結果には全く関係がない。このことは、例題 6.5 で求めた条件付き確率にも表れている。例えば、

$$P_{Y|X}(1|x) = \frac{1}{3}, \quad x = 1, 2, 3$$

であり、条件付き確率は、条件付けした確率変数の値に関係なく一定であり $P_Y(1) = 1/3$ に一致している。そしてこのことは、すべての $y = 1, 2, 3$ について成立している。

　この例のように、確率変数の間に関係がないという状況は、以下のように「独

立」として定義される。

> **定義 6.9** 2 つの確率変数 Y と X が次の性質を満たすとき、Y と X は独立
> (independent) であるという。
> **（離散の場合）**
>   すべての k, j について、$P_{Y|X}(y_k|x_j) = P_Y(y_k)$
> **（連続の場合）**
>   すべての x, y について、$f_{Y|X}(y|x) = f_Y(y)$

例題 6.6 では、フェアなサイコロを 1 回投げる試行において、出た目を X と
し、$Z = 2X - 6$ としていた。この場合、X が分かれば Z の値は分かるし、逆に、
Z の値が分かれば X の値も分かる。このことは、例題 6.6 で求めた条件付き確率
にも表れている。例えば、

$$P_{X|Z}(1|z) = \begin{cases} 1 & (z = -4) \\ 0 & (z = -2, 0, 2, 4, 6) \end{cases}$$

であり、条件付けしている確率変数 Z が -4 の場合には $X = 1$ となる条件付き確
率は 1 であるが、Z がそれ以外の値をとる場合には 0 となる。例題 6.6 は、Z が
分かれば X が完全に分かるという極端な例ではあるが、2 つの確率変数が独立で
ない場合には、その 2 つの確率変数は**従属**（dependent）であるという。

例題 6.7 離散確率変数 Y と X の実現値をそれぞれ、$y_1, y_2, \cdots, y_K$ と
$x_1, x_2, \cdots, x_J$ で表す。このとき、Y と X が独立であることと、すべての k, j
について、

$$P_{Y,X}(y_k, x_j) = P_Y(y_k)P_X(x_j) \tag{6.8}$$

であることが同値であることを示せ。

解答 独立であることと、(6.8) 式の成立が同値であるとは、次の①と②が
成立することをいう。
① 独立であれば (6.8) 式が成立する。
② (6.8) 式が成立すれば独立である。

　したがって、①と②が成立することを示す。まず①を示す。X と Y が独立であるとき、すべての k, j について、

$$P_{Y,X}(y_k, x_j) = P_{Y|X}(y_k|x_j)P_X(x_j) = P_Y(y_k)P_X(x_j)$$

が成り立つ。ただし、1 つ目の等号には、条件付き確率の定義を用いた。次に②を示す。(6.8) 式が成立しているとき、

$$P_{Y|X}(y_k|x_j) = \frac{P_{Y,X}(y_k, x_j)}{P_X(x_j)} = \frac{P_Y(y_k)P_X(x_j)}{P_X(x_j)} = P_Y(y_k)$$

が成り立つ。

6.5　条件付き期待値

　前節では、確率変数 X の実現値が分かっているときの確率変数 Y の各実現値の起こりやすさを表す「条件付き確率関数」や「条件付き密度関数」を定義した。本節では、X の実現値が分かっているときの Y の期待値を定義する。

> **定義 6.10**　離散の場合と連続の場合において、それぞれ**条件付き期待値（conditional expectation）**を以下のように定義する。
>
> **（離散の場合）**
>
> 離散確率変数 X と Y の実現値をそれぞれ、$x_1, x_2, \cdots, x_J$ と $y_1, y_2, \cdots, y_K$ で表す。このとき、
>
> $$E(Y|X=x_j) = \sum_{k=1}^{K} y_k P_{Y|X}(y_k|x_j) \tag{6.9}$$
>
> を $X = x_j$ で条件付けた Y の条件付き期待値という。
>
> **（連続の場合）**
>
> 連続確率変数 X と Y について、
>
> $$E(Y|X=x) = \int_{-\infty}^{\infty} y f_{Y|X}(y|x)dy$$
>
> を $X = x$ で条件付けた Y の条件付き期待値という。

　条件付き期待値は、X の値を固定したときの Y の期待値である。このことを離散確率変数の場合で確認しよう。(6.9) 式で定義した、離散確率変数の条件付き

期待値を和記号を使わずに表すと、

$$E(Y|X = x_j) = y_1 P_{Y|X}(y_1|x_j) + y_2 P_{Y|X}(y_2|x_j) + \cdots + y_K P_{Y|X}(y_K|x_j)$$

である。一方、「条件なし」の Y の期待値は、定義 5.1（p.60）より、

$$E(Y) = y_1 P_Y(y_1) + y_2 P_Y(y_2) + \cdots + y_K P_Y(y_K)$$

である。条件付き期待値と条件なしの期待値の違いは、重み付けを「条件付き確率」で行うか、「条件なしの確率」で行うかだけである。条件付き確率関数 $P_{Y|X}(y_k|x_j)$ は、X の値を x_j としたときに、$Y = y_k$ となる確率である。したがって、条件付き期待値は X の値を固定したときの Y の期待値であると解釈できる。X と Y の間に関係がないとき、つまり、X と Y が独立である場合には、条件付き期待値 $E(Y|X = x_j)$ は Y の期待値 $E(Y)$ と一致する。

　条件付き期待値は、X の値を固定せず $E(Y|X)$ と表してもよい。X の値を固定しない場合、$E(Y|X)$ は確率変数 X の関数であるから、$E(Y|X)$ 自体も確率変数とみなされる。つまり、$E(Y|X)$ は、観測値 $X(\omega) = x$ が観測されたときに、$E[Y|X(\omega) = x]$ という値をとる確率変数と解釈される[*2]。$E(Y|X)$ は確率変数であるから、$E(Y|X)$ の期待値を考えることができる。次に紹介する定理は、繰り返し期待値の法則とよばれるもので、回帰分析に用いる統計量の性質を調べる際に多用される、重要な法則である。

定理 6.1　確率変数 X と Y について、

$$E[E(Y|X)] = E(Y) \tag{6.10}$$

が成立する。これを**繰り返し期待値の法則**（law of iterated expectations）という。

　定理 6.1 は、確率変数が離散でも連続でも成立する。

証明　離散確率変数の場合で証明する。X と Y の実現値をそれぞれ、$x_1, x_2, \cdots, x_J$ と $y_1, y_2, \cdots, y_K$ で表す。期待値の定義（定義 5.1, p.60）と条件付き期待値の

[*2]　確率関数や密度関数も確率変数として表現することができる。離散確率変数 X の確率関数は、X が観測値 x をとる確率 $P(X = x)$ を表すものである。観測値を固定せずに $P(X)$ と表すとき、これは、観測値 $X(\omega) = x$ が観測されたときに、$P(X(\omega) = x)$ という値をとる確率変数であると解釈する。連続確率変数に対しても同様で、値を固定せずに表した密度関数 $f(X)$ は、観測値 $X(\omega) = x$ が観測されたときに、$f(X(\omega) = x)$ という値をとる確率変数であると解釈する。

定義（定義 6.10）から、

$$E[E(Y|X)] = \sum_{j=1}^{J} E(Y|X = x_j)P_X(x_j) = \sum_{j=1}^{J} \sum_{k=1}^{K} y_k P_{Y|X}(y_k|x_j)P_X(x_j)$$

である。条件付き確率関数の定義（定義 6.7）より、$P_{Y|X}(y_k|x_j) = \frac{P_{Y,X}(y_k, x_j)}{P_X(x_j)}$ であるから、これを代入すれば、

$$\sum_{j=1}^{J} \sum_{k=1}^{K} y_k P_{Y|X}(y_k|x_j)P_X(x_j) = \sum_{j=1}^{J} \sum_{k=1}^{K} y_k P_{Y,X}(y_k, x_j)$$

$$= \sum_{k=1}^{K} y_k \sum_{j=1}^{J} P_{Y,X}(y_k, x_j)$$

$$= \sum_{k=1}^{K} y_k P_Y(y_k)$$

$$= E(Y)$$

を得る。ただし、3 番目の等式には定義 6.4 を用いた。□

例題 6.8 X と Y が連続確率変数であるとして、定理 6.1 を証明せよ。

解答 期待値の定義 5.2（p.63）と条件付き期待値の定義（定義 6.10）より、

$$E[E(Y|X)] = \int_{-\infty}^{\infty} E(Y|X = x)f_X(x)dx = \int_{-\infty}^{\infty} \int_{-\infty}^{\infty} y f_{Y|X}(y|x)dy f_X(x)dx$$

である。条件付き密度関数の定義（定義 6.8）より、$f_{Y|X}(y|x) = \frac{f_{Y,X}(y, x)}{f_X(x)}$ であるから、これを代入すれば、

$$\int_{-\infty}^{\infty} \int_{-\infty}^{\infty} y f_{Y|X}(y|x)dy f_X(x)dx = \int_{-\infty}^{\infty} \int_{-\infty}^{\infty} y f_{Y,X}(y, x)dy dx$$

$$= \int_{-\infty}^{\infty} y \int_{-\infty}^{\infty} f_{Y,X}(y, x)dx dy$$

$$= \int_{-\infty}^{\infty} y f_Y(y)dy$$

$$= E(Y)$$

を得る。ただし、3 番目の等式には定義 6.6 を用いた。

例題 6.9 目が 3 つ（⚀, ⚁, ⚂）のフェアなサイコロを 2 回投げ、1 回目に出た目を X、2 回目に出た目を Y とした図 6.1 の例について、$E(Y|X = 1), E(Y|X = 2), E(Y|X = 3)$ を計算せよ。

解答 X と Y は独立であることに注意すれば、$j = 1, 2, 3$ について、

$$E(Y|X - x_j) = \sum_{k=1}^{K} y_k P_{Y|X}(y_k|x_j) = \sum_{k=1}^{K} y_k P_Y(y_k) = E(Y)$$

が成り立つ。したがって、$E(Y|X = 1) = E(Y|X = 2) = E(Y|X = 3) = E(Y) = 2$ を得る。

例題 6.10 フェアなサイコロを 1 回投げて出た目を X とし、確率変数 Z を X を用いて $Z = 2X - 6$ と定義した図 6.2 の例について、$E(X|Z = -4)$ と $E(X|Z = 4)$ を計算せよ。

解答 例題 6.6 で導出した条件付き確率関数を用いる（表 6.2）。条件付き期待値の定義どおりに展開すれば、

$$E(X|Z = -4) = \sum_{x=1}^{6} x P_{X|Z}(x| - 4) = 1$$

を得る。同様に、

$$E(X|Z = 4) = \sum_{x=1}^{6} x P_{X|Z}(x|4) = 5$$

を得る。

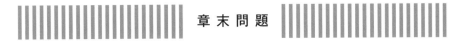

章 末 問 題

問 6.1 図 6.1 の例における確率変数 X と Y の同時分布関数 $F_{X,Y}(x, y)$ を、すべての $x, y = 1, 2, 3$ について求めよ。

問 6.2 例題 6.2 における確率変数 X と Z について、以下の問いに答えよ。

(1) $X = 2$ かつ $Z = -2$ となる事象とその確率を計算せよ。

(2) $X = 5$ かつ $Z = 0$ となる事象とその確率を計算せよ。

(3) 周辺確率関数の定義を用いて $P_X(2)$ を計算せよ。

(4) 周辺確率関数の定義を用いて $P_Z(4)$ を計算せよ。

(5) 周辺確率関数の定義を用いて $P_X(8)$ を計算せよ。

問 6.3　表 6.3 は、離散確率変数 X と Y の同時確率関数を表す。このとき、次の値を計算せよ。

表 6.3　i 行 j 列に $P_{X,Y}(2i-3, j)$ を示す表

	$Y=1$	$Y=2$	$Y=3$
$X=-1$	1/3	1/6	1/6
$X=1$	1/9	1/6	1/18

(1)　$P(X=1)$　　　　　(2)　$P(X=-1)$　　　　(3)　$P(Y=1)$

(4)　$P(Y=2)$　　　　　(5)　$P(Y=3)$　　　　(6)　$P(X=1|Y=1)$

(7)　$P(X=1|Y=2)$　　(8)　$P(X=1|Y=3)$　　(9)　$P(X=-1|Y=1)$

(10)　$P(X=-1|Y=2)$　(11)　$P(X=-1|Y=3)$

(12)　各 $i=1,2,3$ について $P(X=1|Y=i) + P(X=-1|Y=i)$

(13)　$E(X|Y=1)$　　　(14)　$E(X|Y=2)$　　　(15)　$E(X|Y=3)$

(16)　$E(X)$

次に、以下の問いに答えよ。

(17)　$E[E(X|Y)]$ を計算し、定理 6.1 の (6.10) 式が成立していることを確認せよ。

(18)　X と Y は独立であるか、それとも従属であるか。

第7章

多変数の期待値と分散

5章では1つの確率変数に対する期待値を定義し、6章では1つの確率変数に対する条件付き期待値を定義した。本章では、これまで学習してきた内容を用いて、複数の確率変数の積や和の期待値とそれらの性質について考える。また、2つの確率変数の関係を表す共分散と相関係数、および、複数の確率変数の和の分散の性質を学習する。

7.1 和や積の期待値

2つの確率変数の和や積の期待値はどのように表されるだろうか。それを示したのが次の定理である。

定理 7.1 確率変数 X と Y について以下が成立する。

[1] X と Y が連続のとき、XY の期待値は、

$$E(XY) = \int_{-\infty}^{\infty} \int_{-\infty}^{\infty} xy f_{X,Y}(x,y) dx dy$$

で表される。また、X と Y が離散であり、それらの実現値がそれぞれ、$x_1, x_2, \cdots, x_J$ と $y_1, y_2, \cdots, y_K$ であるとき、XY の期待値は、

$$E(XY) = \sum_{j=1}^{J} \sum_{k=1}^{K} x_j y_k P_{X,Y}(x_j, y_k)$$

で表される。

[2] X と Y が独立であるとき、次の等式が成り立つ。

$$E(XY) = E(X)E(Y)$$

[3] 任意の定数 a と b について、次の等式が成り立つ。

$$E(aX + bY) = aE(X) + bE(Y)$$

定理 7.1 は、5 章と 6 章の結果を用いて証明できるため、復習と応用のつもりで確認するとよい。

証明 X と Y が連続であるとして証明する。離散の場合にも同様の方法で示すことができる（章末問題 7.1）。

[1] 繰り返し期待値の法則（定理 6.1, p.95）から、

$$E(XY) = E[E(XY|Y)]$$

が成立する。$E(XY|Y)$ は、確率変数 Y の関数であるから、期待値の定義 5.2（p.63）から、

$$E[E(XY|Y)] = \int_{-\infty}^{\infty} E(XY|Y = y)f_Y(y)dy$$

である。$E(XY|Y = y)$ は、$Y = y$ で条件付けたときの XY の期待値であるが、Y の値は y で固定されているため、$E(XY|Y = y) = E(Xy|Y = y) = yE(X|Y = y)$ である。したがって、条件付き期待値の定義 6.10（p.94）を用いて、

$$\int_{-\infty}^{\infty} E(XY|Y = y)f_Y(y)dy = \int_{-\infty}^{\infty} yE(X|Y = y)f_Y(y)dy$$

$$= \int_{-\infty}^{\infty} y \int_{-\infty}^{\infty} xf_{X|Y}(x|y)dx f_Y(y)dy$$

$$= \int_{-\infty}^{\infty} \int_{-\infty}^{\infty} xy f_{X|Y}(x|y)f_Y(y)dxdy$$

$$= \int_{-\infty}^{\infty} \int_{-\infty}^{\infty} xy f_{X,Y}(x,y)dxdy$$

を得る。ただし、最後の等式の導出には条件付き密度関数の定義 6.8（p.91）を用いた。

[2] 密度関数の定義 6.8 より、

$$f_{X,Y}(x,y) = f_{X|Y}(x|y)f_Y(y)$$

である。一方、独立の定義 6.9 より、X と Y が独立であるとき $f_{X|Y}(x|y) = f_X(x)$ であるから、独立であれば、

$$f_{X,Y}(x,y) = f_X(x)f_Y(y)$$

が成り立つ。したがって、

$$E(XY) = \int_{-\infty}^{\infty}\int_{-\infty}^{\infty} xy f_X(x)f_Y(y)dxdy = E(X)E(Y)$$

を得る。

[3] 繰り返し期待値の法則（定理 6.1）から、$E(aX + bY) = E[E(aX + bY|Y)]$ である。期待値の定義を用いて期待値を積分で書き直し、展開すると、

$$\begin{aligned}
E[E(aX+bY|Y)] &= \int_{-\infty}^{\infty} E(aX+bY|Y=y)f_Y(y)dy \\
&= \int_{-\infty}^{\infty} E(aX+by|Y=y)f_Y(y)dy \\
&= \int_{-\infty}^{\infty} \left[aE(X|Y=y)+by\right]f_Y(y)dy \\
&= a\int_{-\infty}^{\infty} E(X|Y=y)f_Y(y)dy + b\int_{-\infty}^{\infty} yf_Y(y)dy \\
&= aE[E(X|Y)] + bE(Y) \\
&= aE(X) + bE(Y)
\end{aligned}$$

を得る。ただし、最後の等式の導出には繰り返し期待値の法則を用いた。□

定理 7.1 [1] は、2 つの確率変数の積の期待値の計算方法を提示している。また [2] より、2 つの確率変数が独立であれば、「積の期待値 = 期待値の積」が成り立つ。定理 7.1 [3] は、期待値の線形性を示す定理 5.1 を一般化したもので、2 つの確率変数の和の期待値が、それぞれの期待値の和と一致することを示している。この性質から、和の期待値について、

$$E(aX+bY) = \int_{-\infty}^{\infty}\int_{-\infty}^{\infty} (ax+by)f_{X,Y}(x,y)dxdy \tag{7.1}$$

が成立することを示せる（章末問題 7.2）。つまり、1 つの確率変数の期待値を、密度関数を用いた積分で表したように、確率変数の和の期待値を、同時密度関数を用いた積分の形で表すことができるのである。

また、定理 7.1 [3] で示した性質は、複数の確率変数に対しても成り立つ。つまり、K 個の確率変数 $X_1, X_2, \cdots, X_K$ と任意の定数 $a_1, a_2, \cdots, a_K$ について、

$$E\left(\sum_{k=1}^{K} a_k X_k\right) = \sum_{k=1}^{K} a_k E(X_k) \tag{7.2}$$

が成立する。例題 7.1 では、$K = 3$ の場合に (7.2) 式が成立することを示す。解答をみれば直ちに分かるが、2 つの確率変数の期待値の線形性の性質を繰り返し適用することで、確率変数が 3 つ以上である場合の期待値の線形性も示すことができる。

例題 7.1 $K = 3$ のとき (7.2) 式が成立することを示せ。

解答 $K = 3$ のとき、

$$E\left(\sum_{k=1}^{3} a_k X_k\right) = E(a_1 X_1 + a_2 X_2 + a_3 X_3)$$

である。ここで、$Z = a_2 X_2 + a_3 X_3$ と定義れば、$E(a_1 X_1 + a_2 X_2 + a_3 X_3) = E(a_1 X_1 + Z)$ と表せる。定理 7.1 [3] を繰り返し適用すれば、

$$\begin{aligned} E(a_1 X_1 + a_2 X_2 + a_3 X_3) &= E(a_1 X_1 + Z) \\ &= a_1 E(X_1) + E(Z) \\ &= a_1 E(X_1) + a_2 E(X_2) + a_3 E(X_3) \\ &= \sum_{k=1}^{3} a_k E(X_k) \end{aligned}$$

を得る。

積の期待値の大きさに関する不等式として、コーシー・シュワルツの不等式を紹介する。

定理 7.2（コーシー・シュワルツの不等式）　確率変数 X と Y について、

$$E(|XY|) \leq \sqrt{E(X^2)}\sqrt{E(Y^2)}$$

が成立する。

証明 $E(X^2)$ と $E(Y^2)$ が有限であるとして証明する。任意の $a > 0$ と $b > 0$ について、$(a-b)^2 \geq 0$ が成立する。左辺を展開して計算すると、

$$a^2 + b^2 \geq 2ab$$

を得る。ここで、$a = |X|[E(X^2)]^{-1/2}, b = |Y|[E(Y^2)]^{-1/2}$ として不等式に代入すれば、

$$|X|^2[E(X^2)]^{-1} + |Y|^2[E(Y^2)]^{-1} \geq 2|X||Y|[E(X^2)]^{-1/2}[E(Y^2)]^{-1/2}$$

を得る。両辺に期待値をとると、

$$2 \geq 2E(|XY|)[E(X^2)]^{-1/2}[E(Y^2)]^{-1/2}$$

が成立する。以上から、$E(|XY|) \leq \sqrt{E(X^2)}\sqrt{E(Y^2)}$ が示せた。□

確率変数の累乗の期待値を**モーメント**（moment）という。例えば、$E(X)$ は確率変数 X の 1 次モーメント、$E(X^2)$ は X の 2 次モーメント、$E(X^p)$ は X の p 次モーメントという。コーシー・シュワルツの不等式から、$E(|X|) \leq \sqrt{E(X^2)}$ が成立するため、$E(X^2) < \infty$ であれば、$E(X) \leq E(|X|) < \infty$ が成り立つ[*1]。つまり、2 次モーメントが有限であれば、1 次モーメントも有限である。次の例題 7.2 では、4 次モーメントが存在するときに、より低次のモーメントが存在することを示す。

例題 7.2 確率変数 X について、$E(X^4) < \infty$ であるとする。このとき以下を示せ。

(1) $E(X^2) < \infty$
(2) $E(X^3) < \infty$

解答 (1) コーシー・シュワルツの不等式から、

$$E(X^2) = E(|X^2 \times 1|) \leq \sqrt{E(X^4)}$$

が成立する。したがって、$E(X^4) < \infty$ であれば $E(X^2) < \infty$ である。

(2) コーシー・シュワルツの不等式から、

[*1] $E(|X|) \leq \sqrt{E(X^2)}$ が成立することを確かめるには、$Y = 1$ とした場合のコーシー・シュワルツの不等式を考える。

$$E(X^3) \leq E(|XX^2|) \leq \sqrt{E(X^2)}\sqrt{E(X^4)} \leq [E(X^4)]^{1/4}\sqrt{E(X^4)}$$

が成立する。したがって、$E(X^4) < \infty$ であれば $E(X^3) < \infty$ である。

7.2 共分散

2 つの確率変数の関係を表す共分散を次のように定義する。

定義 7.1 確率変数 X と Y について、期待値をそれぞれ μ_X と μ_Y で表す。このとき、

$$\mathrm{Cov}(X,Y) = E[(X - \mu_X)(Y - \mu_Y)]$$

を X と Y の**共分散** (covariance) という。

共分散は何を表しているだろうか。X が期待値 μ_X より大きい値をとるときに、Y も期待値 μ_Y より大きい値をとる傾向があれば、共分散は正の値となる。一方、X が μ_X より大きい値をとるときに、Y が μ_Y より小さい値をとる傾向があれば、共分散は負の値をとる。このように、共分散の符号は、2 つの確率変数の実現値の大きさの傾向の関係を示す。

$\mathrm{Cov}(X,Y) > 0$ のとき、X と Y は**正の相関を持つ** (positively correlated) という。一方、$\mathrm{Cov}(X,Y) < 0$ のとき、X と Y は**負の相関を持つ** (negatively correlated) という。$\mathrm{Cov}(X,Y) = 0$ であるとき、X と Y は**無相関である** (uncorrelated) という。

共分散について、次の性質が成り立つ。

定理 7.3 共分散は以下の性質を持つ。

[1] 確率変数 X, Y, Z について、

$$\mathrm{Cov}(X + Z, Y) = \mathrm{Cov}(X,Y) + \mathrm{Cov}(Z,Y)$$

が成り立つ。

[2] 任意の定数 a と b について、

$$\mathrm{Cov}(aX, bY) = ab\,\mathrm{Cov}(X,Y)$$

が成り立つ。

[3] 確率変数 X と Y が独立であるとき、

$$\mathrm{Cov}(X,Y) = 0$$

が成り立つ。

証明 確率変数 X, Y, Z の期待値をそれぞれ μ_X, μ_Y, μ_Z で表す。

[1] 共分散を定義に従って書き換え、期待値の線形性（定理 7.1 [3]）を使って展開し、

$$\begin{aligned}
\mathrm{Cov}(X+Z,Y) &= E\{[X+Z-E(X+Z)](Y-\mu_Y)\} \\
&= E[(X-\mu_X+Z-\mu_Z)(Y-\mu_Y)] \\
&= E[(X-\mu_X)(Y-\mu_Y)+(Z-\mu_Z)(Y-\mu_Y)] \\
&= \mathrm{Cov}(X,Y)+\mathrm{Cov}(Z,Y)
\end{aligned}$$

を得る。

[2] 共分散の定義と期待値の線形性から、

$$\begin{aligned}
\mathrm{Cov}(aX,bY) &= E\{[aX-E(aX)][bY-E(bY)]\} \\
&= abE[(X-\mu_X)(Y-\mu_Y)] \\
&= ab\,\mathrm{Cov}(X,Y)
\end{aligned}$$

を得る。

[3] 確率変数 X と Y が独立であるとき、定理 7.1 [2] から $E(XY) = \mu_X\mu_Y$ であることを用いて、

$$\mathrm{Cov}(X,Y) = E[(X-\mu_X)(Y-\mu_Y)] = E(XY)-\mu_X\mu_Y = 0$$

を得る。□

定理 7.3 [2] から、共分散の値は、確率変数の単位に依存することが分かる。例えば、X は何かの長さを表す確率変数で、その単位はメートルであるとしよう。このとき、X の単位をセンチメートルに変更した確率変数 $Z = 100X$ を考える。つまり、Z と X は単位は異なるが同じ長さを表すのである。定理 7.3 [2] から、$\mathrm{Cov}(Z,Y) = \mathrm{Cov}(100X,Y) = 100\,\mathrm{Cov}(X,Y)$ であるため、Z と X は同じ長さを示す確率変数であるにもかかわらず、$\mathrm{Cov}(Z,Y) \neq \mathrm{Cov}(X,Y)$ となる。Z と X は

単位が異なるだけで同じ「長さ」を示す確率変数であるが、単位が異なるため共
分散の値は同じ値にならない。このように、共分散は確率変数の単位に依存する
量であるため、単位が異なる確率変数の共分散の大きさを比較することはできな
い。単位変換による欠点を修正したのが、次に紹介する相関係数である。

> **定義 7.2**　確率変数 X と Y について、
> $$\rho_{X,Y} = \frac{\mathrm{Cov}(X,Y)}{\sqrt{\mathrm{Var}(X)}\sqrt{\mathrm{Var}(Y)}}$$
> を X と Y の**相関係数**（correlation coefficient）という。

　単位変換が相関係数の値に影響しないことを確認してみよう。任意の定数 $a > 0$ について $Z = aX$ とする。例えば、X の単位がメートルであるとき、$a = 100$ とすれば、Z の単位はセンチメートルであると解釈できる。単位変換はメートルからセンチメートルへの変換に限らないため、a として一般的に表記している [*2]。このとき、定理 7.3 [2] と定理 5.2（p.74）を用いて、

$$\rho_{Z,Y} = \frac{\mathrm{Cov}(Z,Y)}{\sqrt{\mathrm{Var}(Z)}\sqrt{\mathrm{Var}(Y)}} = \frac{\mathrm{Cov}(aX,Y)}{\sqrt{\mathrm{Var}(aX)}\sqrt{\mathrm{Var}(Y)}}$$
$$= \frac{a\,\mathrm{Cov}(X,Y)}{a\sqrt{\mathrm{Var}(X)}\sqrt{\mathrm{Var}(Y)}} = \rho_{X,Y}$$

を得る。したがって、Z と Y の共分散 $\rho_{Z,Y}$ と、X と Y の共分散 $\rho_{X,Y}$ は一致する。以上から、相関係数の値は単位変換をしても変わらないことが確認できた。
　相関係数は −1 以上 1 以下の値をとることを示すことができる。また、完全に正の線形関係があるときに 1、負の線形関係があるときに −1 をとる。このことを確認してみよう。任意の定数 $c \neq 0$ について $Y = cX$ という線形関係があるとき、

$$\rho_{X,Y} = \frac{\mathrm{Cov}(X,cX)}{\sqrt{\mathrm{Var}(X)}\sqrt{\mathrm{Var}(cX)}} = \frac{c\,\mathrm{Cov}(X,X)}{|c|\sqrt{\mathrm{Var}(X)}\sqrt{\mathrm{Var}(X)}}$$
$$= \frac{c}{|c|} = \begin{cases} 1 & (c > 0) \\ -1 & (c < 0) \end{cases}$$

である。3 つ目の等式には、$\mathrm{Cov}(X,X) = \mathrm{Var}(X)$ を用いた（確認すること）。

[*2]　例えば、X の単位がキログラムであるとき、$a = 1000$ とすれば、Z の単位はグラムであると解釈できる。

7.3 和の分散

次に、2つの確率変数の和の分散を考える。

定理 7.4 任意の定数 a, b と確率変数 X, Y について、

$$\text{Var}(aX + bY) = a^2 \text{Var}(X) + b^2 \text{Var}(Y) + 2ab \text{Cov}(X, Y)$$

が成立する。

証明 確率変数 X と Y の期待値をそれぞれ μ_X と μ_Y で表す。$\text{Var}(aX + bY)$ を分散の定義に従って書き換え、期待値の線形性（定理 7.1 [3]）を用いて展開し、

$$
\begin{aligned}
\text{Var}(aX + bY) &= E\{[(aX + bY) - E(aX + bY)]^2\} \\
&= E[(aX - a\mu_X + bY - b\mu_Y)^2] \\
&= E[(aX - a\mu_X)^2 + (bY - b\mu_Y)^2 \\
&\quad + 2(aX - a\mu_X)(bY - b\mu_Y)] \\
&= E[a^2(X - \mu_X)^2 + b^2(Y - \mu_Y)^2 \\
&\quad + 2ab(X - \mu_X)(Y - \mu_Y)] \\
&= a^2 E[(X - \mu_X)^2] + b^2 E[(Y - \mu_Y)^2] \\
&\quad + 2ab E[(X - \mu_X)(Y - \mu_Y)] \\
&= a^2 \text{Var}(X) + b^2 \text{Var}(Y) + 2ab \text{Cov}(X, Y)
\end{aligned}
$$

を得る。□

期待値の線形性（定理 7.1 [3]）の性質と定理 7.4 を比べると分かるように、分散は期待値と異なり線形性の性質を持たない。確率変数 X と Y が独立であれば、定理 7.3 [3] より $\text{Cov}(X, Y) = 0$ であるから、

$$\text{Var}(X + Y) = \text{Var}(X) + \text{Var}(Y)$$

が成立するが、これは特殊ケースであることに注意しよう。

3つ以上の確率変数の和の分散は以下のように表すことができる。K 個の確率変数 $X_1, X_2, \cdots, X_K$ と定数 $a_1, a_2, \cdots, a_K$ について、

$$\text{Var}\left(\sum_{k=1}^{K} a_k X_k\right) = \sum_{k=1}^{K} a_k^2 \text{Var}(X_k) + \sum_{k=1}^{K} \sum_{j \neq k}^{K} a_k a_j \text{Cov}(X_k, X_j) \tag{7.3}$$

となる。ただし、$\sum_{j \neq k}^{K} a_j = a_1 + a_2 + \cdots + a_{k-1} + a_{k+1} + \cdots + a_K$ であり、k 番目を除いた和を意味する。

例題 7.3 $K = 3$ のとき、(7.3) 式が成立することを示せ。

解答 $Z = a_2 X_2 + a_3 X_3$ と定義すれば、定理 7.4 を用いて、

$$\mathrm{Var}\left(\sum_{k=1}^{3} a_k X_k\right) = \mathrm{Var}(a_1 X_1 + a_2 X_2 + a_3 X_3)$$
$$= \mathrm{Var}(a_1 X_1 + Z)$$
$$= a_1^2 \mathrm{Var}(X_1) + \mathrm{Var}(Z) + 2a_1 \mathrm{Cov}(X_1, Z)$$

を得る。再び定理 7.4 より $\mathrm{Var}(Z) = a_2^2 \mathrm{Var}(X_2) + a_3^2 \mathrm{Var}(X_3) + 2a_2 a_3 \mathrm{Cov}(X_2, X_3)$ である。また、定理 7.3 より、

$$\mathrm{Cov}(X_1, Z) = \mathrm{Cov}(X_1, a_2 X_2 + a_3 X_3)$$
$$= \mathrm{Cov}(X_1, a_2 X_2) + \mathrm{Cov}(X_1, a_3 X_3)$$
$$= a_2 \mathrm{Cov}(X_1, X_2) + a_3 \mathrm{Cov}(X_1, X_3)$$

を得る。以上から、

$$\mathrm{Var}\left(\sum_{k=1}^{3} a_k X_k\right) = a_1^2 \mathrm{Var}(X_1) + a_2^2 \mathrm{Var}(X_2) + a_3^2 \mathrm{Var}(X_3)$$
$$+ 2a_2 a_3 \mathrm{Cov}(X_2, X_3) + 2a_1 \mathrm{Cov}(X_1, Z)$$
$$= \sum_{k=1}^{3} a_k^2 \mathrm{Var}(X_k) + 2a_2 a_3 \mathrm{Cov}(X_2, X_3)$$
$$+ 2a_1 a_2 \mathrm{Cov}(X_1, X_2) + 2a_1 a_3 \mathrm{Cov}(X_1, X_3)$$
$$= \sum_{k=1}^{3} a_k^2 \mathrm{Var}(X_k) + \sum_{k=1}^{3} \sum_{j \neq k}^{3} a_k a_j \mathrm{Cov}(X_k, X_j)$$

を得た。最後の等式を確認する際には、$\mathrm{Cov}(X, Y) = \mathrm{Cov}(Y, X)$ であることに注意されたい。

章 末 問 題

問 7.1　確率変数 X と Y が離散であるとして、定理 7.1 を示せ。

問 7.2　(7.1) 式が成立することを示せ。

問 7.3　確率変数 X は標準正規分布に従い、Y は $[0,1]$ 上の一様分布に従うとする。X と Y が独立であるとき、次の値を計算せよ。

(1) $E(XY)$　　　(2) $\mathrm{Cov}(X, Y)$　　　(3) $E(2X + 3Y)$

(4) $\rho_{X,Y}$　　　(5) $\mathrm{Var}(X + 2Y)$　　(6) $E(X - Y)$

問 7.4　確率変数 X と Z はともに標準正規分布に従い、$\mathrm{Cov}(X, Z) = 0.2$ であるとする。このとき、次の値を計算せよ。

(1) $\mathrm{Cov}(Z, X)$　　　(2) $\mathrm{Var}(2X + 4Z)$　　　(3) $\rho_{X,Z}$　　　(4) $\mathrm{Cov}(2Z, 4X)$

第8章

統計学の考え方

　2章から7章にわたり、統計学を学ぶための準備として確率論の入門的な内容を学習した。本章より先は、統計学の基礎となる推定と仮説検定について学習する。手元にデータがあるときに、データをどのように分析するのか、分析結果をどのように解釈するのかなど、統計学の核心的な問いに触れていく。推定と仮説検定を学習した後は、それらの応用として線形回帰モデルの推定と検定を取り扱う。

　本章では、推定・仮説検定で何をしているのかを理解するために、背景となる問題意識を紹介する。次章以降で推定と仮説検定の具体的な内容に入るための準備として、初めに、「なぜ推定や仮説検定をするのか」について考えるのである。この問いは、統計理論の根拠の理解につながる重要な問いであるため、本章以降で推定と仮説検定のアイデアを理解するための大きな手助けとなるだろう。

8.1　母集団と標本

　統計学は、「多くの場合に正しい結論を導く、意思決定のための判断基準」を提供することを目的の1つとしている[*1]。「多くの」場合に正しい結論を導くことを考えているため、統計学は必ず正しい結論を導くことができるわけではない

[*1] 実は統計学にはいくつかの主義があり、それぞれの主義において、統計学のあり方について異なる哲学を採用している。本書では、一般的な統計学の入門書と同じく、頻度主義とよばれる立場から統計学を紹介する。頻度主義の他にも、ベイズ主義、尤度主義などがある。統計学の発展については竹内（2018）が詳しい。また、ベイズ主義の立場からこれらの主義の違いを解説しているものとして、ソーバー（2012）がある。

ことに注意しよう。統計学が提供する判断基準は、確率を土台として構成されているため、高い確率で正しい結論を導く手法を考えることはできるが、それが必ず正しい結論を導くとは限らないのである。それでは、その確率はどこから生じているものなのであろうか。

実例で考えてみよう。大学生が希望する職業を分析するために、大学生 100 人に対してアンケート調査を行ったとする。分析対象の全体の集合を**母集団** (population) といい、分析に使うために母集団から取り出した一部（部分集合）を**標本** (sample) という。この例では、一般的な大学生の希望職種を興味対象としているため、全国の大学生が母集団であり、アンケート調査の対象となった 100 人の大学生が標本である。標本に含まれる大学生の数は、標本の大きさ（サイズ）を表すため**標本サイズ** (sample size) とよばれる。多くの場合、標本サイズは n で表される。大学生の希望職種の例では、$n = 100$ である。標本は集合であるため、標本サイズのことを「標本の数」や「標本数」とはいわない。標本の数や標本数という言葉は、標本という集合自体の個数を意味するため、標本の大きさを表す言葉として適していないのである。

大学生 100 人に対してアンケート調査を行ったのは、全国の大学生が希望する職業について知るためであるから、分析したい対象は標本ではなく母集団である。調査に参加した特定の 100 人の大学生の希望職種について知りたいのではなく、100 人分の情報を使って、どうにか母集団の特性を知ろうとしていることに注意しよう。

100 人の大学生を適当に選び直して再調査をした場合、元の 100 人の大学生の調査結果と同じ結果が得られるであろうか。恣意的に同じ結果が得られるように選ぶということを考えなければ、全く同じ結果を得ることは考えにくい。つまり、標本は、どの部分集合が母集団から選ばれるかということから生じる「ばらつき」を持つのである。この標本のばらつきを考慮するために確率を導入する。

例えば、表 8.1 に示されているデータを得たとする。公務員を希望する学生は 32 人で最も多く、次いで、銀行を希望する学生が 30 人いる。ここで、「学生に最も人気がある職業は銀行員である」と主張する人がいるとしよう。手元にあるデータは、この人の主張と一致していない。しかしデータは、この主張に反するものであるといえるだろうか。あるいは、実際には反しておらず、銀行を希望す

る学生がたまたま少なく抽出され、かつ公務員を希望する学生がたまたま多く抽出されたために、偶然に、主張に反するような結果を得ただけなのであろうか。

表 8.1　大学生の希望職種

職種	公務員	銀行	商社	$\cdots$
希望人数	32	30	23	$\cdots$

　このような疑問に答えるために、統計学では、標本を確率変数として捉えることでデータのばらつきを考慮した分析手法を考える。ばらつきがあるため、「学生に最も人気がある職業は銀行員である」という主張が正しいか、あるいは間違っているのかを確実に判断することはできない。その代わりに、「学生に最も人気がある職業は銀行員である」という主張が間違っている場合には、多くの場合にその主張が間違いであるという結論を導くような統計的手法を提案するのである。

　標本の 1 つ 1 つの要素を、確定した値ではなく確率変数として取り扱うことを考えてみよう。100 人の学生の希望職種を 1 番目から 100 番目まで適当に並べる。このとき、$i = 1, \cdots, 100$ として、i 番目の学生の希望職種を X_i で表すことにする。つまり、X_1 は 1 番目の学生の希望職種、X_2 は 2 番目の学生の希望職種である。この表記方法を用いると、標本を、

$$\{X_1, X_2, \cdots, X_{100}\} \tag{8.1}$$

で表すことができる。$X_1, X_2, \cdots, X_{100}$ は決まった職種を指しているのではなく、学生 100 人分のデータがあることを想定したときに、i 番目の学生が希望するであろう職種を X_i と表している。つまり X_i は、実際に標本を採取した後にその実現値が決まる変数であり、どのような標本が得られたかによってその実現値が変わる確率変数であると考えるのである[*2]。

　確率変数 $X_1, X_2, \cdots, X_{100}$ はどんな分布に従うだろうか。このことを考えるために、標本が母集団から無作為に選ばれているとしよう。この「選ばれる」という言葉は、抽出されるともいう。標本を無作為に抽出することを**無作為抽出**（random sampling）といい、無作為抽出により得られた標本を、**無作為標本**

---

*2　多くの場合、統計学において確率変数は、X, Y, Z, W などの大文字のアルファベットを用いて表される。標本を大文字の X を用いて $\{X_1, X_2, \cdots, X_{100}\}$ と表しているのは、X_i が確定した値ではなく、確率変数であることを表すためである。

（random sample）という。確率変数 $X_1, X_2, \cdots, X_{100}$ が、それぞれ、母集団から無作為に抽出されている場合には、これらは互いに独立（定義 6.9）となる。つまり、任意の i と j について、$i \neq j$ であれば、

$$X_i \text{ と } X_j \text{ は独立}$$

である。また、$X_1, X_2, \cdots, X_{100}$ は、全国の大学生の希望職種という共通の母集団から選ばれたものである。母集団である全国の大学生の希望職種は、何 % が公務員、何 % が銀行という具合で、その分布が定まっているとしよう。このとき、その母集団から無作為に 100 人を選ぶことを考えているため、$X_1, X_2, \cdots, X_{100}$ は、母集団における希望職種の分布に従ってその実現値が決まる [*3]。つまり、確率変数 $X_1, X_2, \cdots, X_{100}$ はすべて同一の分布に従っているのである。一般に、確率変数 $X_1, X_2, \cdots, X_n$ が独立かつ同一の分布に従うことを、**独立同一に分布する**（independent and identically distributed）という。独立同一に分布することは i.i.d や iid などと略して表記されることが多い。

　標本は確率変数の集合であり、調査の結果として得られた実現値とは異なる。この実現値のことを**観測値**（observed value）や**データ**（data）ともいう。分析対象は母集団であり、標本から母集団の特性を知ることが分析の目的である。この目的は、観測された確率変数の実現値を用いて、確率変数が従う分布を明らかにすることであると言い換えることができよう。

　本書において取り扱う標本は無作為標本であると仮定する。つまり、標本 $\{X_1, X_2, \cdots, X_n\}$ について考えるとき、特に断りがなくても X_i と X_j は $i \neq j$ で独立であり、X_i はすべての $i = 1, \cdots, n$ で同一の分布に従うと考えることになる。

8.2　推定とは

　標本で表された関数のことを**統計量**（statistic）という。定義から明らかであるが、統計量は、その標本に観測値を当てはめれば、実際に値を計算することがで

[*3] 例えば、母集団において、30% が公務員、25% が銀行員、45% はその他を希望しているとき、X_i は確率 0.3 で「公務員」、確率 0.25 で「銀行員」、確率 0.45 で「その他」となる確率変数であると考える。

きる。このように考えると、統計量は計算方法（アルゴリズム）、あるいは、公式を与えている関数であると考えてよい。例えば、**標本平均**（sample mean）は統計量の 1 つである。$\{X_1, X_2, \cdots, X_n\}$ を無作為抽出により得た標本とする。このとき、標本平均は、

$$\bar{X} = \frac{1}{n} \sum_{i=1}^{n} X_i \tag{8.2}$$

である。標本平均は確率変数 $X_1, X_2, \cdots, X_n$ の関数であり、観測値が定まれば実際に値を計算することができる [*4]。

母集団の分布の性質や特徴を表す未知の値のことを**パラメータ**（parameter）という。例えば、母集団の分布の期待値や分散は、母集団の分布の特徴を表すパラメータである。母集団分布に関する未知のパラメータを、標本を用いて言い当てることを**推定**（estimation）という。統計量のうち、推定に用いるものを**推定量**（estimator）という。また、推定量に観測値を当てはめて実際に計算された値を**推定値**という。

推定量は、標本を用いて未知のパラメータを言い当てるための計算公式であるから、計算して得られる推定値は、その未知のパラメータの良い近似になっていることが望ましいだろう。そのためには、良い近似とは何かを具体的に決め、推定量が持つべき性質を考える必要がある。ところで、推定量は標本の関数であるから、推定量自体も確率変数である。統計学では、標本を確率変数として捉えることで、標本から母集団分布を推定する際の誤差（ばらつき）を考慮することを説明したが、その確率的な振る舞いは、推定量にも受け継がれているのである。そのため、推定量が持つべき性質として、推定量の確率的な振る舞いに対する性質を考えることになる。

例えば、(8.2) 式で与えられた標本平均は、母集団分布の期待値の推定量として、ある種の良い性質を持つことが知られている。その性質について少し詳しくみてみよう。標本平均は、確率変数 $X_1, X_2, \cdots, X_n$ で構成された関数であるから、標本平均自体も確率変数である。このため、標本平均の期待値や分散を考えることができる。期待値の線形性（定理 5.1, p.65）を用いると、標本平均の期待

[*4] 平均という言葉を聞くと、テストの平均点や平均時給額などの値を想像するかもしれない。観測値を当てはめて実際に計算された値は標本平均値という。統計量としての標本平均と、実際に計算されて得られる標本平均値は異なるものを指していることに注意されたい。

値は、

$$E(\bar{X}) = E\left(\frac{1}{n}\sum_{i=1}^{n}X_i\right) = \frac{1}{n}\sum_{i=1}^{n}E(X_i)$$

と表せる。1 つの母集団から無作為に抽出された標本であれば、すべての $i = 1, 2, \cdots, n$ について、X_i は母集団分布と同じ分布に従う確率変数であり、$E(X_i)$ は母集団分布の期待値を表す[*5]。これを $\mu_X = E(X_i)$ で表そう。以上の議論から、

$$E(\bar{X}) = \frac{1}{n}\sum_{i=1}^{n}\mu_X = \mu_X \tag{8.3}$$

を得る。この式をじっくり眺めてみよう。標本平均の期待値は、母集団分布の期待値に一致しているのである。

次に、標本平均の分散を考えよう。分散の性質（定理 5.2, p.74）から、

$$\mathrm{Var}(\bar{X}) = \mathrm{Var}\left(\frac{1}{n}\sum_{i=1}^{n}X_i\right) = \frac{1}{n^2}\mathrm{Var}(X_1 + X_2 + \cdots + X_n)$$

である。標本は無作為に抽出されているから、$X_1, X_2, \cdots, X_n$ は互いに独立である。したがって、(7.3) 式と定理 7.3 [3]（p.105）から、

$$\frac{1}{n^2}\mathrm{Var}(X_1 + X_2 + \cdots + X_n) = \frac{1}{n^2}[\mathrm{Var}(X_1) + \mathrm{Var}(X_2) + \cdots + \mathrm{Var}(X_n)]$$

が成り立つ。$X_1, X_2, \cdots, X_n$ は同一分布に従うため、これらの分散は一致する。分散を $\sigma_X^2 = \mathrm{Var}(X_1) = \mathrm{Var}(X_2) = \cdots = \mathrm{Var}(X_n)$ で表せば、

$$\mathrm{Var}(\bar{X}) = \frac{1}{n}\sigma_X^2 \tag{8.4}$$

である。分散 σ_X^2 は定数であるから、標本サイズ n が十分に大きければ $\mathrm{Var}(\bar{X})$ は小さい値になることが分かるであろう。

以上の議論から、無作為抽出により得た標本 $\{X_1, X_2, \cdots, X_n\}$ の標本平均について 2 つのことが明らかになった。1 つ目は、標本平均の期待値が母集団分布の期待値に一致していることで、2 つ目は、n が十分に大きいときに、標本平均の分散は小さい値をとることである。分散が小さいということは、ばらつきが小さいということを意味するため、標本平均は、母集団分布の期待値に近い値をとる確率が高いことを意味する。このことを、チェビシェフの不等式（定理 5.3,

---

[*5] 母集団分布の期待値は母平均ともよばれる。

p.76）を用いて確認してみよう。確率変数 Z の期待値を μ_Z、標準偏差を σ_Z で表す。このとき、任意の定数 $k > 0$ について、チェビシェフの不等式は、

$$P(|Z - \mu_Z| \geq k) \leq \frac{\sigma_Z^2}{k^2}$$

と表すことができる[*6]。Z を標本平均として、上式に当てはめてみよう。つまり、$Z = \bar{X}$, $\mu_Z = \mu_X$, $\sigma_Z^2 = \frac{1}{n}\sigma_X^2$ とみなせば、任意の定数 $k > 0$ について、

$$P(|\bar{X} - \mu_X| \geq k) \leq \frac{\sigma_X^2}{nk^2} \tag{8.5}$$

が成り立つ。$|\bar{X} - \mu_X|$ は $\bar{X}$ が μ_X からどれくらい離れているのかを表す。定数 $k > 0$ は任意の値でよいから、ここでは小さな値としておこう。n が十分に大きければ、右辺は 0 に近い値をとるため、この不等式は、$\bar{X}$ と μ_X が離れている確率が低いことを表している。これは、$\bar{X}$ が μ_X に近い値をとる確率が高いと言い換えることができる。この意味において、確率変数 X_i の標本平均は、X_i の母集団分布の期待値に対する良い近似になっており、良い推定量であるといえる。

　標本サイズが大きいときに、推定量が推定したい量に近い値をとる確率が高いという性質は「一致性」とよばれる。標本平均は、一致性の意味で、母集団分布の期待値の良い推定量になっているのである。標本サイズが大きいときに、推定量がどのような確率的振る舞いをするのかを調べることで、その推定量の性質を評価し、統計分析の根拠とするアプローチを**漸近理論**（asymptotic theory）、あるいは、**大標本理論**（large sample theory）という。一致性は、漸近理論に基づいた推定量の性質の 1 つである。一方で、標本サイズが有限である場合にも成り立つ性質を用いて、推定量を評価する理論は、**小標本理論**（small sample theory）という。9 章では、一致性を含む、推定量の評価方法について述べる。

[*6] 確率変数 Z を、

$$Z = \begin{cases} 1 & (|X - \mu_X| \geq k) \\ 0 & (|X - \mu_X| < k) \end{cases}$$

と定義する。定理 5.3 の証明で用いた Z の代わりに、上記の Z を用いて証明をすることで、不等式がこの形でも成立することを確かめることができる。

8.3　仮説検定とは

　標準正規分布から標本サイズ n の無作為標本を抽出することを考えよう。得られた観測値を用いて標本平均値を計算し、これを $\bar{x}_1$ とする。新たに抽出を行い、得られた観測値を用いて標本平均値を計算し、これを $\bar{x}_2$ とする。この作業を M 回繰り返せば、M 個の標本平均値、

$$\bar{x}_1, \bar{x}_2, \cdots, \bar{x}_M$$

を得る。$n = 100$ として、$M = 1000$ 個の標本平均値をコンピューターでシミュレーションし作成したヒストグラムが図 8.1 である。横軸は標本平均値、縦軸は度数を表す。

図 8.1　$M = 1000$ 個の標本平均値のヒストグラム

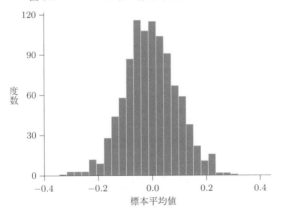

　このシミュレーションでは、標本を標準正規分布からの無作為抽出により得ているため、母集団の分布は標準正規分布であり、その期待値は 0 である。一方、$M = 1000$ 個の標本平均値は、図 8.1 に表されているように、母集団分布の期待値である 0 を中心として、ほぼ左右対称にばらついていることが分かる。標本平均値は、0 に近い値をとる頻度が最も高いが、±0.2 や、±0.3 付近の値をとることもある。このことから、標本平均値は、推定したい母集団分布の期待値に近い値をとることもあれば、母集団分布の期待値から ±0.3 程度離れた値をとることもあることが分かる。

　実際のデータ分析において何らかのパラメータを推定する際に、図 8.1 のよう

に統計量の分布を知ることができれば、その推定量がどの程度の精度を持っているのかを把握することができる。しかし、図 8.1 に表されている標本平均の分布は、無作為抽出を繰り返すことで得られたことを思い出そう。実際にデータ分析をする際には、母集団から繰り返し無作為標本を抽出することはなく、1 つの標本を用いることが多い。このため、図 8.1 の実験と同じ方法で、統計量の分布を得ることはできない。では、1 つの標本から統計量の分布を知るにはどうすればよいだろうか。

　1 つの標本から統計量の分布を知る方法として、漸近理論を用いた方法がある。漸近理論では、標本サイズが限りなく大きくなる状況を考える。統計量の分布は、標本サイズとともに変化するが、標本サイズが大きくなるとともに、その分布の変動は小さくなり、極限まで考えると分布が固定されることがある。標本サイズが限りなく大きくなるとともに、統計量の分布が近づいていく分布を**極限分布**（limiting distribution）という。例えば、8.5 節で紹介する中心極限定理を用いると、多くの統計量の極限分布が正規分布であることを示すことができる。極限分布は、標本サイズが限りなく大きくなるときに、統計量の分布が近づいていく分布であるが、標本サイズが限りなく大きい場合でなくても、十分に大きい場合には、統計量の分布は極限分布に似た形になるはずである。これを根拠として、統計量の分布の近似として極限分布を用いることができる。極限分布を用いて表した、統計量の近似的な分布のことを、**漸近分布**（asymptotic distribution）という。漸近分布を用いて統計量の分布を近似する方法は、多くの分析で採用されている。

　漸近理論を用いて標本平均の分布が近似できたとしよう。図 8.1 に表されているように、標本平均は母集団分布の期待値を中心に分布しているはずであるから、母集団分布の期待値が、得られた分布のばらつきの度合いに対して、標本平均値から大きく外れた値であることは考えにくいだろう。このように、推定量の分布から、推定の対象としている母集団分布の期待値などの特徴量について考察することができる。母集団分布の特徴を言い当てることを目的として、推定量の分布を推測することを、**統計的推測**（statistical inference）という。また、統計的推測の結果を用いて、母集団分布の特徴に関する仮説を検証することを**統計的仮説検定**（statistical hypothesis testing）や、単に仮説検定という。仮説検定の詳

しい解説は 10 章で行う。以上の議論から、標本のばらつきを考慮した統計分析をするためには、統計的推測や仮説検定が重要であることが分かったであろう。

　図 8.1 の実験を実際にしてみよう。Visual Understanding（Vustat）はオンラインのアプリケーションで、プログラミングの知識がなくても統計学の様々な分析や実験が体験できる。以下の手順に従ってアプリケーションを操作してみよう。

1. Vustat（https://www.vustat.eu/apps/）にアクセスする（日本語を選択）。
2. 標本分布を選択し、スタートをクリックする。
3. 上段（母集団）、中段（標本）、下段（分布）に分かれている。上段左側で、正規分布を選択し、母集団分布（正規分布）の期待値 μ と標準偏差 σ をそれぞれ 0 と 1 に設定する。上段には、設定した母集団分布の密度関数が描かれている。
4. 中段（標本）左側のサイズを 100 とする。これは標本サイズである。再生ボタン ▷ をクリックすると、母集団から 100 個の観測値が抽出される様子をみることができる。
5. 下段（分布）左側で平均値を選択していれば、中段で選ばれた観測値の標本平均が自動的に計算されプロットされる。
6. 中段に戻り、再度再生ボタン ▷ をクリックすると、2 回目の抽出が行われる。早送りボタン ▷▷▷ をクリックすれば、抽出と標本平均の計算を連続で行うことができる。
7. 抽出を 1000 回行い、下段の図を確認しよう。下段左側で棒グラフを選択すれば、図 8.1 と同様の図を得ることができる。得られた標本平均の分布の特徴量は下段右側に表示される。

例題 8.1　Vustat の標本分布アプリを用いて標本平均の分布をシミュレーションしよう。母集団分布を、期待値が 5 で標準偏差が 4 の正規分布に設定し、標本サイズを 100、標本抽出の繰り返し回数を 1000 として標本平均の分布をシミュレートする。シミュレーションから得られた標本平均の分布の平均値と分散を確認せよ。

解答　シミュレーションごとに異なる値を得るが、標本平均の分布の平均値は 5、分散は 0.16 あたりの数値になる。標本平均の期待値と分散は、それぞれ

(8.3) 式と (8.4) 式で理論的に与えられている。理論的な結果とシミュレーションによる結果が概ね一致しており、シミュレーションによって、期待値と分散がうまく近似できていることが分かるだろう。

8.4 大数の法則

次に示す定理は、標本サイズが大きくなると、標本平均値が期待値に近づいていくことを示す定理である。ただし、標本平均は確率変数であるため、近づいていく様子は確率の意味で表現される。この定理は、**大数の法則**（law of large numbers）とよばれる。

定理 8.1（大数の法則） $X_1, X_2, \cdots, X_n$ は独立同一に分布し、その分布の期待値と分散を、それぞれ、μ_X と σ_X^2 で表す[*7]。分散が有限である（$\sigma_X^2 < \infty$）とき、任意の $\epsilon > 0$ に対して、

$$\lim_{n \to \infty} P(|\bar{X} - \mu_X| < \epsilon) = 1 \tag{8.6}$$

が成り立つ。

4.4 節で確認した収束の考察対象は実数 $z_1, z_2, \cdots$ であるが、収束の概念を確率変数 $X_1, X_2, \cdots$ へと拡張したものの 1 つとして、確率収束を紹介する。$X_1, X_2, \cdots$ を確率変数、x を定数とする。任意の $\epsilon > 0$ に対して $\lim_{n \to \infty} P(|X_n - x| < \epsilon) = 1$ という形での収束が成立しているとき、X_n は x に**確率収束**（convergence in probability）するといい、

$$X_n \xrightarrow{p} x \tag{8.7}$$

で表す。$|X_n - x|$ は、X_n と x がどれだけ離れているのかを表す。ϵ は任意の値であるから、小さい値であることを想定しよう。したがって、確率収束は、n が限りなく大きくなると、X_n と x の距離が小さい確率が 1 に近づいていくことを意味する[*8]。

[*7] $X_1, X_2, \cdots, X_n$ は独立同一に分布すると仮定しているため、すべての $i = 1, 2, \cdots, n$ について、$E(X_i) = \mu_X$, $\mathrm{Var}(X_i) = \sigma_X^2$ となることに注意されたい。

[*8] 正式には、ϵ-δ 論法を用いて次のように定義する。任意の $\epsilon > 0$ と $\delta > 0$ に対して、ある N が存在し、$n \geq N$ を満たす、すべての n に対して、$P(|X_n - x| \geq \epsilon) < \delta$ が成立する。これは、

確率収束の表現に注意して、定理 8.1 の大数の法則を確認してみよう。標本平均は、

$$\bar{X} = \frac{1}{n}\sum_{i=1}^{n} X_i$$

であり、標本サイズ n の大きさによって変化する確率変数である。(8.6) 式は、標本平均 $\frac{1}{n}\sum_{i=1}^{n} X_i$ が期待値 $E(X_i)$ に確率収束することを意味している。確率収束の記号を用いれば、(8.6) 式は、

$$\bar{X} \xrightarrow{p} \mu_X$$

あるいは、

$$\frac{1}{n}\sum_{i=1}^{n} X_i \xrightarrow{p} E(X_i)$$

と表せる。以上から、大数の法則は、標本平均の確率収束が成立するための条件を示した定理であると解釈することができる。

それでは定理 8.1 を証明しよう。

証明 実は大数の法則の証明は、これまでの議論の中でほとんどできている。標本平均にチェビシェフの不等式を当てはめた (8.5) 式の両辺から 1 を引き、両辺に -1 をかければ、

$$1 - P(|\bar{X} - \mu_X| \geq k) \geq 1 - \frac{\sigma_X^2}{nk^2}$$

を得る。例題 3.9 で示した関係を用いて左辺を書き換えれば、

$$P(|\bar{X} - \mu_X| < k) \geq 1 - \frac{\sigma_X^2}{nk^2}$$

を得る。あとは n を大きくした場合の、両辺の極限を考える。$\sigma_X^2 < \infty$ であり、$k > 0$ は任意の定数であるから、右辺は 1 に収束する。したがって、任意の $k > 0$ に対して $\lim_{n \to \infty} P(|\bar{X} - \mu_X| < k) = 1$、すなわち、$\bar{X} \xrightarrow{p} \mu_X$ が示せた。$\square$

大数の法則（定理 8.1）において、$X_1, X_2, \cdots, X_n$ は独立同一に分布すると仮定しているが、その分布がどのような分布であるのかについては何も仮定してい

$\lim_{n \to \infty} P(|X_n - x| \geq \epsilon) = 0$ の定義であるが、$P(|X_n - x| \geq \epsilon) = 1 - P(|X_n - x| < \epsilon)$ であるため、$\lim_{n \to \infty} P(|X_n - x| < \epsilon) = 1$ の定義でもあることに注意しよう。

ない。つまり、大数の法則は、母集団の分布がどのようなものであっても、無作
為標本から作成した標本平均が母集団分布の期待値に確率収束することを主張し
ている（ただし、分散が有限であるような分布に限る）。この意味で、大数の法則
は強力な法則であるといえよう。

例題 8.2 コインを 1 回投げる試行において、表が出たら 1、裏が出たら 0 をと
る確率変数はベルヌーイ分布（4.3.1 項）に従う。コイン投げを n 回繰り返すこ
とで得る標本を $\{X_1, X_2, \cdots, X_n\}$ としよう。つまり、$\{X_1, X_2, \cdots, X_n\}$ はベ
ルヌーイ分布からの無作為抽出により得られた標本である。このとき、標本平
均値が、母集団分布の期待値に確率収束していく様子を Vustat を用いてシミュ
レーションしてみよう。

1. Vustat（https://www.vustat.eu/apps/）にアクセスする（日本語を選択）。
2. 大数の法則を選択し、コイントス（上から 3 番目）をクリックする。
3. 設定において、（標本）サイズを 100、表（head）が出る確率を 0.5 とする。
4. 再生ボタン▷をクリックすると、コイントスが 100 回行われる。
5. n 回目の試行において、表が出た割合（標本平均）がグラフとして表示さ
れる。

シミュレーションを行い、以下の問いに答えよ。

(1) 100 回の試行の結果、表が出た割合（標本平均）はどんな値になるか。
(2) 標本サイズを大きくすると、グラフの様子はどのように変化するか。
(3) 表（head）が出る確率を変えると、収束先はどう変化するか。

解答　例題 5.2 より、表（head）が出る確率が p のベルヌーイ分布の期待値
は p である。したがって、シミュレーションにおいて、表が出た割合（標本平
均値）は、シミュレーションで設定した「表（head）が出る確率」に近い値に
なる。標本サイズを大きくすると、標本平均が p に近い値をとりやすくなる。
しかし、確率収束は、標本平均が期待値に近づく「確率」が 1 に近づいていく
ことを主張する定理であるため、標本サイズをいくら大きくしても、標本平均
が必ず p と一致するわけではない。

　確率収束する 2 つの確率変数の和や積も確率収束することが知られている。そのことを定理として紹介しよう。証明は省略し、結果だけを紹介する [*9]。

定理 8.2　確率変数 X_n と Y_n は、$n \to \infty$ のとき、それぞれ、定数 x と y に確率収束する。つまり、$X_n \xrightarrow{p} x$ と $Y_n \xrightarrow{p} y$ が成り立つとする。このとき以下が成立する。

[1] $X_n + Y_n \xrightarrow{p} x + y$

[2] $X_n Y_n \xrightarrow{p} xy$

[3] $X_n^{-1} Y_n \xrightarrow{p} x^{-1} y$

ただし、[3] については、逆数が存在しているものと仮定する。

例題 8.3　確率変数 $X_1, X_2, \cdots, X_n$ は独立同一に分布し、その分散は有限である（$\sigma_X^2 < \infty$）とする。同様に、$Z_1, Z_2, \cdots, Z_n$ は独立同一に分布し、その分散は有限である（$\sigma_Z^2 < \infty$）とする。このとき、

$$\frac{\sum\limits_{i=1}^{n} X_i}{\sum\limits_{i=1}^{n} Z_i} \xrightarrow{p} \frac{\mu_X}{\mu_Z}$$

が成立することを示せ。ただし、$\mu_X = E(X), \mu_Z = E(Z)$ である。

解答　大数の法則から、$\dfrac{1}{n}\sum\limits_{i=1}^{n} X_i \xrightarrow{p} \mu_X$ と $\dfrac{1}{n}\sum\limits_{i=1}^{n} Z_i \xrightarrow{p} \mu_Z$ が成立する。したがって、定理 8.2 の [3] より、

$$\frac{\sum\limits_{i=1}^{n} X_i}{\sum\limits_{i=1}^{n} Z_i} = \frac{\dfrac{1}{n}\sum\limits_{i=1}^{n} X_i}{\dfrac{1}{n}\sum\limits_{i=1}^{n} Z_i} \xrightarrow{p} \frac{\mu_X}{\mu_Z}$$

が成立する。

8.5　中心極限定理

　本章の最後に、漸近理論で主要な役割を果たす中心極限定理を紹介する。中心極限定理を導入するために、まずは標準化とよばれる変換を考える。

[*9] 証明は、例えば、田中（2019）を参照されたい。

確率変数に変換を施して、期待値が 0 で分散が 1 となるようにすることを**標準化**（standardization）という。標準化するには、その確率変数から期待値を引き、標準偏差で割ることになる。例えば、確率変数 X の期待値を μ_X、分散を σ_X^2 とするとき、

$$Z = \frac{X - \mu_X}{\sigma_X} \tag{8.8}$$

とすれば、Z は X を標準化した確率変数となる。Z の期待値が 0 であることは、期待値の線形性（定理 5.1, p.65）を用いれば直ちに確認できる。また、Z の分散が 1 であることは、定理 5.2（p.74）を用いて直ちに確認できる。

例題 8.4 期待値が μ_X で分散が σ_X^2 の確率変数 X について、無作為標本 $\{X_1, X_2, \cdots, X_n\}$ を得たとする。このとき、標本平均を標準化した統計量を、μ_X と σ_X^2 を用いて表せ。

解答 標本平均を $\bar{X}$ で表す。(8.3) 式と (8.4) 式より、$\bar{X}$ の期待値と分散は、それぞれ、μ_X と σ_X^2/n である。したがって、$\bar{X}$ を標準化したものは、

$$\frac{\bar{X} - E(\bar{X})}{\sqrt{\mathrm{Var}(\bar{X})}} = \frac{\bar{X} - \mu_X}{\sigma_X/\sqrt{n}}$$

となる。

次に紹介する**中心極限定理**（central limit theorem）は、標本平均を標準化した統計量の分布が、標本サイズが限りなく大きくなると、標準正規分布に近づいていくことを示す定理である。

定理 8.3（中心極限定理） $X_1, X_2, \cdots, X_n$ は独立同一に分布し、その分布の期待値と分散を、それぞれ、μ_X と σ_X^2 で表す。$E(X_i^2) < \infty$ であるとき、標本平均 $\bar{X}$ を標準化した統計量、

$$\frac{\bar{X} - \mu_X}{\sigma_X/\sqrt{n}} \tag{8.9}$$

の分布は、n が大きくなるとともに、標準正規分布に近づく。

中心極限定理は、分布の収束に関する定理である。一般に、n に依存する確率変数 X_n の分布が、n が大きくなるとともに、確率変数 Z の分布に近づくとき、

X_n は Z に分布収束（convergence in distribution）するといい、

$$X_n \xrightarrow{d} Z \tag{8.10}$$

で表す[*10]。Z の分布が具体的に分かっているとしよう。例えばその分布が $N(0,1)$ であるとき、X_n が Z に分布収束することを

$$X_n \xrightarrow{d} N(0,1)$$

と書いてもよい。

この表記方法に従えば、中心極限定理の主張は、

$$\frac{\bar{X} - \mu_X}{\sigma_X / \sqrt{n}} \xrightarrow{d} N(0,1)$$

で表すことができる。中心極限定理の証明は、特性関数などの本書では扱いきれない内容を含むため省略し、結果だけを用いることにする。厳密な証明は、伊藤（1991）や佐藤（1994）などで与えられている。また、田中（2019）では、証明の大筋が与えられている。証明の流れを理解したい場合にお勧めする。

中心極限定理（定理 8.3）において、$X_1, X_2, \cdots, X_n$ は独立同一に分布すると仮定しているが、その分布がどのような分布であるのかについては何も仮定していない。つまり、中心極限定理は、母集団の分布がどのようなものであっても、無作為標本から得た標本平均を標準化した統計量は、標準正規分布に分布収束することを主張している（ただし、$E(X_i^2) < \infty$ という条件から分かるように、2次モーメントが有限な分布に限る）。大数の法則と同様に、中心極限定理もまた、強力な法則であるといえよう。

中心極限定理（定理 8.3）は、標本平均を標準化した統計量の極限分布が標準正規分布であることを示している。したがって、標本サイズが十分に大きいとき、標本平均を標準化した統計量の分布は標準正規分布でうまく近似することができるだろう。このことから、標準正規分布を、標本平均を標準化した統計量の漸近分布として使うという考えが正当化されるのである。

統計量は、確率収束する部分と分布収束する部分から構成されていることがある。その際に、統計量の漸近的な振る舞いを導出するには、確率収束する部分と、

[*10] 本書では、概念の理解を優先して、分布収束の厳密な定義はしない。厳密な定義は、伊藤（1991）や佐藤（1994）などの確率論の教科書を参照されたい。

分布収束する部分の和や積の振る舞いを考える必要がある。そこで、確率変数の確率収束と分布収束を結び付ける定理を紹介しよう。証明は省略し、結果だけを紹介する[*11]。

定理 8.4（スルツキーの定理） 確率変数 X_n, Z_n, Y_n について、$n \to \infty$ のとき、X_n は定数 x に確率収束し、Z_n は確率変数 Z に分布収束し、Y_n は 0 に確率収束すると仮定する。つまり、$X_n \xrightarrow{p} x,\, Z_n \xrightarrow{d} Z,\, Y_n \xrightarrow{p} 0$ が成り立つとする。このとき以下が成立する。

[1] $X_n + Z_n \xrightarrow{d} x + Z$

[2] $X_n Z_n \xrightarrow{d} xZ$

[3] $X_n^{-1} Z_n \xrightarrow{d} x^{-1} Z$

[4] $Y_n Z_n \xrightarrow{p} 0$

特に、定理 8.4 [1] と [2] は、**スルツキーの定理**（Slutsky's theorem）とよばれる。

例題 8.5 確率変数 $X_1, X_2, \cdots, X_n$ は独立同一に分布し、その期待値 μ_X と分散 σ_X^2 について $\mu_X = 0, \sigma_X^2 = 1$ であるとする。同様に、$Z_1, Z_2, \cdots, Z_n$ は独立同一に分布し、その分散は有限である（$\sigma_Z^2 < \infty$）とする。このとき、

$$\sqrt{n} \left(\sum_{i=1}^{n} Z_i \right)^{-1} \sum_{i=1}^{n} X_i \xrightarrow{d} \mu_Z^{-1} X$$

が成立することを示せ。ただし、X は標準正規分布に従う確率変数である。

解答 大数の法則から、$\frac{1}{n} \sum_{i=1}^{n} Z_i \xrightarrow{p} \mu_Z$ が成立する。また、中心極限定理から、$\frac{1}{\sqrt{n}} \sum_{i=1}^{n} X_i = \frac{\bar{X} - 0}{1/\sqrt{n}} \xrightarrow{d} X$ が成立する。したがって、定理 8.4 の [3] から、

$$\sqrt{n} \left(\sum_{i=1}^{n} Z_i \right)^{-1} \sum_{i=1}^{n} X_i = \left(\frac{1}{n} \sum_{i=1}^{n} Z_i \right)^{-1} \frac{1}{\sqrt{n}} \sum_{i=1}^{n} X_i \xrightarrow{d} \mu_Z^{-1} X$$

が成立する。

---

*11 証明は、例えば、田中（2019）を参照されたい。

第9章
推定

　前章において、母集団の分布を表す未知のパラメータを標本を用いて言い当てることを推定といい、統計量のうち推定に用いるものを推定量ということを紹介した。本章では、推定量が持つべき性質を考察する。

　推定量は、推定の対象としているパラメータをうまく言い当てられることが望ましい。推定量が良いか悪いかを判断するには、何かしらの基準が必要である。そこで、「良い推定量」の基準となる性質や概念として、不偏性、一致性、効率性、平均2乗誤差を紹介する。推定量は確率変数であるから、これらの基準は、推定量の確率的な振る舞いに対する性質を評価したものになっている。

　また、推定量のばらつきを考慮した推定方法として、区間推定を紹介する。区間推定は、推定量の分布を正規分布で近似できることを利用した方法である。分布を正規分布で近似できることを、漸近正規性という。

　本章では、推定したいパラメータを θ、θ の推定量を $\hat{\theta}$ で表す。8.2 節において考えた標本平均を例にすれば、θ は母集団分布の期待値、$\hat{\theta}$ は標本平均である。

9.1　不偏性

　推定量の期待値が、推定対象としているパラメータと同値であるという性質を不偏性という。

定義 9.1（不偏性） 推定量 $\hat{\theta}$ が、

$$E(\hat{\theta}) = \theta$$

を満たすとき、$\hat{\theta}$ は**不偏**（unbiased）であるという。不偏である推定量のことを
不偏推定量（unbiased estimator）という。

　期待値は、確率変数の実現値を、その実現値が生じる確率で重み付けた加重平
均であった（5.1 節や 5.2 節）。したがって、不偏推定量は、推定量の実現値が、
平均的に推定したいパラメータに一致していることを意味している。推定量が不
偏でないとき、その推定量には**バイアス**（bias）があるという。$\hat{\theta}$ のバイアスを
$\mathrm{bias}(\hat{\theta})$ で表せば、

$$\mathrm{bias}(\hat{\theta}) = E(\hat{\theta}) - \theta \tag{9.1}$$

である。

例題 9.1 標本平均は、母集団分布の期待値の不偏推定量であることを示せ。

解答 8.2 節を参照されたい。

例題 9.2 次の統計量、

$$\frac{1}{n} \sum_{i=1}^{n} (X_i - \bar{X})^2 \tag{9.2}$$

を**標本分散**という。$X_1, X_2, \cdots, X_n$ が独立同一に分布するとき、標本分散の期
待値を計算し、標本分散は母集団分布の分散の不偏推定量であるかを調べよ。

解答 標本分散の期待値を計算する。期待値の線形性を表す (7.2) 式の性質
を用いて、

$$E\left[\frac{1}{n} \sum_{i=1}^{n} (X_i - \bar{X})^2\right] = \frac{1}{n} \sum_{i=1}^{n} E[(X_i - \bar{X})^2]$$

$$= \frac{1}{n} \sum_{i=1}^{n} E(X_i^2 - 2X_i\bar{X} + \bar{X}^2)$$

$$= \frac{1}{n} \sum_{i=1}^{n} [E(X_i^2) - 2E(X_i\bar{X}) + E(\bar{X}^2)] \tag{9.3}$$

を得る。ここで、任意の i に対して、

$$E(X_i \bar{X}) = \frac{1}{n} E[X_i(X_1 + X_2 + \cdots + X_i + \cdots + X_{n-1} + X_n)]$$

$$= \frac{1}{n} E(X_i^2) + \frac{1}{n} \sum_{j \neq i}^{n} E(X_i X_j)$$

$$= \frac{1}{n} E(X_i^2) + \frac{n-1}{n} [E(X_i)]^2 \tag{9.4}$$

が成り立つ。最後の等式が成り立つのは、独立同一分布の仮定から、$i \neq j$ である限り $E(X_i X_j) = E(X_i)E(X_j) = [E(X_i)]^2$ となるからである。また、同様の計算から、

$$E(\bar{X}^2) = E\left[\left(\frac{1}{n} \sum_{i=1}^{n} X_i\right)^2\right]$$

$$= \frac{1}{n^2} \sum_{i=1}^{n} \sum_{j=1}^{n} E(X_i X_j)$$

$$= \frac{1}{n^2} \sum_{i=1}^{n} E(X_i^2) + \frac{1}{n^2} \sum_{i=1}^{n} \sum_{j \neq i}^{n} E(X_i X_j)$$

$$= \frac{1}{n} E(X_i^2) + \frac{n-1}{n} [E(X_i)]^2 \tag{9.5}$$

が成り立つ。(9.3) 式の右辺に (9.4) と (9.5) 式の結果を代入して、

$$E\left[\frac{1}{n} \sum_{i=1}^{n} (X_i - \bar{X})^2\right] = \frac{1}{n} \sum_{i=1}^{n} \left\{ E(X_i^2) - \frac{2}{n} E(X_i^2) - \frac{2(n-1)}{n} [E(X_i)]^2 \right.$$

$$\left. + \frac{1}{n} E(X_i^2) + \frac{n-1}{n} [E(X_i)]^2 \right\}$$

$$= \frac{1}{n} \sum_{i=1}^{n} \left\{ \frac{n-1}{n} E(X_i^2) - \frac{n-1}{n} [E(X_i)]^2 \right\}$$

$$= \frac{n-1}{n} \frac{1}{n} \sum_{i=1}^{n} \left\{ E(X_i^2) - [E(X_i)]^2 \right\}$$

$$= \frac{n-1}{n} \mathrm{Var}(X_i) \tag{9.6}$$

を得る。最後の等式が成立するのは、補題 5.1 (p.70) から $\mathrm{Var}(X_i) = E(X_i^2) - [E(X_i)]^2$ であることと、同一分布の仮定から、$\frac{1}{n} \sum_{i=1}^{n} \mathrm{Var}(X_i) = \mathrm{Var}(X_i)$ となるためである。以上から、標本分散の期待値は、母集団分布の分散 $\mathrm{Var}(X_i)$ に一致しないことが示せた。したがって、標本分散は分散の不偏推定量ではない。

例題 9.2 より、標本分散は、母集団分布の分散の不偏推定量ではないことが分かった。標本分散を $\hat{\theta}$、母集団分布の分散を θ で表せば、(9.6) 式より、$E(\hat{\theta}) = \frac{n-1}{n}\theta$ である。ただし、両辺に $\frac{n}{n-1}$ を乗じれば、$E\left(\frac{n}{n-1}\hat{\theta}\right) = \theta$ となるため、$\frac{n}{n-1}\hat{\theta}$ は θ の不偏推定量になっていることが分かる。このことから、

$$\frac{n}{n-1}\frac{1}{n}\sum_{i=1}^{n}(X_i - \bar{X})^2 = \frac{1}{n-1}\sum_{i=1}^{n}(X_i - \bar{X})^2 \tag{9.7}$$

は、**不偏分散**とよばれる。標本サイズが大きい場合には、標本分散の (9.2) 式と不偏分散の (9.7) 式から得る推定値にほとんど差がないため、分散の推定量としてどちらを用いたとしても分析結果にほとんど影響しない。

9.2　一致性

標本サイズが限りなく大きくなるとき、$\hat{\theta}$ が θ に近い値をとる確率が 1 に近づいていくという性質を一致性という。

> **定義 9.2（一致性）**　推定量 $\hat{\theta}$ が、
>
> $$\hat{\theta} \xrightarrow{p} \theta \tag{9.8}$$
>
> を満たすとき、$\hat{\theta}$ は**一致性**（consistency）を持つという。一致性を持つ推定量のことを**一致推定量**（consistent estimator）という。

記号 $\xrightarrow{p}$ は確率収束を表すことを思い出そう（8.4 節）。(9.8) 式を定義のとおりに書き換えれば、任意の $\epsilon > 0$ に対して、

$$\lim_{n \to \infty} P\left(\left|\hat{\theta} - \theta\right| < \epsilon\right) = 1$$

を満たす推定量が一致推定量であることが分かる。

ここで、大数の法則（定理 8.1）を再度確認してみよう。大数の法則は、ある条件の下で、標本平均 $\bar{X}$ が母集団分布の期待値 μ_X に確率収束することを示した定理であった。したがって、大数の法則は、標本平均が母集団分布の期待値の一致推定量であるための条件を示している定理であると解釈することができる。

例題 9.3　$X_1, X_2, \cdots, X_n$ は独立同一に分布し、その期待値 μ_X が既知であると

する。このとき、標本分散、つまり、

$$\frac{1}{n} \sum_{i=1}^{n} (X_i - \mu_X)^2 \tag{9.9}$$

が $\mathrm{Var}(X_i)$ の一致推定量であることを示せ。ただし、$\mathrm{Var}[(X_i - \mu_X)^2]$ は有限であるとする。

解答 $Z_i = (X_i - \mu_X)^2$ と表記すると、(9.9) 式は、$Z_1, Z_2, \cdots, Z_n$ の標本平均の形になっていることに気がつくであろう。$X_1, X_2, \cdots, X_n$ が独立同一に分布しているため、$Z_1, Z_2, \cdots, Z_n$ も独立同一に分布している[*1]。仮定から、Z_i の分散は有限であるため、$\frac{1}{n} \sum_{i=1}^{n} Z_i$ に対して、大数の法則が適用できる。したがって、

$$\frac{1}{n} \sum_{i=1}^{n} Z_i \xrightarrow{p} E(Z_i)$$

が成立する。$E(Z_i) = E[(X_i - \mu_X)^2] = \mathrm{Var}(X_i)$ であるから、標本分散が一致性を持つことを示せた。

例題 9.3 では、期待値が既知である場合に、標本分散が母分散の一致推定量であることを示した。期待値を標本平均で置き換えた場合の標本分散も、母分散の一致推定量であることが知られている。つまり、

$$\frac{1}{n} \sum_{i=1}^{n} (X_i - \bar{X})^2 \xrightarrow{p} \mathrm{Var}(X_i) \tag{9.10}$$

である（章末問題 9.1）。また、(9.7) 式の左辺から分かるように、不偏分散は標本分散に $\frac{n}{n-1}$ を乗じたものである。$n \to \infty$ のとき、$\frac{n}{n-1} \to 1$ であることから、不偏分散も母分散の一致推定量であることが想像できるであろう。つまり、

$$\frac{1}{n-1} \sum_{i=1}^{n} (X_i - \bar{X})^2 \xrightarrow{p} \mathrm{Var}(X_i)$$

である。

例題 9.4 例題 9.3 では、$\mathrm{Var}[(X_i - \mu_X)^2]$ が有限であると仮定した。この仮定を、「$E(X_i^4)$ が有限である」いう仮定に置き換えても、例題 9.3 の一致性が成

[*1] $Z_1, Z_2, \cdots, Z_n$ が独立同一に分布する理由が分からない場合は、定理 5.1 (p.65) の証明や、その直後の議論を参照されたい。

立することを示せ。

解答 分散の性質（定理 5.2, p.74）から、

$$\mathrm{Var}[(X_i - \mu_X)^2] = \mathrm{Var}(X_i^2 - 2\mu_X X_i + \mu_X^2) = \mathrm{Var}(X_i^2 - 2\mu_X X_i)$$

である。また、和の分散の性質（定理 7.4）から、

$$\mathrm{Var}(X_i^2 - 2\mu_X X_i) = \mathrm{Var}(X_i^2) + 4\mu_X^2 \mathrm{Var}(X_i) - 4\mu_X \mathrm{Cov}(X_i^2, X_i)$$

である。$\mathrm{Var}(X_i^2) = E(X_i^4) - [E(X_i^2)]^2$, $\mathrm{Cov}(X_i^2, X_i) = E(X_i^3) - E(X_i^2)\mu_X$ であるから、

$$\mathrm{Var}[(X_i - \mu_X)^2] = \mathrm{Var}(X_i^2) + 4\mu_X^2 \mathrm{Var}(X_i) - 4\mu_X \mathrm{Cov}(X_i^2, X_i)$$
$$= E(X_i^4) - [E(X_i^2)]^2 + 4\mu_X^2 [E(X_i^2) - \mu_X^2] - 4\mu_X E(X_i^3) + 4\mu_X^2 E(X_i^2)$$

が成立する。例題 7.2 で示したとおり、4 次モーメントが有限であれば、低次のモーメントは有限であるので、$E(X_i^4) < \infty$ であれば、$\mathrm{Var}[(X_i - \mu_X)^2]$ も有限となる。したがって、$E(X_i^4)$ が有限である場合にも、例題 9.3 の一致性が成立する。

例題 9.5 $(X_1, Y_1), (X_2, Y_2), \cdots, (X_n, Y_n)$ は独立同一に分布すると仮定する。また、X_i と Y_i の期待値が既知であるとして、これらをそれぞれ、μ_X と μ_Y で表す。このとき、

$$\frac{1}{n}\sum_{i=1}^{n}(X_i - \mu_X)(Y_i - \mu_Y) \tag{9.11}$$

が、$\mathrm{Cov}(X_i, Y_i)$ の一致推定量であることを示せ。ただし、$\mathrm{Var}(X_i)$, $\mathrm{Var}(Y_i)$ と $\mathrm{Var}(X_i Y_i)$ は有限であると仮定する。

解答 (9.11) 式を展開して、

$$\frac{1}{n}\sum_{i=1}^{n}(X_i - \mu_X)(Y_i - \mu_Y) = \frac{1}{n}\sum_{i=1}^{n}(X_i Y_i - X_i \mu_Y - Y_i \mu_X + \mu_X \mu_Y)$$
$$= \frac{1}{n}\sum_{i=1}^{n}X_i Y_i - \mu_Y \frac{1}{n}\sum_{i=1}^{n}X_i - \mu_X \frac{1}{n}\sum_{i=1}^{n}Y_i + \mu_X \mu_Y$$

を得る。また、大数の法則から、

$$\frac{1}{n} \sum_{i=1}^{n} X_i Y_i \xrightarrow{p} E(X_i Y_i)$$

$$\frac{1}{n} \sum_{i=1}^{n} X_i \xrightarrow{p} \mu_X$$

$$\frac{1}{n} \sum_{i=1}^{n} Y_i \xrightarrow{p} \mu_Y$$

が成り立つ。したがって、定理 8.2 [1]（p.123）を適用して、

$$\frac{1}{n} \sum_{i=1}^{n} (X_i - \mu_X)(Y_i - \mu_Y) \xrightarrow{p} E(X_i Y_i) - \mu_X \mu_Y = \mathrm{Cov}(X_i, Y_i)$$

が示せた。

例題 9.5 では、簡単化のため、期待値が既知である場合を考えた。期待値が既知でない場合には、期待値を標本平均で置き換えて、

$$\frac{1}{n} \sum_{i=1}^{n} (X_i - \bar{X})(Y_i - \bar{Y}) \tag{9.12}$$

によって、共分散を推定することができる。この推定量を**標本共分散**という。標本共分散は共分散の一致推定量であることが知られている。つまり、

$$\frac{1}{n} \sum_{i=1}^{n} (X_i - \bar{X})(Y_i - \bar{Y}) \xrightarrow{p} \mathrm{Cov}(X_i, Y_i)$$

である（章末問題 9.2）。(9.12) 式で与えられた標本共分散は一致推定量であるが、不偏推定量ではない。しかし、標本分散のときと同様に、標本共分散に、$\frac{n}{n-1}$ を乗じた推定量は一致推定量であり、かつ不偏推定量である。つまり、

$$E\left[\frac{1}{n-1} \sum_{i=1}^{n} (X_i - \bar{X})(Y_i - \bar{Y}) \right] = \mathrm{Cov}(X_i, Y_i)$$

$$\frac{1}{n-1} \sum_{i=1}^{n} (X_i - \bar{X})(Y_i - \bar{Y}) \xrightarrow{p} \mathrm{Cov}(X_i, Y_i)$$

が成り立つ。

例題 9.6 例題 9.5 では、$\mathrm{Var}(X_i)$, $\mathrm{Var}(Y_i)$ と $\mathrm{Var}(X_i Y_i)$ は有限であると仮定した。この仮定を、「X_i と Y_i の 4 次モーメントが有限である」という仮定に置き換えても、例題 9.5 における一致性が成立することを示せ。

解答 分散に関する補題 5.1 から、分散を、

$$\mathrm{Var}(X_i) = E(X_i^2) - [E(X_i)]^2$$

と分解する。例題 7.2 (p.103) から、$E(X_i^4) < \infty$ であるとき、$E(X^2) < \infty$ が成立する。また、コーシー・シュワルツの不等式（定理 7.2, p.102）から、$E(X_i) \le E(|X_i|) \le \sqrt{E(X^2)}$ であるから、$E(X_i)$ も有限である。したがって、$\mathrm{Var}(X_i) < \infty$ を得る。同様に $\mathrm{Var}(Y_i) < \infty$ も成立する。次に、$\mathrm{Var}(X_iY_i)$ について、

$$\mathrm{Var}(X_iY_i) = E(X_i^2 Y_i^2) - [E(X_iY_i)]^2$$

が成立する。右辺第 1 項にコーシー・シュワルツの不等式を適用して、$E(X_i^2 Y_i^2) \le \sqrt{E(X_i^4)E(Y_i^4)} < \infty$ を得る。同様に、右辺第 2 項についてコーシー・シュワルツの不等式を適用して、$[E(X_iY_i)]^2 \le E(X_i^2)E(Y_i^2) < \infty$ を得る。したがって $\mathrm{Var}(X_iY_i) < \infty$ が示せた。以上から、X_i と Y_i の 4 次モーメントが有限であるとき、$\mathrm{Var}(X_i)$, $\mathrm{Var}(Y_i)$ と $\mathrm{Var}(X_iY_i)$ は有限であることが分かった。したがって、4 次モーメントの仮定の下でも、例題 9.5 における一致性が成立することを示せた。

9.3 効率性

不偏性や一致性を持つ推定量がいくつかあるとき、どの推定量を選べばよいだろうか。推定量を選ぶ 1 つの基準となるのが、効率性という考え方である。

定義 9.3（効率性） 不偏性を持つ 2 つの推定量 $\hat{\theta}_1$ と $\hat{\theta}_2$ が、

$$\mathrm{Var}(\hat{\theta}_1) < \mathrm{Var}(\hat{\theta}_2)$$

を満たすとき、$\hat{\theta}_1$ を、より**効率的な推定量**であるという。

2 つの不偏推定量があるときに、分散が小さい方を選ぶというのが効率性の考え方である。分散が小さいということは、推定したいパラメータに近い値が得られる確率が高いことを意味している。

例題 9.7 期待値が μ_X の分布から無作為標本 $\{X_1, X_2, \cdots, X_n\}$ を得たとする。このとき、母集団分布の期待値 μ_X を推定する問題を考える。n 番目の観測値

を捨てて、

$$\bar{X}_{n-1} = \frac{1}{n-1} \sum_{i=1}^{n-1} X_i$$

という推定量を用いる。

(1) $\bar{X}_{n-1}$ が不偏推定量であることを示せ。

(2) $\bar{X}_{n-1}$ の分散を求めよ。

(3) 標本平均 $\bar{X}$ は、n 個の観測値すべてを使った推定量である。$\bar{X}$ と $\bar{X}_{n-1}$ ではどちらが効率的か。

解答　(1) $\bar{X}_{n-1}$ の期待値は、

$$E(\bar{X}_{n-1}) = \frac{1}{n-1} \sum_{i=1}^{n-1} E(X_i) = \mu_X$$

であるから、$\bar{X}_{n-1}$ は不偏推定量である。

(2) 母集団分布の分散を σ_X^2 で表す。(8.4) 式と同様の計算から、

$$\begin{aligned}
\mathrm{Var}(\bar{X}_{n-1}) &= \mathrm{Var}\left(\frac{1}{n-1} \sum_{i=1}^{n-1} X_i\right) \\
&= \frac{1}{(n-1)^2} \mathrm{Var}(X_1 + X_2 + \cdots + X_{n-1}) \\
&= \frac{1}{(n-1)^2} [\mathrm{Var}(X_1) + \mathrm{Var}(X_2) + \cdots + \mathrm{Var}(X_{n-1})] \\
&= \frac{1}{n-1} \sigma_X^2
\end{aligned}$$

を得る。

(3) (8.4) 式から、標本平均の分散は、

$$\mathrm{Var}(\bar{X}) = \frac{1}{n} \sigma_X^2$$

である。したがって、すべての $n \geq 2$ について、

$$\mathrm{Var}(\bar{X}) < \mathrm{Var}(\bar{X}_{n-1})$$

となるため、標本平均の方が効率的な推定量であるといえる。

　例題 9.7 では、n 個の観測値があるのにもかかわらず、$n-1$ 個のみを使用して推定をした場合、すべての観測値を無駄なく使った場合と比べて推定量が効率的

ではなくなることを確認した。このように、効率性は、手元にあるデータを無駄なく使った推定ができているのかを示す基準になっている。

9.4 平均 2 乗誤差

推定量を評価する方法として、平均 2 乗誤差を用いることもある。

> **定義 9.4（平均 2 乗誤差）** $\hat{\theta}$ を θ の推定量とする。このとき、
>
> $$\mathrm{MSE}(\hat{\theta}) = E[(\hat{\theta} - \theta)^2]$$
>
> を平均 2 乗誤差（mean squared error）という。

平均 2 乗誤差は、θ の推定量 $\hat{\theta}$ が、θ から平均的にどれくらい離れているのかを表す指標である。平均 2 乗誤差が大きいとき、推定量 $\hat{\theta}$ は平均的に θ から離れているため、望ましい推定量であるとはいえない。

平均 2 乗誤差は、分散とバイアスの和に分解することができる。(9.1) 式で定義したバイアスは確率変数でないことに注意して計算すると、

$$
\begin{aligned}
\mathrm{MSE}(\hat{\theta}) &= E[(\hat{\theta} - \theta)^2] \\
&= E\{[\hat{\theta} - E(\hat{\theta}) + E(\hat{\theta}) - \theta]^2\} \\
&= E\{[\hat{\theta} - E(\hat{\theta}) + \mathrm{bias}(\hat{\theta})]^2\} \\
&= E\{[\hat{\theta} - E(\hat{\theta})]^2 + 2[\hat{\theta} - E(\hat{\theta})]\,\mathrm{bias}(\hat{\theta}) + [\mathrm{bias}(\hat{\theta})]^2\} \\
&= E\{[\hat{\theta} - E(\hat{\theta})]^2\} + 2E[\hat{\theta} - E(\hat{\theta})]\,\mathrm{bias}(\hat{\theta}) + [\mathrm{bias}(\hat{\theta})]^2 \\
&= \mathrm{Var}(\hat{\theta}) + [\mathrm{bias}(\hat{\theta})]^2
\end{aligned}
$$

を得る。推定量が不偏推定量である場合には、バイアスは 0 であるため、不偏推定量の平均 2 乗誤差は分散に一致する。したがって、不偏推定量に対しては、効率性の考えから分散が小さい推定量を選ぶことと、平均 2 乗誤差が小さい推定量を選ぶことは同じである。

9.5　漸近正規性

統計量の分布を正規分布で近似できるとき、その統計量は漸近正規性を持つという。

> **定義 9.5（漸近正規性）** $\hat{\theta}$ を θ の推定量とする。$\hat{\theta}$ の分布を正規分布で近似できるとき、$\hat{\theta}$ は**漸近正規性**（asymptotic normality）を持つという。漸近分布の期待値と分散を、それぞれ、μ と σ^2 とするとき、$\hat{\theta}$ の漸近正規性を、
>
> $$\hat{\theta} \overset{a}{\sim} N(\mu, \sigma^2)$$
>
> で表す。漸近分布の分散のことを**漸近分散**という。

標本サイズが大きくなっていくときに、統計量の分布が近づいていく分布を極限分布というが、統計量の極限分布が正規分布である場合には、標本サイズが十分に大きければ、統計量の分布は正規分布でうまく近似できるであろう。このため、極限分布が正規分布であることを示すことによって、「漸近正規性を持つ」と表現されることもある。

例えば、中心極限定理（定理 8.3, p.124）より、標本平均を標準化した統計量の極限分布は標準正規分布であった。つまり、

$$\frac{\bar{X} - \mu_X}{\sigma_X/\sqrt{n}} \overset{d}{\to} N(0, 1)$$

である。中心極限定理は、標本サイズが限りなく大きくなると、標本平均を標準化した統計量の分布が標準正規分布に近づいていくことを示している。標本サイズがある程度大きければ、この統計量は標準正規分布でうまく近似できるため、この統計量は漸近正規性を持ち、

$$\frac{\bar{X} - \mu_X}{\sigma_X/\sqrt{n}} \overset{a}{\sim} N(0, 1)$$

と表すことができる。また、以下の定理 9.1 で示す、正規分布の性質を用いれば、

$$\bar{X} \overset{a}{\sim} N(\mu_X, \sigma_X^2/n)$$

と表すことができる。漸近分布は近似を意味しているため、漸近分布の期待値や分散は標本サイズに依存した形で表してもよい。標本平均の漸近分布は、期待値が μ_X で分散が $\frac{\sigma_X^2}{n}$ の正規分布となる。

定理 9.1 確率変数 X が $\mathrm{N}(\mu, \sigma^2)$ に従うとする。このとき、定数 a と b を用いて X を変形した $aX + b$ は正規分布 $\mathrm{N}(a\mu + b, a^2\sigma^2)$ に従う。

定理 9.1 は、正規分布に従う確率変数を線形変換した確率変数も、正規分布に従うことを示している。線形変換しているので、期待値と分散は変わるが、分布自体は正規分布のままである。

証明 $Y = aX + b$ として、Y の分布関数を考える。分布関数に対し簡単な計算をして、

$$P(Y \leq y) = P(aX + b \leq y) = P\left(X \leq \frac{y - b}{a}\right) = F_X\left(\frac{y - b}{a}\right) \tag{9.13}$$

を得る。確率関数 X は正規分布 $\mathrm{N}(\mu, \sigma^2)$ に従うから、(5.10) 式より、X の分布関数の形は既知である。これを用いて、(9.13) 式を展開すると、

$$
\begin{aligned}
F_X\left(\frac{y - b}{a}\right) &= \frac{1}{\sqrt{2\pi\sigma^2}} \int_{-\infty}^{\frac{y-b}{a}} \exp\left[-\frac{(x - \mu)^2}{2\sigma^2}\right] dx \\
&= \frac{1}{\sqrt{2\pi\sigma^2}} \int_{-\infty}^{y} \exp\left[-\frac{\left(\frac{t - b}{a} - \mu\right)^2}{2\sigma^2}\right] \frac{1}{a} dt \\
&= \frac{1}{\sqrt{2\pi a^2\sigma^2}} \int_{-\infty}^{y} \exp\left[-\frac{(t - b - a\mu)^2}{2a^2\sigma^2}\right] dt
\end{aligned}
$$

を得る。ただし、2 つ目の等式は、$x = \dfrac{t - b}{a}$ とした変数変換を行った [*2]。右辺は、期待値が $a\mu + b$、分散が $a^2\sigma^2$ の正規分布に従う確率変数が y 以下の値をとる確

[*2] 変数変換を簡単に説明しよう。1 次元の積分の変数変換は置換積分ともよばれる。$h(\cdot)$ を 1 階微分可能で全単射な関数とする。積分可能な関数 $g(\cdot)$ の区間 $[c, d]$ での積分 $\int_c^d g(x)dx$ について、$x = h(t)$ とした変数変換とは、次の変換、

$$\int_c^d g(x)dx = \int_{h^{-1}(c)}^{h^{-1}(d)} g(h(t))h'(t)dt$$

のことをいう。ただし、$h'(t)$ は $h(t)$ の 1 階微分である。定理 9.1 の証明中での変数変換では、$h(t) = \dfrac{t - b}{a}$, $g(x) = \exp\left[-\dfrac{(x - \mu)^2}{2\sigma^2}\right]$ とした。具体的には、$h^{-1}(x) = ax + b$ と $h'(t) = \dfrac{1}{a}$ を用いて、

$$\int_{-\infty}^{\frac{y-b}{a}} g(x)dx = \int_{h^{-1}(-\infty)}^{h^{-1}\left(\frac{y-b}{a}\right)} g(h(t))h'(t)dt = \int_{-\infty}^{y} g\left(\frac{t - b}{a}\right) \frac{1}{a} dt$$

である。

率を表している。したがって、Y は $\mathrm{N}(a\mu + b, a^2\sigma^2)$ に従うことが示せた。□

例題 9.8 確率変数 $X_1, X_2, \cdots, X_n$ は独立同一に分布し、その期待値 μ_X と分散 σ_X^2 について $\mu_X = 0, \sigma_X^2 = 1$ であるとする。同様に、$Z_1, Z_2, \cdots, Z_n$ は独立同一に分布し、その分散は有限である（$\sigma_Z^2 < \infty$）とする。このとき、

$$\sqrt{n}\left(\sum_{i=1}^{n} Z_i\right)^{-1}\sum_{i=1}^{n} X_i \overset{\mathrm{a}}{\sim} \mathrm{N}(0, \mu_Z^{-2})$$

が成立することを示せ。ただし、$\mu_Z = E(Z)$ である。

解答 例題 8.5 の結果から、

$$\sqrt{n}\left(\sum_{i=1}^{n} Z_i\right)^{-1}\sum_{i=1}^{n} X_i = \left(\frac{1}{n}\sum_{i=1}^{n} Z_i\right)^{-1}\frac{1}{\sqrt{n}}\sum_{i=1}^{n} X_i \overset{d}{\to} \mu_Z^{-1}X$$

が成立する。ただし、X は標準正規分布に従う確率変数を表す。正規分布の性質（定理 9.1）から、$\mu_Z^{-1}X$ の分布は $\mathrm{N}(0, \mu_Z^{-2})$ であるため、題意が示せた。

9.6 区間推定

　推定値として 1 つの値を返す推定のことを**点推定**（point estimation）という。推定量は、標本のばらつきを反映した確率変数であるから（8.1 節）、点推定から得られる推定値は、推定に使う標本に依存する。例えば、標本平均は 1 つの値（標本平均値）で母集団分布の期待値を言い当てる点推定量であるが、推定に使う標本を変えればその推定値も変化する。そこで、標本のばらつきを考慮した区間を用いてパラメータを推定することを考えてみよう。区間を推定することを**区間推定**（interval estimation）という。

　まずは、標本平均の例を用いて区間推定の方法を紹介する。前節でみたとおり、中心極限定理（定理 8.3）の仮定の下で、標本平均を標準化した統計量は漸近正規性を持つため、

$$\frac{\bar{X} - \mu_X}{\sigma_X/\sqrt{n}} \overset{\mathrm{a}}{\sim} \mathrm{N}(0, 1)$$

である。標準正規分布は、分布関数や密度関数の値がよく知られている分布であ

る。例えば、標準正規分布に従う確率変数が区間 $[-1.96, 1.96]$ に入る確率はおおよそ 0.95 であることが知られている。漸近正規性から $\frac{\bar{X} - \mu_X}{\sigma_X/\sqrt{n}}$ は標準正規分布でうまく近似できるため、

$$P\left(-1.96 \leq \frac{\bar{X} - \mu_X}{\sigma_X/\sqrt{n}} \leq 1.96\right) \approx 0.95 \tag{9.14}$$

が成立する。この式を変形すれば、

$$P\left(\bar{X} - \frac{1.96\sigma_X}{\sqrt{n}} \leq \mu_X \leq \bar{X} + \frac{1.96\sigma_X}{\sqrt{n}}\right) \approx 0.95 \tag{9.15}$$

を得る。(9.15) 式で与えられた μ_X に関する区間、つまり、

$$\left[\bar{X} - \frac{1.96\sigma_X}{\sqrt{n}}, \ \bar{X} + \frac{1.96\sigma_X}{\sqrt{n}}\right] \tag{9.16}$$

のことを、μ_X に関する**信頼水準** 95% の**信頼区間**（confidence interval）という。この信頼区間を推定することは、標本のばらつきを考慮して未知パラメータ μ_X が入りそうな区間を推定していることになる。これが区間推定である。

　(9.15) 式をみると、信頼区間は、パラメータ μ_X が確率 0.95 で入る区間を表しているかのようにみえるが、この解釈は間違いであることに注意しよう。μ_X は確率変数ではないため、μ_X がある固定した区間に入る「確率」は必ず 0 か 1 になるはずである。(9.15) 式の左辺において、確率変数は $\bar{X}$ だけであり、この 0.95 という確率は、$\bar{X}$ が作る区間に対して割り当てられているものである。したがって、この信頼区間は、「$\bar{X}$ が、確率 0.95 で作る μ_X の区間」であるから、これを言い換えて、「区間推定を 100 回行うと、95 回は μ_X が入る区間」と解釈できる。

　信頼水準は、信頼区間がパラメータ μ_X を含む確率である。この係数は分析者が決めるもので、90%, 95%, 99% などがよく使われる。信頼水準を 90% にする場合には、±1.96 の代わりに ±1.64 を用いる。また、信頼水準を 99% にする場合には、±1.96 の代わりに ±2.58 を用いる。信頼水準を大きくすれば、それだけ信頼度が高い区間を得ることができるが、区間の幅も大きくなる。信頼水準と区間の関係を表すのが図 9.1 と表 9.1 である。ここでは、信頼水準が、実証分析でよく用いられる 90%, 95%, 99% である場合のみ紹介したが、4 章の章末問題 4.3 で紹介した標準正規分布表（付録の表 S.1）を用いれば、その他の信頼水準の場合についても区間推定をすることができる。

図 9.1　標準正規分布の密度関数 $\phi(\cdot)$ を表した図

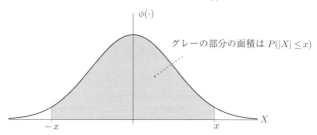

注：X が $-x$ から x の範囲に入る確率 $P(|X| \le x)$（信頼水準）はグレーの部分の面積である。例えば、$P(|X| \le x) = 0.95$ のとき、$x = 1.96$ となる。

表 9.1　信頼水準と範囲の対応表

信頼水準 $P(|X| \le x)$	90%	95%	99%
x	1.64	1.96	2.58

例題 9.9　期待値が μ_X で分散が σ_X^2 の分布から、標本サイズ n の無作為標本 $\{X_1, X_2, \cdots, X_n\}$ を得たとする。μ_X に関する信頼水準 99% の信頼区間を導出せよ。

解答　中心極限定理（定理 8.3）より、標本平均 $\bar{X}$ を標準化した統計量は漸近正規性を持つ。つまり、

$$\frac{\bar{X} - \mu_X}{\sigma_X / \sqrt{n}} \overset{\text{a}}{\sim} \mathrm{N}(0, 1)$$

である。標準正規分布に従う確率変数は、確率 0.99 でおおよそ区間 $[-2.58, 2.58]$ に入るため、

$$P\left(-2.58 \le \frac{\bar{X} - \mu_X}{\sigma_X / \sqrt{n}} \le 2.58\right) \approx 0.99$$

が成り立つ。この式を変形すれば、

$$P\left(\bar{X} - \frac{2.58\sigma_X}{\sqrt{n}} \le \mu_X \le \bar{X} + \frac{2.58\sigma_X}{\sqrt{n}}\right) \approx 0.99$$

となるから、μ_X に関する信頼水準 99% の信頼区間は、

$$\left[\bar{X} - \frac{2.58\sigma_X}{\sqrt{n}}, \ \bar{X} + \frac{2.58\sigma_X}{\sqrt{n}}\right]$$

である。

(9.16) 式で導出した信頼区間には、母集団分布の標準偏差 σ_X が含まれている。実際には、母集団分布の標準偏差は未知であることが多く、その際には (9.16) 式で表された信頼区間を実際に計算することはできない。そこで役に立つのが、次の中心極限定理である。

定理 9.2（中心極限定理） $X_1, X_2, \cdots, X_n$ は独立同一に分布し、その分布の期待値と分散を、それぞれ、μ_X と σ_X^2 で表す。$E(X_i^2) < \infty$ であるとき、不偏分散 $\hat{\sigma}_X^2 = \frac{1}{n-1}\sum_{i=1}^{n}(X_i - \bar{X})^2$ を用いて標本平均 $\bar{X}$ を標準化した統計量について、

$$\frac{\bar{X} - \mu_X}{\hat{\sigma}_X/\sqrt{n}} \xrightarrow{d} N(0, 1) \tag{9.17}$$

が成り立つ。

定理 9.2 から、標本サイズが十分に大きければ、

$$\frac{\bar{X} - \mu_X}{\hat{\sigma}_X/\sqrt{n}} \overset{a}{\sim} N(0, 1)$$

となる。これを用いれば、

$$P\left(-1.96 \leq \frac{\bar{X} - \mu_X}{\hat{\sigma}_X/\sqrt{n}} \leq 1.96\right) \approx 0.95$$

が成立するため、μ_X に関する信頼水準 95% の信頼区間は、

$$\left[\bar{X} - \frac{1.96\hat{\sigma}_X}{\sqrt{n}}, \ \bar{X} + \frac{1.96\hat{\sigma}_X}{\sqrt{n}}\right] \tag{9.18}$$

となる。観測値を用いて $\bar{X}$ と $\hat{\sigma}_X$ の値を計算すれば、信頼区間の推定値を得ることができる。

例題 9.10 X を、成功確率 p のベルヌーイ分布に従う確率変数とする。このベルヌーイ分布から、無作為標本 $\{X_1, X_2, \cdots, X_n\}$ を得たとする。

(1)〔復習〕$E(X)$ と $\text{Var}(X)$ を p を用いて表せ。

(2) 成功確率 p の推定量として、X の標本平均を用いる。この推定量の期待値と分散を求めよ。

(3) 成功確率 p の推定量を標準化せよ。

(4) 標準正規分布を漸近分布として、p に関する信頼水準 95% の信頼区間を導
出せよ。

解答　(1) 成功確率 p のベルヌーイ分布に従う確率変数の期待値は、例題 5.2
の問 (1) で導出したとおり、

$$E(X) = p \tag{9.19}$$

である。また、分散は、例題 5.9 の問 (1) より、

$$\mathrm{Var}(X) = p(1-p)$$

である。

(2) 問 (1) の結果から、標本平均を用いて p を推定できることが分かる[*3]。標
本平均を $\bar{X} = \frac{1}{n}\sum_{i=1}^{n} X_i$ で表す。(8.3) 式と (8.4) 式から、標本平均の期待値は
$E(\bar{X}) = E(X)$、分散は $\mathrm{Var}(\bar{X}) = \frac{\mathrm{Var}(X)}{n}$ である。問 (1) の結果とあわせて、

$$E(\bar{X}) = E(X) = p$$
$$\mathrm{Var}(\bar{X}) = \frac{\mathrm{Var}(X)}{n} = \frac{p(1-p)}{n}$$

を得る。

(3) (8.8) 式に従って標準化をし、

$$\frac{\bar{X} - E(\bar{X})}{\sqrt{\mathrm{Var}(\bar{X})}} = \frac{\bar{X} - p}{\sqrt{p(1-p)/n}}$$

を得る。

(4) ここで考えている統計量は、標本平均を標準化したものであることに注意
しよう。このことから、(9.18) 式の信頼区間をそのまま応用することができる。
ただし、$\sigma_X^2 = \mathrm{Var}(X) = p(1-p)$ であるから、分散の推定量として、$\bar{X}(1-\bar{X})$
を用いれば、p に関する信頼水準 95% の信頼区間は、

$$\left[\bar{X} - 1.96\sqrt{\frac{\hat{\sigma}_X^2}{n}},\ \bar{X} + 1.96\sqrt{\frac{\hat{\sigma}_X^2}{n}}\right]$$
$$= \left[\bar{X} - 1.96\sqrt{\frac{\bar{X}(1-\bar{X})}{n}},\ \bar{X} + 1.96\sqrt{\frac{\bar{X}(1-\bar{X})}{n}}\right] \tag{9.20}$$

[*3] 標本平均は母集団分布の期待値の不偏推定量（例題 9.1）かつ一致推定量（定理 8.1）である。

となる。

例題 **9.11** アンケート調査を行い世帯ごとの自動車保有率を調べ、以下の結果を得たとする。このとき、自動車保有率に関する 95% 信頼区間を計算せよ。

(1) 10 世帯中 7 世帯が所有。

(2) 100 世帯中 70 世帯が所有。

解答 確率変数 X_i を、

$$X_i = \begin{cases} 1 & (\text{世帯 } i \text{ が自動車を保有}) \\ 0 & (\text{世帯 } i \text{ が自動車を保有していない}) \end{cases}$$

とする。標本 $\{X_1, X_2, \cdots, X_n\}$ は、自動車保有率 p のベルヌーイ分布から得た標本であると考えれば、例題 5.2 の問 (1) で導出したとおり、$E(X_i) = p$ である。したがって、自動車保有率 p は X_i の標本平均を用いてうまく推定することができる。信頼区間には、例題 9.10 の問 (4) で導出した信頼区間をそのまま用いる。

(1) 10 世帯中 7 世帯が自動車を所有していることから、自動車保有率の推定値は、$\bar{X} = 0.7$ である。これを、例題 9.10 の問 (4) で導出した信頼区間に当てはめれば、

$$\left[\bar{X} - 1.96\sqrt{\frac{\bar{X}(1-\bar{X})}{n}}, \ \bar{X} + 1.96\sqrt{\frac{\bar{X}(1-\bar{X})}{n}} \right]$$

$$= \left[0.7 - 1.96\sqrt{\frac{0.7(1-0.7)}{10}}, \ 0.7 + 1.96\sqrt{\frac{0.7(1-0.7)}{10}} \right]$$

$$= [0.41597, 0.98403]$$

を得る。

(2) 自動車保有率の推定値は問 (1) と同じく $\bar{X} = 0.7$ である。ただし、標本サイズが $n = 100$ である点が問 (1) と異なる。問 (1) と同様の方法で自動車保有率の 95% 信頼区間を計算すると、

$$\left[0.7 - 1.96\sqrt{\frac{0.7(1-0.7)}{100}}, \ 0.7 + 1.96\sqrt{\frac{0.7(1-0.7)}{100}} \right]$$

$$= [0.61018, 0.78982]$$

を得る。問 (1) の結果と比べて、標本サイズが大きくなったことで、信頼区間の幅が狭くなり、推定の精度が高くなったことが分かるだろう。

章 末 問 題

問 9.1 確率変数 $X_1, X_2, \cdots, X_n$ が独立同一に分布し、4 次モーメントが有限 $E(X_i^4) < \infty$ であるとき、

$$\frac{1}{n}\sum_{i=1}^{n}(X_i - \bar{X})^2 \xrightarrow{p} \mathrm{Var}(X_i)$$

が成立することを示せ。

問 9.2 $(X_1, Y_1), (X_2, Y_2), \cdots, (X_n, Y_n)$ は独立同一に分布し、$E(X_i^4) < \infty$, $E(Y_i^4) < \infty$ であるとする。このとき、標本共分散が共分散の一致推定量であることを示せ。つまり、

$$\frac{1}{n}\sum_{i=1}^{n}(X_i - \bar{X})(Y_i - \bar{Y}) \xrightarrow{p} \mathrm{Cov}(X_i, Y_i)$$

が成立することを示せ。

問 9.3 あるサッカー選手のペナルティキックの成績は以下のとおりであった。このとき、それぞれの選手のペナルティキック成功率に関する 99% 信頼区間を計算せよ。

(1) 選手 A：100 回中 82 回成功。

(2) 選手 B：10 回中 9 回成功。

第10章
仮説検定

　仮説検定（hypothesis testing）では、分析対象としている未知のパラメータに関する仮説が妥当であるかを、標本を用いて検証する。例えば、手元にあるコインに歪みがあるかどうかを検証したいとする。表が出る確率を p として、仮説「$p = 0.5$」を検定することを考えよう。コイン投げを繰り返す実験から、p の推定値として $\hat{p}$ を得たとき、$\hat{p}$ が 0.5 に近い値であれば、コインには歪みがないという仮説は妥当であろう。一方、$\hat{p}$ が 0.5 から大きく離れた値である場合には、そのコインには歪みがあると考えられる。さてこのとき、$\hat{p}$ がどの程度 0.5 から離れていたら、コインには歪みがあると判断するべきであろうか。仮説検定は、仮説が妥当であるかについて統計理論に基づいた判断基準を与えることで、このような問いに答える。

10.1　仮説検定のロジック

　仮説検定では、**帰無仮説**（null hypothesis）と**対立仮説**（alternative hypothesis）という、その内容が相反する 2 つの仮説を用意する。検証する仮説が帰無仮説で、帰無仮説と相反する内容の仮説が対立仮説である。帰無仮説を H_0、対立仮説を H_1 で表す。例えば、コインの歪みを検証したいのであれば、H_0 と H_1 を、

$$H_0 : p = 0.5 \,（コインは歪んでいない）$$
$$H_1 : p \neq 0.5 \,（コインは歪んでいる）\tag{10.1}$$

とする。

　仮説検定では、仮説を検証するために、**検定統計量**（test statistic）とよばれる統計量を考える。考える問題によって適切な検定統計量は異なるが、多くの場合において検定統計量は、以下の性質を持つように構成される。

[1] H_0 が正しい場合に漸近分布を持つ。

[2] H_1 が正しい場合には絶対値の意味で大きな値をとる。

[1] の漸近分布は、検定に用いる検定統計量の極限分布によって決まり、標準正規分布、t 分布、カイ 2 乗分布、F 分布などがある。本章では説明を容易にするため、標準正規分布が漸近分布であるとして話を進める。

　検定統計量としてどのような統計量を用いるかは、考える問題によって異なる。具体的な例は後で紹介することにして、いまは上記 2 つの性質を持つ検定統計量 T があるとしよう。H_0 が本当に正しければ、[1] の性質から、検定統計量 T は漸近分布を持つ。したがって、各値のとりやすさ、とりにくさは、その漸近分布の密度関数で表される。漸近分布が標準正規分布であれば、T の実現値の起こりやすさは、図 10.1 で示されている密度関数で表される。このとき例えば、$T \in [-2.58, 2.58]$ となる確率は 0.99 であり、ほとんどの場合において T の実現値はこの区間に入る。逆にいえば、H_0 が正しい場合に、$|T|$ が 2.58 よりも大きな値をとる確率は 0.01 と小さく、これが実際に起こることは珍しいことであるといえよう。一方で、H_1 が正しいときには、[2] の性質から、$|T|$ は大きな値をとる。

図 10.1　標準正規分布の密度関数

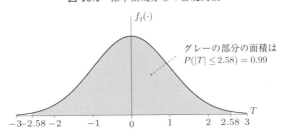

注：H_0 の下で検定統計量 T が標準正規分布に従う場合、T は確率 0.99 で区間 $[-2.58, 2.58]$ 内の値をとる。

H_0 が正しい場合には $|T|$ が大きい値をとることは稀で、H_1 が正しい場合には

$|T|$ は大きい値をとるのである。そこで仮説検定では、H_0 が正しいという仮定の下で検定統計量を計算し、それが大きな値であれば H_0 が間違っていると判断する。これが仮説検定の論理構造である。帰無仮説が間違っていると判断することを、帰無仮説を**棄却**（reject）するという。

　H_0 が正しい場合に $|T|$ が大きい値をとることは稀であるが、その確率は 0 でないことに注意しよう。つまり、H_0 が正しいのにもかかわらず、間違えて H_0 を棄却してしまうことがある。例えば、H_0 の下で $|T| > 2.58$ となる確率は 0.01 であるが、これが起こらないとは言い切れない。仮説検定によるこの誤りを、**第 1 種の過誤**（type I error）という。仮説検定の論理構造上、この第 1 種の過誤が起こる確率が大きいと、導かれる結論は説得的なものではなくなってしまう。例えば、T の漸近分布が標準正規分布であるとき、$|T| > 1$ であれば H_0 を棄却するとしよう。このとき、実際に H_0 が正しくても、3 回に 1 度は $|T| > 1$ が起こりうる（図 10.2）。このため、この設定から帰無仮説を棄却するという結論を得ても、その結論は信頼できるものであるとは言い難いのである。

図 10.2　T の漸近分布（標準正規分布の密度関数）

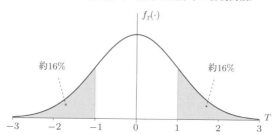

注：グレーの部分の面積は $P(|T| > 1) \approx 0.32$ であることを表す。帰無仮説が正しくても、3 回に 1 度（約 32%）は $|T| > 1$ となる。

　第 1 種の過誤が起こる確率のことを、**有意水準**（significance level）や**検定のサイズ**（testing size）という。仮説検定では、妥当な結論を導くために、有意水準として 1% や 5% などの小さい値を設定する [*1]。

[*1] H_1 が正しい場合に H_0 を棄却しない誤りを**第 2 種の過誤**（type II error）という。また、H_1 が正しい場合に、H_0 を棄却する確率を**検出力**（power）という。検出力は、「1 − 第 2 種の過誤の確率」である。多くの場合、検定統計量は、標本サイズが大きくなるにつれて検出力が 1 になるように設計されている。

　有意水準を決めれば、帰無仮説を棄却する範囲が定まる。この範囲を**棄却域**（rejection region）という。例えば、有意水準を 1% としよう。漸近分布が標準正規分布である場合には、図 10.1 にあるように、$|T| \geq 2.58$ となる確率が 0.01 であるため、棄却域は、$(-\infty, -2.58]$ と $[2.58, \infty)$ となる[*2]。つまり、標本を用いて計算した T の値が、棄却域 $(-\infty, -2.58]$ と $[2.58, \infty)$ にあれば、帰無仮説を棄却すると判断する。この例では、± 2.58 が棄却域の境界の値である。境界の値のことを**臨界値**（critical value）という。正式に書くならば、有意水準 $\alpha\%$ での臨界値は、

$$P(|T| \geq z_\alpha | H_0) = \frac{\alpha}{100} \tag{10.2}$$

を満たす z_α である。下付きで α が付いているのは、臨界値が、有意水準によって変わることを明示するためである。また、左辺の確率は、H_0 が正しいことを条件付けた確率を表している。有意水準と臨界値の対応を示しているのが図 10.3 である。また、表 10.1 に示されているとおり、有意水準が 1%, 5%, 10% であるときの臨界値は、それぞれ、2.58, 1.96, 1.64 である[*3]。表 10.1 で示している臨界値は、検定統計量の漸近分布が標準正規分布である場合の臨界値である。検定統計量の漸近分布が標準正規分布でない場合にはこの臨界値は使えないことに注意

図 10.3　有意水準 $\alpha\%$ での棄却域（斜線の区域）と臨界値 z_α

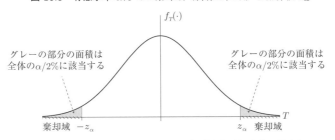

表 10.1　有意水準と臨界値の対応表（標準正規分布の場合）

	有意水準 $\alpha\%$		
	10%	5%	1%
両側に棄却域を持つ検定の臨界値	1.64	1.96	2.58

[*2] 図 10.1 では、$|T| > 2.58$ となる確率が 0.01 であるとしている。しかし、T は連続確率変数であるため、$P(|T| > 2.58) = P(|T| \geq 2.58)$ となり、2.58 を含むか含まないかは問題にならない。

[*3] その他の有意水準に対応する臨界値は、標準正規分布表（付録の表 S.1）から得ることができる。

しよう。

有意水準から臨界値 z_α が決まれば、後はデータを用いて検定統計量の値を計算する。検定統計量の値を $\hat{T}$ で表すとき、次のように結論付ける。

- $|\hat{T}| \geq z_\alpha$ のとき、H_0 を棄却。
- $|\hat{T}| < z_\alpha$ のとき、H_0 を棄却しない。

つまり、データから計算した検定統計量の値が棄却域にあれば H_0 を棄却し、棄却域の外にあれば H_0 を棄却しないと結論付ける。

検定統計量の漸近分布は、H_0 が正しいと仮定したときの検定統計量の漸近分布である。したがって、データから計算した検定統計量の値が、H_0 の下での検定統計量の分布において起こりにくい値であるとき、それは H_0 が正しいという仮定に対する反証となる。一方で、検定統計量の値が、H_0 の下での検定統計量の分布に矛盾しない値であっても、H_0 が正しいとは限らない。このため、H_0 を棄却しないことは、H_0 が正しいことを示唆するわけでない。「H_0 を棄却しない」ことを、「H_0 を採択する」と表現するのは適切ではないことに注意しよう。

この仮説検定のロジックに従い、以下の手順で仮説検定を実行する。

(step1) 帰無仮説 H_0 と対立仮説 H_1 を決める。

(step2) 検定統計量を決める。

(step3) データを用いて検定統計量の値を計算する。

(step4) H_0 の下での検定統計量の漸近分布から、有意水準に対応する棄却域を定める。

(step5) 計算した検定統計量の値が棄却域にある場合は H_0 を棄却する。棄却域の外にある場合は H_0 を棄却しない。

10.2 両側検定と片側検定

(10.1) 式において、帰無仮説は $p = 0.5$ で、対立仮説は $p \neq 0.5$ であった。この対立仮説は、$p = 0.5$ が間違いであるという主張であるため、コインの表が出る確率 p が 0.5 よりも大きい場合にも、小さい場合にも帰無仮説が間違っていると判断することになる。この節をとおして、検定統計量は、$p > 0.5$ であれば正の大き

な値をとりやすく、$p < 0.5$ であれば負の大きな値をとりやすいものであるとする。前節において、帰無仮説は、検定統計量の符号に関係なく、その絶対値が臨界値 z_α 以上である場合に棄却していたことを思い出そう。このとき、棄却域を分布の両端にとることによって、p が大きい場合にも小さい場合にも帰無仮説を棄却していることになる（図 10.3）。このように、検定統計量の漸近分布の両側に棄却域を設定するような検定を**両側検定**（two-sided test）という。

一方、漸近分布の片側にのみ棄却域を設定する検定を**片側検定**（one-sided test）という。まず、次のように、不等式を用いて表された仮説を検定したいとしよう。

$$H_0 : p = 0.5 \,(コインは歪んでいない)$$
$$H_1 : p > 0.5 \,(コインは歪んでおり、表が出やすい)$$

この仮説に対する検定では、コインの表が出やすい場合にのみ帰無仮説を棄却する。つまり、$\hat{p}$ が 0.5 よりも明らかに大きい値であるとき、コインは表が出やすいと判断し、帰無仮説を棄却するのである。この場合、T が大きい値であるときに帰無仮説を棄却することになるため、棄却域は分布の右端にのみ設定する。検定統計量 T の漸近分布が標準正規分布であれば、有意水準 α% での棄却域は、$[z_\alpha, \infty)$ となる（図 10.4）。したがって、次のように結論付ける。

図 10.4 棄却域を分布の右側に持つ片側検定の棄却域（斜線の区域）

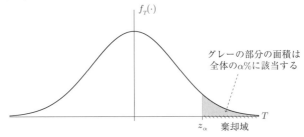

注：有意水準 $\alpha = 5$% として図示（$z_\alpha = 1.64$）。

- $\hat{T} \geq z_\alpha$ のとき、H_0 を棄却。
- $\hat{T} < z_\alpha$ のとき、H_0 を棄却しない。

表 10.2 の 1 行目に示されているとおり、有意水準 1%, 5%, 10% での棄却域は、それぞれ、$[2.33, \infty), [1.64, \infty), [1.28, \infty)$ である。

表 10.2　有意水準と臨界値の対応表（標準正規分布の場合）

	有意水準 α %		
	10%	5%	1%
右側に棄却域を持つ片側検定の臨界値	1.28	1.64	2.33
左側に棄却域を持つ片側検定の臨界値	-1.28	-1.64	-2.33

次に、対立仮説の不等式が逆である場合、

$$H_0 : p = 0.5\ (コインは歪んでいない)$$

$$H_1 : p < 0.5\ (コインは歪んでおり、表が出にくい)$$

を考える。この仮説に対する検定では、コインの表が出にくい場合にのみ帰無仮説を棄却する。$\hat{p}$ が 0.5 よりも明らかに小さい値であるとき、コインは表が出にくいと判断し、帰無仮説を棄却するのである。このとき、検定統計量 T が小さい値であるときに、帰無仮説を棄却することになるため、棄却域は分布の左端にのみ設定する。検定統計量 T の漸近分布が標準正規分布であれば、有意水準 α% での棄却域は、$(-\infty, z_\alpha]$ となる（図 10.5）。したがって、次のように結論付ける。

図 10.5　棄却域を分布の左側に持つ片側検定の棄却域（斜線の区域）

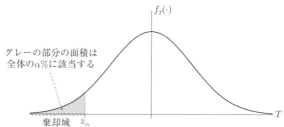

注：有意水準 $\alpha = 5$% として図示（$z_\alpha = -1.64$）。

- $\hat{T} \le z_\alpha$ のとき、H_0 を棄却。
- $\hat{T} > z_\alpha$ のとき、H_0 を棄却しない。

表 10.2 の 2 行目に示されているとおり、有意水準 1%, 5%, 10% での棄却域は、それぞれ、$(-\infty, -2.33], (-\infty, -1.64], (-\infty, -1.28]$ である。

10.3　p 値

仮説検定の手順 step4 では、有意水準に応じた臨界値と棄却域を定め、それを用いて step5 で帰無仮説の採否を決めた。あらかじめ決めておいた検定の有意水準を $\alpha\%$ としよう。このとき、step4 と step5 は以下の手順に置き換えることができる。

(step4') 計算した検定統計量の値が臨界値となる有意水準に該当する確率を p とする。

(step5') $\alpha/100 \geq p$ であれば H_0 を棄却し、$\alpha/100 < p$ であれば H_0 を棄却しない。

step4' で計算する p は、検定の有意水準とは関係がないことに注意しよう。この p を **p 値**（p-value）という。データを用いて計算した検定統計量の値を $\hat{T}$ で表すとき、漸近分布が左右対称である場合の両側検定の p 値の定義は、

$$p = P(|T| \geq |\hat{T}| | H_0) \tag{10.3}$$

である [*4]。

(10.2) 式と (10.3) 式を比較すると、次の関係、

$$\frac{\alpha}{100} \geq p \quad \Leftrightarrow \quad P(|T| \geq z_\alpha | H_0) \geq P(|T| \geq |\hat{T}| | H_0) \quad \Leftrightarrow \quad z_\alpha \leq |\hat{T}|$$

$$\frac{\alpha}{100} < p \quad \Leftrightarrow \quad P(|T| \geq z_\alpha | H_0) < P(|T| \geq |\hat{T}| | H_0) \quad \Leftrightarrow \quad z_\alpha > |\hat{T}|$$

が成立していることを確認できる。以上から、p 値を用いて step5' の要領で帰無仮説の採否を決めればよいことが分かる。この方法では、棄却域を考える必要がない。この利便性のため、統計解析ソフトを用いて仮説検定をする場合には、その計算結果として p 値が出力されることが多い。

[*4] 棄却域を分布の右側に持つ片側検定の p 値の定義は、

$$p = P(T \geq \hat{T} | H_0)$$

である。また、棄却域を分布の左側に持つ片側検定の p 値の定義は、

$$p = P(T \leq \hat{T} | H_0)$$

である。

10.4 *t*検定（両側）

母集団分布の期待値の値に関する仮説を検定する方法として、*t*検定（*t*-test）を紹介する。期待値が μ_X で分散が σ_X^2 の分布から、標本サイズ n の無作為標本 $\{X_1, X_2, \cdots, X_n\}$ を得たとする。このとき、期待値 μ_X の値についての仮説、

$$H_0 : \mu_X = \mu_0$$
$$H_1 : \mu_X \neq \mu_0$$

を考える。ただし、μ_0 はある特定の値とする。例えば、$\mu_0 = 0$ とすれば、期待値が 0 であるかの検定となる。

このような母集団分布の期待値の値に関する仮説を検定するには、次の検定統計量、

$$t = \frac{\bar{X} - \mu_0}{\hat{\sigma}_X / \sqrt{n}} \tag{10.4}$$

を用いることになる。ただし、$\bar{X}$ は標本平均、$\hat{\sigma}_X^2$ は不偏分散である。帰無仮説と対立仮説の下で、この検定統計量の振る舞いを考えてみよう。

[1] H_0 が正しいとき：

このとき、$\mu_X = \mu_0$ であるから、中心極限定理（定理 9.2, p.142）から、

$$t = \frac{\bar{X} - \mu_X}{\hat{\sigma}_X / \sqrt{n}} \overset{\text{a}}{\sim} \mathrm{N}(0, 1)$$

が成立する。つまり、帰無仮説の下で、検定統計量 t の漸近分布は標準正規分布である。

[2] H_1 が正しいとき：

検定統計量は、

$$t = \frac{\bar{X} - \mu_X}{\hat{\sigma}_X / \sqrt{n}} + \frac{\mu_X - \mu_0}{\hat{\sigma}_X / \sqrt{n}}$$

と分解できる。右辺第 1 項は中心極限定理から漸近正規性を持つ。第 2 項の分子は対立仮説の下で $\mu_X - \mu_0 \neq 0$ である。一方、分母は標本サイズ n が大きくなるにつれて小さくなる。したがって、第 2 項は、$\mu_X - \mu_0 > 0$ であれば正の無限大に発散し、$\mu_X - \mu_0 < 0$ であれば負の無限大に発散する。

H_0 が正しいとき、検定統計量 t の分布は標準正規分布で近似できるため、臨界

値と棄却域は標準正規分布から定めることができる。H_1 が正しいとき、検定統計量 t の符号は、正の場合も負の場合もありうるため、棄却域は標準正規分布の両側に設定する。したがって、有意水準 $\alpha\%$ に対応する臨界値は、表 10.1 に与えられているとおりである。データを用いて計算した検定統計量の値 $\hat{t}$ が臨界値 z_α よりも絶対値の意味で大きいとき、つまり、$|\hat{t}| \geq z_\alpha$ であるとき H_0 を棄却する。

　一般に、パラメータ θ の推定量 $\hat{\theta}$ と、$\hat{\theta}$ の分散の推定量 $\hat{\sigma}_{\hat{\theta}}^2$ を用いて、

$$\frac{\hat{\theta} - \theta_0}{\hat{\sigma}_{\hat{\theta}}} \tag{10.5}$$

で表される統計量のことを、θ の **t統計量**（*t-statistics*）という。ただし、θ_0 は定数である。(10.4) 式で導入した統計量 t は、母集団分布の期待値 μ_X に関する仮説を検定する t 統計量であるため、t という文字を用いて表されている。

例題 10.1　期待値が μ_X の分布から、標本サイズ $n = 400$ の無作為標本 $\{X_1, X_2, \cdots, X_{400}\}$ を得たとする。この標本を用いて標本平均 $\bar{X}$ と不偏分散 $\hat{\sigma}_X^2$ を計算したところ、それぞれ、

$$\bar{X} = 970$$
$$\hat{\sigma}_X^2 = 10000$$

であった。母集団分布の期待値の値に関する次の仮説、

$$H_0 : \mu_X = 950$$
$$H_1 : \mu_X \neq 950$$

を有意水準 1% で検定せよ。

解答　母集団分布の期待値の値に関する仮説の検定であるため、(10.4) 式の t 統計量を用いて検定することができる。(10.4) 式のとおりに計算すると、

$$t = \frac{\bar{X} - 950}{\hat{\sigma}_X / \sqrt{n}} = \frac{970 - 950}{100 / \sqrt{400}} = 4$$

を得る。表 10.1 より、有意水準 1% の臨界値は 2.58 である。$t = 4 \geq 2.58$ であるため、帰無仮説を棄却する。

例題 10.2 ある大学生のアルバイト時給が 950 円であるとしよう。その学生は、自分のアルバイト時給額が、大学生のアルバイト時給の期待値 μ_X とは異なると感じている。この考えが妥当であることを統計的に示すため、仮説検定を行う。400 人の大学生を無作為に抽出し、アルバイトの時給について調査した結果、平均アルバイト時給（標本平均）は $\bar{X} = 970$ で、不偏分散は $\hat{\sigma}_X^2 = 10000$ であった。このとき、次の仮説、

$$H_0 : \mu_X = 950$$
$$H_1 : \mu_X \neq 950$$

を有意水準 1% で検定せよ。

解答 母集団分布の期待値の値に関する仮説の検定であるため、(10.4) 式の t 統計量を用いて検定することができる。(10.4) 式のとおりに計算すると、

$$t = \frac{\bar{X} - 950}{\hat{\sigma}_X/\sqrt{n}} = \frac{970 - 950}{100/\sqrt{400}} = 4$$

を得る。表 10.1 より、有意水準 1% の臨界値は 2.58 である。$t = 4 \geq 2.58$ であるため、学生アルバイト時給の期待値が 950 円であるという帰無仮説を棄却する。

例題 10.3 コインを投げて表が出るか裏が出るかを確認する試行を 100 回繰り返し行った結果、55 回表が出た。表が出る確率を p で表すとき、次の仮説、

$$H_0 : p = 0.5 \ (\text{コインは歪んでいない})$$
$$H_1 : p \neq 0.5 \ (\text{コインは歪んでいる})$$

を有意水準 5% で検定せよ。

解答 確率変数 X_i を、

$$X_i = \begin{cases} 1 & (\text{表}) \\ 0 & (\text{裏}) \end{cases}$$

とすれば、$n = 100$ 回の繰り返しの試行の結果は、表が出る確率を p としたベルヌーイ分布から得た標本 $\{X_1, X_2, \cdots, X_{100}\}$ の実現値であると考えることができる。例題 5.2 の問 (1) から、表が出る確率は X の期待値であるから、p に

関する検定は、X の期待値に関する検定であると捉えることができる。したがって、t 統計量を用いて検定を行う。(10.4) 式に当てはめれば、

$$t = \frac{\bar{X} - p}{\hat{\sigma}_X/\sqrt{n}} = \frac{\hat{p} - 0.5}{\sqrt{\hat{p}(1 - \hat{p})/n}}$$

を得る。ただし、例題 5.9 の問 (1) で導出したとおり、X の分散 σ_X^2 は $p(1 - p)$ であることを用いた。$\hat{p} = \frac{1}{100} \sum_{i=1}^{100} X_i = 0.55$ であるから、$t = 1.01$ を得る。表 10.1 より、有意水準 5% の臨界値は 1.96 である。$t = 1.01 < 1.96$ であるため、帰無仮説を棄却しない。

10.5　*t*検定（片側）

次に、対立仮説が不等式で表された次の仮説、

$$H_0 : \mu_X = \mu_0$$
$$H_1 : \mu_X > \mu_0$$

の検定を考えよう。この仮説も母集団分布の期待値の値に関する仮説であるため、(10.4) 式の t 統計量を用いて検定できる。帰無仮説と対立仮説の下で、検定統計量の振る舞いを考えてみよう。

[1] H_0 が正しいとき：
このとき、$\mu_X = \mu_0$ であるから、中心極限定理（定理 9.2）より、$t = \frac{\bar{X} - \mu_X}{\hat{\sigma}_X/\sqrt{n}}$ $\overset{a}{\sim}$ N$(0, 1)$ である。

[2] H_1 が正しいとき:
検定統計量は、

$$t = \frac{\bar{X} - \mu_X}{\hat{\sigma}_X/\sqrt{n}} + \frac{\mu_X - \mu_0}{\hat{\sigma}_X/\sqrt{n}}$$

と分解できる。右辺第 1 項は中心極限定理より漸近正規性を持つ。第 2 項の分子は対立仮説 H_1 から、$\mu_X - \mu_0 > 0$ である。したがって、第 2 項は、標本サイズ n が大きくなるにつれて、正の無限大に発散する。

H_0 が正しいとき、検定統計量 t の分布は標準正規分布で近似できるため、臨界値と棄却域は標準正規分布から定める。また、H_1 が正しいとき、t 統計量の符号

は正である。H_1 が正しいときに H_0 を棄却したいため、棄却域を標準正規分布の右側に設定する。有意水準 α% に対応する臨界値は、表 10.2 の 1 行目に与えられている。データを用いて計算した t 統計量の値 $\hat{t}$ が臨界値 z_α よりも大きいとき、つまり、$\hat{t} \geq z_\alpha$ であるとき H_0 を棄却する。

次に、不等号の向きを逆にした、次の仮説、

$$H_0 : \mu_X = \mu_0$$
$$H_1 : \mu_X < \mu_0$$

の検定を考えよう。これまでの議論と同様に考えれば、H_1 が正しいときに t 統計量の符号が負になることが分かるだろう。したがって、棄却域を標準正規分布の左側に設定する。有意水準 α% に対応する臨界値は、表 10.2 の 2 行目に与えられている。データを用いて計算した t 統計量の値 $\hat{t}$ が臨界値 z_α よりも小さいとき、つまり、$\hat{t} \leq z_\alpha$ であるとき H_0 を棄却する。

例題 **10.4** ある大学生のアルバイト時給が 950 円であるとしよう。その学生は、自分のアルバイト時給額が、大学生のアルバイト時給の期待値 μ_X よりも低いと感じている。この考えが妥当であることを統計的に示すため、仮説検定を行う。400 人の大学生を無作為に抽出し、アルバイトの時給について調査した結果、平均アルバイト時給（標本平均）は $\bar{X} = 970$ で、不偏分散は $\hat{\sigma}_X^2 = 10000$ であった。

(1) 帰無仮説と対立仮説を設定せよ。

(2) 設定した仮説を有意水準 1% で検定せよ。

解答 (1) 自分のアルバイト時給 950 円が、大学生のアルバイト時給の期待値 μ_X よりも低いことを主張したい。言い換えれば、μ_X が 950 円よりも大きいという主張の妥当性を示したいのであるから、帰無仮説と対立仮説を、

$$H_0 : \mu_X = 950$$
$$H_1 : \mu_X > 950$$

とする。

(2) 母集団分布の期待値の値に関する仮説の検定であるため、(10.4) 式の t 統計量を用いて検定することができる。(10.4) 式のとおりに計算し、

$$t = \frac{\bar{X} - 950}{\hat{\sigma}_X / \sqrt{n}} = \frac{970 - 950}{100 / \sqrt{400}} = 4$$

を得る。表 10.2 から有意水準 1% の臨界値は 2.33 である。$t = 4 \geq 2.33$ であるため、学生アルバイト時給の期待値が 950 円であるという帰無仮説を棄却する。

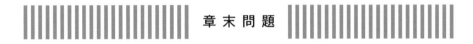

章 末 問 題

問 10.1　あるサッカー選手のペナルティキックの成功確率を p とする。この選手は、これまでペナルティキックを 250 回蹴り、そのうち 220 回成功している。この選手のペナルティキックの成功確率は 9 割であるのかを検定したい。

(1) 帰無仮説と対立仮説を設定せよ。

(2) 設定した仮説を有意水準 1% で検定せよ。

(3) 標準正規分布表を用いて p 値を計算せよ。

(4) 有意水準が何 % 以上であれば帰無仮説は棄却されるか。

問 10.2　「運動部に所属している学生の定期試験の期待得点は、70 点よりも高い」という仮説を検証したい。仮説を検証するため、運動部に所属する 120 人の学生を無作為に選びアンケート調査を行った結果、定期試験の平均点は 72.6 点、不偏分散は 176.89 であった。

(1) 帰無仮説と対立仮説を設定せよ。

(2) 設定した仮説を有意水準 1% で検定せよ。

(3) 「運動部に所属している学生の定期試験の期待得点は、70 点よりも高い」といえるか。また、その結果は何を意味するのか考えよ。

第11章

回帰モデルの推定

　図 11.1 は、2018 年に OECD に加盟していた全 36 カ国の、GDP と設備投資の関係を表した散布図である[*1]。図中の各点は、それぞれの国の 2018 年の GDP（縦軸）と設備投資（横軸）の額を示している。例えば、図中で JPN と表示された点は、日本の GDP と設備投資を表しており、GDP は 12.99、設備投資は 14.05である（単位は後で説明するため、ここでは気にしなくてよい）。

　図 11.1 では、GDP と設備投資の間に「直線的な関係」があるようにみえる。

図 11.1　OECD 加盟国（2018 年, 36 カ国）の GDP と設備投資

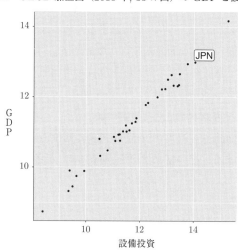

---

　*1　データは、経済協力開発機構（OECD）の Web ページ（https://www.oecd.org/tokyo/statistics/）からダウンロードした。

つまり、適当な実数 b_0 と b_1 を用いて、GDP と設備投資の関係をおおよそ、

$$\text{GDP} = b_0 + b_1 \text{設備投資} \tag{11.1}$$

で表現できそうである。

もし、GDP と設備投資のおおよその関係を (11.1) 式のようなモデルでうまく表すことができれば、次のような質問に答えることができるだろう。

- 設備投資の 1 単位の変動は、GDP にどれくらい影響を与えるか？
  ⇒ 設備投資が x であるとき、GDP は $b_0 + b_1 x$ である。設備投資が 1 単位増えて $x+1$ であるとき、GDP は $b_0 + b_1(x+1) = b_0 + b_1 x + b_1$ である。したがって、設備投資が 1 単位増えれば、GDP は b_1 だけ変化する。
- 設備投資が 15 であるとき、GDP はどのくらいになるか？
  ⇒ 設備投資が 15 である国は存在しないため、データを眺めただけではこの質問に答えることができない。モデルがあれば、GDP はおおよそ $b_0 + 15b_1$ となることが予測できる。

GDP と設備投資の関係をうまく表すモデルがあれば、データを眺めるだけでは答えることができない質問に、答えることができるのである。

(11.1) 式において、b_0 はモデルの切片を表し、b_1 は傾きを表している。モデルが GDP と設備投資の関係をうまく表すように、b_0 と b_1 の値を定めたいが、どのように定めればよいだろうか。各国の GDP と設備投資の点は、一直線上に並んでいるわけではない。このため、GDP と設備投資の関係を誤差なく表すことができる b_0 と b_1 は存在しない。正確に表すことができない部分をどのように扱うかによって、b_0 や b_1 はどんな値にもなりうるのである。

正確に表すことができない部分を、確率的なばらつきとして捉えることで、変数間の直線的な関係をばらつきを含む形で表現するのが、線形回帰モデルである。線形回帰モデルは、GDP と設備投資の関係を、

$$E(\text{GDP}|\text{設備投資}) = \beta_0 + \beta_1 \text{設備投資} \tag{11.2}$$

で表すモデルである。(11.2) 式は、設備投資の値を固定したときの GDP の期待値を、「$\beta_0 + \beta_1$設備投資」という線形の式で表すことができるとしたモデルである。例えば、このモデルは、設備投資が 15 であるときに、GDP が平均的に $\beta_0 +$

$15\beta_1$ という値をとることを意味している。(11.2) 式は、$E($誤差 | 設備投資$) = 0$ を満たす誤差を用いて、

$$\text{GDP} = \beta_0 + \beta_1 \text{設備投資} + \text{誤差} \tag{11.3}$$

と表すこともできる [*2]。

本章では、(11.1) 式の b_0 と b_1 を、回帰モデルの β_0 と β_1 に近い値となるように推定する方法を考察する。ここで、「推定」という言葉を使っているのは、回帰モデルが変数の母集団での関係を表したモデルだからである。標本から母集団パラメータ β_0 と β_1 の値を言い当てることは、β_0 と β_1 の推定に他ならない。次節以降は、線形回帰モデルを一般的な形で定義する。線形回帰モデルの解釈を与え、パラメータの推定方法である、最小 2 乗法を紹介する。

11.1 線形回帰モデル

確率変数 Y と X が次の関係式、

$$Y = \beta_0 + \beta_1 X + u, \quad E(u|X) = 0 \tag{11.4}$$

を満たすとしよう。ただし、u は誤差を表す確率変数で誤差項（error term）といい、β_0 と β_1 はパラメータである。このとき、期待値の線形性（定理 5.1）を用いると、このモデルは、

$$\begin{aligned} E(Y|X) &= E(\beta_0 + \beta_1 X + u|X) \\ &= \beta_0 + \beta_1 X + E(u|X) \\ &= \beta_0 + \beta_1 X \end{aligned}$$

と書き換えることができる。条件付き期待値 $E(Y|X)$ を X の関数としてみたものを、X を条件付けた Y の回帰関数（regression function）という。このモデルは、回帰関数が X に関する線形式であるとしたモデルであるため線形回帰モデル（linear regression model）とよばれる。また、回帰モデルを用いて変数間の関係を明らかにすることを回帰分析（regression analysis）という。

[*2] (11.3) 式は 誤差 $= \text{GDP} - \beta_0 - \beta_1$設備投資 と書き換えられる。これを $E($誤差 | 設備投資$) = 0$ に代入すれば、$E(\text{GDP}|$ 設備投資$) = \beta_0 + \beta_1$設備投資 となり、(11.2) 式と (11.3) 式が同じモデルを表すことが分かる。

Y の条件付き期待値を X の関数として表している回帰モデルは、Y を X で説明するモデルであると解釈することができる。このため Y は、**被説明変数**や**従属変数**（dependent variable）とよばれ、X は、**説明変数**、**独立変数**（independent variable）、**共変量**（covariate）などとよばれる。誤差項には、X で説明できない Y の決定要因すべてが含まれていると考えてよい。説明変数が 1 つの回帰モデルは、**単回帰モデル**という。これに対し、説明変数が複数ある回帰モデルは、**重回帰モデル**とよばれる。本章では線形単回帰モデルに焦点を当て議論を進める。

11.2　回帰係数の解釈

線形回帰モデルのパラメータである β_0 と β_1 を**回帰係数**（regression coefficient）という。β_0 と β_1 がそれぞれどのような意味を持つのかを考えてみよう。確率変数 X が x という値をとるときの回帰関数は、

$$E(Y|X=x) = \beta_0 + \beta_1 x$$

である。したがって、$X=0$ であれば、

$$E(Y|X=0) = \beta_0 + \beta_1 \times 0 = \beta_0$$

が成り立つ。このことから、β_0 は $X=0$ であるときの Y の期待値であると解釈できる。次に、$X=x+1$ であるときと、$X=x$ であるときの回帰関数の差は、

$$E(Y|X=x+1) - E(Y|X=x) = \beta_0 + \beta_1(x+1) - (\beta_0 + \beta_1 x) = \beta_1 \tag{11.5}$$

である。この等式は、β_1 が、$X=x+1$ であるときの Y の期待値から $X=x$ であるときの Y の期待値を引いたものに一致していることを示している。このため β_1 は、X が 1 単位増えたときの Y の期待値の変動を表すと解釈できる。

11.2.1　ダミー変数の場合

女性であれば 1、男性であれば 0 の値をとる変数 X を考えよう。このように、質的データを変換し、該当すれば 1、該当しなければ 0 の値をとる変数を**ダミー変数**（dummy variable）という。X をダミー変数とするとき、$X=0$ であるときの回帰関数は、

$$E(Y|X=0) = \beta_0 + \beta_1 \times 0 = \beta_0$$

である。また、$X=1$ であるときと、$X=0$ であるときの回帰関数の差は、

$$E(Y|X=1) - E(Y|X=0) = \beta_0 + \beta_1 \times 1 - (\beta_0 + \beta_1 \times 0) = \beta_1$$

である。したがって、説明変数 X がダミー変数であるとき、β_0 は $X=0$ である
ときの Y の期待値と解釈でき、β_1 は $X=1$ であるときと $X=0$ であるときの Y
の期待値の差と解釈できる。例えば、X が女性を表すダミー変数で、Y が賃金で
ある場合を考えよう [*3]。このとき、β_0 は男性の賃金の期待値を表し、β_1 は期待
値の意味での性別による賃金格差を表す。

　次に、被説明変数 Y がダミー変数である場合を考えよう。このとき、離散確率
変数の条件付き期待値の定義（定義 6.10）から、

$$E(Y|X) = 1 \times P_{Y|X}(1|X) + 0 \times P_{Y|X}(0|X) = P_{Y|X}(1|X)$$

が成り立つため、線形単回帰モデルは、

$$P_{Y|X}(1|X) = \beta_0 + \beta_1 X$$

と表すことができる。したがって、被説明変数 Y がダミー変数であるとき、線形
単回帰モデルは $Y=1$ となる（条件付き）確率を X に関する線形式でモデル化
したものであると解釈することができる。このため、被説明変数 Y がダミー変数
である場合の線形回帰モデルは、**線形確率モデル**（linear probability model）と
よばれる。例えば、Y は、就職活動において内定企業があれば 1、内定企業がな
ければ 0 の値をとる内定ダミーであるとし、X は学業成績（GPA）を示す変数で
あるとしよう。このとき、線形単回帰モデルは、

$$P_{Y|X}(\text{内定あり }|\text{GPA}) = \beta_0 + \beta_1 \text{GPA}$$

であり、内定を得る確率を学業成績によって説明するモデルとなる。このとき、
β_1 は GPA が 1 変動したときの、内定確率の変動を表す。被説明変数がダミー変
数であるときの分析手法は、13 章で紹介する。

[*3] 女性を表すダミー変数とは、女性であれば $X=1$、そうでなければ $X=0$ となるダミー変数のこ
とをいう。

11.2.2　対数モデルの場合

　説明変数と被説明変数に対数が付いている次のモデル、

$$\log Y = \beta_0 + \beta_1 \log X + u \tag{11.6}$$

を考える [*4]。このように、被説明変数と説明変数の両方に対数が付いているモデルを**両対数モデル**という。

　ここで、X が小さい値 h だけ変動したときの被説明変数の値を、

$$\log(Y + \tilde{h}) = \beta_0 + \beta_1 \log(X + h) + u \tag{11.7}$$

で表せるとする。(11.7) 式から、(11.6) 式を引くと、

$$\log(Y + \tilde{h}) - \log Y = \beta_1 [\log(X + h) - \log X] \tag{11.8}$$

を得る。h が小さいとき、

$$\log(X + h) - \log X \approx \frac{h}{X}$$

$$\log(Y + \tilde{h}) - \log Y \approx \frac{\tilde{h}}{Y}$$

が成り立つことが知られている [*5]。h/X は X の変化の割合を表し、$\tilde{h}/Y$ は Y の変化の割合を表す。変化の割合に 100 をかけたものは変化率であるため、(11.8) 式から、

$$\beta_1 = \frac{\log(Y + \tilde{h}) - \log Y}{\log(X + h) - \log X} \approx \frac{\tilde{h}/Y}{h/X} = \frac{Y \text{ の変化率}}{X \text{ の変化率}}$$

が成立する。したがって、両対数モデルの係数 β_1 は、X の変化率が 1% である

[*4] 本書において、対数は自然対数のことを指す。

[*5] 1 変数関数 $f(z)$ の z_0 まわりでのテイラー展開とは、

$$f(z) = f(z_0) + (z - z_0)f'(z_0) + \frac{1}{2!}(z - z_0)^2 f''(z_0) + \frac{1}{3!}(z - z_0)^3 f'''(z_0) + \cdots$$

が成り立つことをいう。ただし、$f'(z_0)$ は、$f(z)$ の 1 階微分を $z = z_0$ で評価したもので、$f''(z_0)$ は $f(z)$ の 2 階微分を $z = z_0$ で評価したものである。$f'''(z_0)$ も同様である。$f(x) = \log(x)$ として、$f(x + h)$ を x まわりでテイラー展開することを考えよう。上式に当てはめて考えるならば、$z = x + h$, $z_0 = x$ とする。h が小さい値であれば、h^2 や h^3 はさらに小さい値であるから、

$$f(x + h) = f(x) + hf'(x) + \frac{1}{2!}h^2 f''(x) + \frac{1}{3!}h^3 f'''(x) + \cdots \approx f(x) + hf'(x)$$

と近似できる。$f'(x) = \dfrac{1}{x}$ であるから、$\log(x + h) - \log(x) \approx \dfrac{h}{x}$ を得た。

ときの Y の変化率と解釈できる。経済学では、ある変数が 1% 変化したときの、他方の変数の変化率のことを**弾力性**（elasticity）という。つまり、両対数モデルの係数 β_1 は、X の Y に対する弾力性を表す。

例題 11.1 教育が将来の賃金に与える影響を分析するため、次のモデル、

$$賃金 = \beta_0 + \beta_1 教育年数 + u$$

を考える。ただし、賃金は、時給換算した個人の賃金、教育年数は個人の教育年数を表す。教育年数は、高卒であれば 12、大卒であれば 16 となるような変数とする。また、誤差項 u は、$E(u|$ 教育年数$) = 0$ を満たすとする。モデルのパラメータを用いて以下の問いに答えよ。

(1) 教育年数が 1 年多くなると、賃金の期待値はどのくらい変化するか。

(2) 大卒と高卒で、賃金の期待値はどのくらい異なるか。

解答 (1) (11.5) 式で示したとおり、

$$E(賃金 \mid 教育年数 = x + 1) - E(賃金 \mid 教育年数 = x)$$
$$= \beta_0 + \beta_1 \times (x+1) - (\beta_0 + \beta_1 \times x) = \beta_1$$

である。したがって、教育年数が 1 年多くなると、賃金の期待値は β_1 だけ変化する。

(2) 教育年数は大卒であれば 16 で、高卒であれば 12 であるから、

$$E(賃金 \mid 教育年数 = 16) - E(賃金 \mid 教育年数 = 12)$$
$$= \beta_0 + \beta_1 \times 16 - (\beta_0 + \beta_1 \times 12) = 4\beta_1$$

である。したがって、高卒と大卒の賃金の期待値は $4\beta_1$ だけ異なる。

例題 11.2 マクロ経済学を学習したことがあれば、コブ・ダグラス型生産関数（Cobb-Douglas production function）という言葉を聞いたことがあるだろう。コブ・ダグラス型生産関数とは、生産量と生産要素（資本ストック、労働投入量）の関係をモデル化したものである。Y を生産量、K を資本ストック、L を労働投入量で表すとき、コブ・ダグラス型生産関数は、生産量を生産要素の関数として、

$$Y = \gamma K^\alpha L^\beta$$

で表すものである。ただし、γ, α, β は未知パラメータである。ここでは、L^β が既知である場合を考えよう。生産関数の両辺を L^β で割れば、

$$\tilde{Y} = \gamma K^\alpha \tag{11.9}$$

を得る。ただし、$\tilde{Y} = Y/L^\beta$ とした。厳密にいえば $\tilde{Y}$ は生産量でななく、生産量と L^β の比であるが、議論を簡単にするため $\tilde{Y}$ を生産量として解釈する。

(1) (11.9) 式の両辺に対数をとり、モデルを線形化せよ。

(2) 対数変換した式に誤差項 u を加え、

$$\log \tilde{Y} = \log \gamma + \alpha \log K + u \tag{11.10}$$

とする。このモデルを線形回帰モデルとして解釈するためには、誤差項はどのような仮定を満たすべきか。

(3) 対数変換により線形化したモデルが線形回帰モデルであるとき、α はどのように解釈できるか。

───── 解答 ───── (1) 両辺に対数をとれば、

$$\log \tilde{Y} = \log \gamma + \alpha \log K$$

を得る。

(2) 誤差項が $E(u|\log K) = 0$ を満たしていれば、

$$E(\log \tilde{Y}|\log K) = \log \gamma + \alpha \log K$$

が成立する。したがって、$E(u|\log K) = 0$ であれば、このモデルは、$\log \tilde{Y}$ を $\log K$ で説明する線形単回帰モデルとなる。

(3) 両対数モデルであるから、α を以下のように解釈できる。

- 資本ストックの生産量に対する弾力性。
- 資本ストックが 1% 変化したときの、生産量の変化率。

ところで、$E(u|\log K) = 0$ という仮定は何を意味するだろうか。$u = \log \tilde{Y} - (\log \gamma + \alpha \log K)$ であるから、u は、「$\log \tilde{Y}$」と、$\log \tilde{Y}$ のモデルである「$\log \gamma + \alpha \log K$」の差を表す。つまり、$u$ はモデルの誤差を表す。したがって、$E(u|\log K) = 0$ は、$\log K$ がとりうる値のそれぞれで、モデルの誤差の期

待値が 0 であるという仮定である。より直感的に解釈するならば、この仮定は、$\log \tilde{Y}$ と $\log K$ の関係にはばらつきがあるものの、平均的には $\log \tilde{Y}$ が、$\log \gamma + \alpha \log K$ で表されることを意味する。

例題 11.2 で示したように、経済モデルを統計分析が可能なモデルに落とし込むことで、実データから経済モデルのパラメータを推定することが可能となる。推定したパラメータの値を用いれば、経済モデルが実経済と整合的であるかを検証したり、仮想現実的な経済を予想したりすることができる。このように、統計学の手法を応用・発展させて、経済モデルや経済データの分析を考える学問を**計量経済学**（econometrics）という。次節では、回帰モデルのパラメータをデータから推定する方法を紹介する。

11.3　最小 2 乗法

確率変数 X と Y が、母集団において (11.4) 式の線形単回帰モデルで表された関係を持つとする。このとき、確率変数 X と Y が従う分布から、無作為標本 $\{(X_1, Y_1), (X_2, Y_2), \cdots, (X_n, Y_n)\}$ を得たとしよう。同一分布から抽出した無作為標本であるから、すべての $i = 1, 2, \cdots, n$ について、

$$Y_i = \beta_0 + \beta_1 X_i + u_i, \quad E(u_i|X_i) = 0 \tag{11.11}$$

が成立する。この標本を用いて回帰係数 β_0 と β_1 を推定することを考えよう。

b_0 と b_1 を、それぞれ、β_0 と β_1 の適当な推定量とする。この推定量をモデルに当てはめて得る Y_i の予測は、$b_0 + b_1 X_i$ である。したがって、$Y_i - (b_0 + b_1 X_i)$ はモデルの予測のずれを表す。適当なデータを用いて、この様子を表したのが図 11.2 であり、図において白丸の点で示されているのは、ある観測値（$X_1 = x_1, Y_1 = y_1$）である。モデルから得る y_1 の予測は $b_0 + b_1 x_1$ であるから、点 x_1 におけるモデルの予測のずれは、$y_1 - (b_0 + b_1 x_1)$ である。図において、このモデルの予測のずれは、白丸の点からモデルまでの距離となっていることが分かるだろう。

図 11.2 では、$i = 1$ の観測値に関する予測のずれだけを表しているが、予測のずれば、標本サイズと同じ数だけ存在する。つまり、すべての $i = 1, 2, \cdots, n$ について予測のずれが存在するのである。この様子を示したのが、図 11.3 である。

観測値を表す点が、モデルを表す線よりも上側にあるとき、モデルの予測のずれは正の値をとる。一方で、観測値を表す点が、モデルを表す線の下側にあれば、モデルの予測のずれは負の値をとる。

図 11.2　観測値とモデルの予測値のずれを表した図

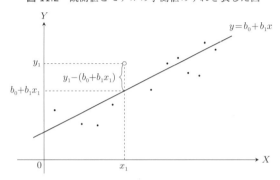

図 11.3　すべての観測値における予測のずれを表した様子

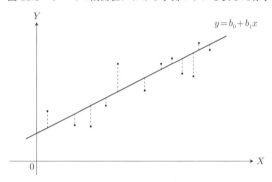

　すべての観測値における予測のずれを総合的に評価する際に、すべてのずれを単に足し合わせてしまうと、正のずれと負のずれが相殺してしまう。そこで、予測のずれの 2 乗和、

$$\sum_{i=1}^{n}(Y_i - b_0 - b_1 X_i)^2 \tag{11.12}$$

を考える。

　この予測のずれの 2 乗和を b_0 と b_1 の関数として眺めてみよう。b_0 と b_1 の値に従って、予測のずれの 2 乗和は大きな値になったり、小さな値になったりする

ことが想像できるだろう。言い換えれば、モデルの傾きと切片を変えることで、予測のずれの 2 乗和が変動する。このとき、予測のずれの 2 乗和を最小にするような b_0 と b_1 のことを**最小 2 乗推定量**（ordinary least squared estimators）という。β_0 と β_1 の推定をしていることを明らかにする意味で、β_0 と β_1 の最小 2 乗推定量ということもある。最小 2 乗推定量は、英語の頭文字をとって、**OLS 推定量**ともよばれる。

β_0 と β_1 の最小 2 乗推定量を、それぞれ、$\hat{\beta}_0$ と $\hat{\beta}_1$ で表そう。また、X_i と Y_i の標本平均を、それぞれ、$\bar{X}$ と $\bar{Y}$ で表す。このとき、最小 2 乗推定量は次のように表すことができる。

定理 11.1（最小 2 乗推定量） β_0 と β_1 の最小 2 乗推定量は、

$$\hat{\beta}_1 = \frac{\sum\limits_{i=1}^{n} (X_i - \bar{X})(Y_i - \bar{Y})}{\sum\limits_{i=1}^{n} (X_i - \bar{X})^2}$$

$$\hat{\beta}_0 = \bar{Y} - \hat{\beta}_1 \bar{X}$$

である。

証明 (11.12) 式を b_0 と b_1 の関数としてみたときに、最小 2 乗推定量は、その関数を最小化するような b_0 と b_1 として定義された。その最小 2 乗推定量が、定理 11.1 で示されている形で表されることを示す。

(11.12) 式を b_0 と b_1 の関数 $S(b_0, b_1)$ として改めて、

$$S(b_0, b_1) = \sum_{i=1}^{n} (Y_i - b_0 - b_1 X_i)^2$$

と表記する。b_1 を固定すれば、$S(b_0, b_1)$ は b_0 に関して下に凸の 2 次関数であり、b_0 を固定すれば、$S(b_0, b_1)$ は b_1 に関して下に凸の 2 次関数である。したがって、1 階の条件を満たす b_0 と b_1 が、$S(b_0, b_1)$ を最小にする[*6]。言い換えれば、

$$\frac{\partial S(b_0, b_1)}{\partial b_0} = -2 \sum_{i=1}^{n} (Y_i - b_0 - b_1 X_i)$$

[*6] 1 階の条件（first order condition）とは、ある関数 $g(x)$ を最大・最小にする x を導出するための条件であり、$g(x)$ を x について微分したものを 0 と等しいとした等式のことをいう。

$$\frac{\partial S(b_0, b_1)}{\partial b_1} = -2 \sum_{i=1}^{n} (Y_i - b_0 - b_1 X_i) X_i$$

が 0 と等しくなるような b_0 と b_1 の値が $S(b_0, b_1)$ を最小にする。したがって、$\hat{\beta}_0$ と $\hat{\beta}_1$ は、

$$-2 \sum_{i=1}^{n} (Y_i - \hat{\beta}_0 - \hat{\beta}_1 X_i) = 0$$

$$-2 \sum_{i=1}^{n} (Y_i - \hat{\beta}_0 - \hat{\beta}_1 X_i) X_i = 0 \qquad (11.13)$$

を満たす。1 つ目の式の両辺に $\frac{1}{2n}$ を乗じて変形すると、

$$0 = -\frac{1}{n} \sum_{i=1}^{n} (Y_i - \hat{\beta}_0 - \hat{\beta}_1 X_i)$$

$$= -\frac{1}{n} \sum_{i=1}^{n} Y_i + \hat{\beta}_0 + \hat{\beta}_1 \frac{1}{n} \sum_{i=1}^{n} X_i$$

$$= -\bar{Y} + \hat{\beta}_0 + \hat{\beta}_1 \bar{X}$$

を得る。したがって、$\hat{\beta}_0 = \bar{Y} - \hat{\beta}_1 \bar{X}$ が示せた。この結果を 2 つ目の式に代入して変形すれば、

$$0 = -\frac{1}{n} \sum_{i=1}^{n} [Y_i - \bar{Y} - \hat{\beta}_1 (X_i - \bar{X})] X_i$$

$$= -\frac{1}{n} \sum_{i=1}^{n} (Y_i - \bar{Y}) X_i + \hat{\beta}_1 \frac{1}{n} \sum_{i=1}^{n} (X_i - \bar{X}) X_i$$

を得る。したがって、

$$\hat{\beta}_1 = \frac{\frac{1}{n} \sum\limits_{i=1}^{n} (Y_i - \bar{Y}) X_i}{\frac{1}{n} \sum\limits_{i=1}^{n} (X_i - \bar{X}) X_i} = \frac{\frac{1}{n} \sum\limits_{i=1}^{n} (Y_i - \bar{Y})(X_i - \bar{X})}{\frac{1}{n} \sum\limits_{i=1}^{n} (X_i - \bar{X})^2}$$

$$= \frac{\sum\limits_{i=1}^{n} (Y_i - \bar{Y})(X_i - \bar{X})}{\sum\limits_{i=1}^{n} (X_i - \bar{X})^2}$$

が示せた。ただし、2 つ目の等号は、$\frac{1}{n} \sum\limits_{i=1}^{n} (Y_i - \bar{Y}) \bar{X} = 0$ と $\frac{1}{n} \sum\limits_{i=1}^{n} (X_i - \bar{X}) \bar{X} = 0$ を、それぞれ分母と分子から引くことで得た。□

最小 2 乗推定量の応用例として、(11.3) 式で考えた GDP と設備投資のモデル

におけるパラメータ β_0 と β_1 の推定を考えよう。推定には、2018 年の OECD 加盟国の GDP と設備投資を使用する。GDP$_i$ は国 i の対数 GDP で、単位は 100 万 US ドルとする。$\log K_i$ は国 i の対数設備投資で、単位は 100 万 US ドルである。このとき、(11.3) 式に対応するモデルは、

$$\mathrm{GDP}_i = \beta_0 + \beta_1 \log K_i + u_i \tag{11.14}$$

である。最小 2 乗推定量を表す定理 11.1 に当てはめて計算すれば、β_0 と β_1 の最小 2 乗推定量の値を得ることができる。β_0 と β_1 の最小 2 乗推定量を、それぞれ、$\hat{\beta}_0$ と $\hat{\beta}_1$ で表すとき、

$$\hat{\beta}_1 = \frac{\sum\limits_{i=1}^{36}(\log K_i - \overline{\log K})(\mathrm{GDP}_i - \overline{\mathrm{GDP}})}{\sum\limits_{i=1}^{36}(\log K_i - \overline{\log K})^2}$$

$$\hat{\beta}_0 = \overline{\mathrm{GDP}} - \hat{\beta}_1 \overline{\log K}$$

を計算することで、最小 2 乗推定量の値を得ることができる。ただし、$\overline{\log K} = \frac{1}{36}\sum\limits_{i=1}^{36}\log K_i$, $\overline{\mathrm{GDP}} = \frac{1}{36}\sum\limits_{i=1}^{36}\mathrm{GDP}_i$ である。実際に計算すると、

$$\hat{\beta}_1 = 0.76$$

$$\hat{\beta}_0 = 2.38$$

であった。

図 11.4 は、GDP$_i$ を縦軸、$\log K_i$ を横軸として、2018 年に OECD に加盟していた 36 カ国のデータをプロットしている。直線で示されているのは、最小 2 乗法により推定された線形回帰モデル、

$$\hat{\beta}_0 + \hat{\beta}_1 \log K_i = 2.38 + 0.76 \log K_i$$

である。

11.4 予測と残差

最小 2 乗推定量 $\hat{\beta}_0$ と $\hat{\beta}_1$ をモデルに当てはめて被説明変数の値を予測したものを、予測値（predicted value）という。これを、

図 11.4　GDP（GDP$_i$）を設備投資（$\log K_i$）に回帰した様子

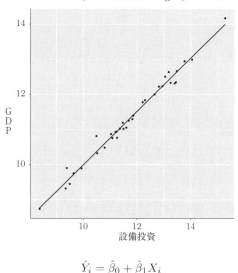

$$\hat{Y}_i = \hat{\beta}_0 + \hat{\beta}_1 X_i \tag{11.15}$$

で表そう。例えば、GDP と設備投資の例において、設備投資 $\log K$ が 15 である
とき、モデルから得られる対数 GDP の予測値は、

$$\widehat{\text{GDP}} = 2.38 + 0.76 \times 15 = 13.78$$

である。つまり、設備投資が 15 である国の対数 GDP は、平均的に 13.78 となる
ことをモデルから予測できる。

　モデルから得られた予測値 $\hat{Y}_i$ と、実際の被説明変数の値 Y_i の差を**残差**
（**residual**）といい、$\hat{u}_i$ で表す。つまり、残差は、

$$\hat{u}_i = Y_i - \hat{Y}_i = Y_i - \hat{\beta}_0 - \hat{\beta}_1 X_i \tag{11.16}$$

である。推定対象としているモデル (11.11) 式の（未知である）誤差項 u_i と、推
定されたモデルの誤差を表す残差 $\hat{u}_i$ は別物である。これらを混同しないように
気をつけよう。

　残差を図示したのが図 11.5 である。図 11.5 では、2 つ観測値 $i = 1$ と $i = 2$ に
おける残差を図示している。$i = 1$ の観測値のように、y_1 が予測値 $\hat{y}_1$ の上側にあ
る場合には、残差 $\hat{u}_1$ は正の値をとる。一方で、$i = 2$ の観測値のように、y_2 が予
測値 $\hat{y}_2$ の下側にある場合には、残差 $\hat{u}_2$ は負の値をとる。

図 11.5 残差を表した図

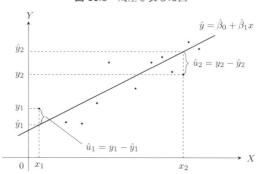

例題 11.3　2018 年の OECD 加盟国のデータを用いて、GDP と設備投資の回帰モデル、

$$\log \mathrm{GDP}_i = \beta_0 + \beta_1 \log K_i + u_i$$

を推定した結果、

$$\hat{\beta}_1 = 0.76$$

$$\hat{\beta}_0 = 2.38$$

であった。ただし、GDP_i は国 i の GDP、K_i は設備投資を表す[*7]。

(1) 設備投資（K）が 1% 変化したとき、生産量（GDP）はどれくらい変化するか。

(2) 設備投資（K）が 5% 減少したとき、生産量（GDP）はどれくらい変化するか。

(3) 対数設備投資（$\log K$）が 13 であるとき、対数 GDP（$\log \mathrm{GDP}$）を予測せよ。

(4) 日本の対数設備投資（$\log K$）はおおよそ 13 で、対数 GDP（$\log \mathrm{GDP}$）は 14.05 であった。日本の観測値の残差を計算せよ。

解答　(1) β_1 の最小 2 乗推定量の値は、$\hat{\beta}_1 = 0.76$ である。したがって、設備投資が 1% 変化したとき、生産量（GDP）は 0.76% 変化する。

(2) 設備投資が 1% 減少したとき、生産量（GDP）は 0.76% 減少するのである

---

*7　本文において、GDP_i は対数 GDP としていたが、例題 11.3 では、対数をとっていることを明示するため、対数 GDP を $\log \mathrm{GDP}_i$ と表していることに注意されたい。

から、設備投資が 5% 減少したとき、生産量（GDP）は $5 \times 0.76 = 3.8\%$ 減少する。

(3) 予測値の定義である (11.15) 式に当てはめれば、

$$\widehat{\log \text{GDP}} = 2.38 + 0.76 \times 13 = 12.26$$

を得る。したがって、推定結果から得る対数 GDP の予測値は 12.26 である。

(4) 日本の観測値を $i = \text{JPN}$ で表す。$\log K_{\text{JPN}} = 13$ とすれば、問 (2) より、$\widehat{\log \text{GDP}}_{\text{JPN}} = 12.26$ であるから、残差は、

$$\hat{u}_{\text{JPN}} = \log \text{GDP}_{\text{JPN}} - \widehat{\log \text{GDP}}_{\text{JPN}} = 14.05 - 12.26 = 1.79$$

となる。

章 末 問 題

問 11.1 定数項のない回帰モデル、

$$Y_i = \beta_1 X_i + u_i, \quad E(u_i|X_i) = 0$$

を考える。このとき、β_1 の OLS 推定量 $\hat{\beta}_1$ を導出せよ。

問 11.2 定数項しかない回帰モデル、

$$Y_i = \beta_0 + u_i, \quad E(u_i) = 0$$

を考える。このとき、β_0 の OLS 推定量 $\hat{\beta}_0$ を導出せよ。

問 11.3 テスト結果と勉強時間の関係を調べるため、被説明変数をテストの偏差値とし、説明変数を勉強時間とした線形単回帰モデルを考える。$n = 846$ 人分のデータを用いて、最小 2 乗法によりパラメータを推定し、次の推定結果、

$$\widehat{\text{テストの偏差値}} = 44.36 + 1.27 \log \text{勉強時間}$$

を得た。ただし、勉強時間の単位は分とする。この結果を用いて次の問いに答えよ。

(1) 勉強時間を 1% 増やすと、偏差値はどのくらい変化することが期待できるか。

(2) 勉強時間が 100 分であった学生が、勉強時間を 160 分にしたとき、偏差値はどのくらい変化すると予測できるか。

(3) 勉強時間が 330 分である学生の偏差値を予測せよ。

(4) ある学生の勉強時間は 300 分で、偏差値は 52.25 であった。この学生に関するモデルの残差を計算せよ。

第12章
最小2乗推定量の性質とその応用

引き続き、線形単回帰モデル、

$$Y_i = \beta_0 + \beta_1 X_i + u_i, \quad E(u_i|X_i) = 0 \tag{12.1}$$

を考える。線形単回帰モデル (12.1) のパラメータ β_0 と β_1 の最小 2 乗推定量 $\hat{\beta}_0$ と $\hat{\beta}_1$ は、予測のずれの 2 乗和を最小にするようなものとして定義されたことを思い出そう。定理 11.1 から、最小 2 乗推定量は、標本の関数として、

$$\hat{\beta}_1 = \frac{\sum\limits_{i=1}^{n} (X_i - \bar{X})(Y_i - \bar{Y})}{\sum\limits_{i=1}^{n} (X_i - \bar{X})^2}$$

$$\hat{\beta}_0 = \bar{Y} - \hat{\beta}_1 \bar{X}$$

で表すことができた。本章では、最小 2 乗推定量の性質を考察する。結論を先に述べてしまえば、$\hat{\beta}_0$ と $\hat{\beta}_1$ は、それぞれ、β_0 と β_1 の推定量として不偏性、一致性、漸近正規性を持つ。まずは、最小 2 乗推定量がこれらの統計的性質を持つための仮定とその意味について考える。

12.1　仮定

仮定 (単回帰モデルの最小 2 乗推定量の仮定)

(A1) $(X_1, Y_1), (X_2, Y_2), \cdots, (X_n, Y_n)$ は独立同一に分布し、次の関係、

$$Y_i = \beta_0 + \beta_1 X_i + u_i$$

を満たす。

(A2) X_i を条件付けた u_i の期待値が 0 である。つまり、

$$E(u_i|X_i) = 0$$

が成立する。

(A3) X_i と u_i は、0 でない有限の 4 次モーメントを持つ。つまり、

$$0 < E(X_i^4) < \infty, \quad 0 < E(u_i^4) < \infty$$

である。

　仮定 (A1) の、$(X_1, Y_1), (X_2, Y_2), \cdots, (X_n, Y_n)$ が独立同一に分布するという仮定は、分析に使うデータが 2 つの確率変数 X と Y の同時分布から無作為に抽出された、標本サイズ n のデータであることを意味している。仮定 (A1) は、データが同一の母集団からの無作為抽出により得られたものであれば満たされる仮定である。この仮定が満たされる例については、8.1 節で紹介したので、ここでは満たされない例を紹介しよう。

- 母集団からの無作為抽出でない場合：
  大学生の学業成績を決める要因を分析するために、特定のサークルに所属している大学生を無作為に抽出して行ったアンケート調査の結果からデータを得たとする。得られたデータは、母集団である「大学生」から無作為に抽出されたデータではないため、仮定 (A1) は満たされないと考えるのが妥当である。ただし、分析対象が特定のサークルに所属する大学生の学業成績であるならば、仮定 (A1) は満たされていると考えてよいだろう。
- 時系列データ：
  ある対象の複数時点にわたる観測値のことを**時系列データ**という [1]。例えば、ある会社の時点 t での株価を X_t としよう。このとき、X_t と時点 $t + 1$ での株価 X_{t+1} には相関があるだろう。この場合、仮定 (A1) は満たされないと考えるのが妥当である。

仮定 (A1) は、u_i の分布について何の仮定も課していないことに注意しよう。このため、Y_i と X_i が関係式 $Y_i = \beta_0 + \beta_1 X_i + u_i$ を満たすという仮定は制約的では

---

[1] 同一時点での複数の対象についての観測値のことを、**横断面データ**という。横断面データで、対象の選び方が無作為であれば、仮定 (A1) が満たされていると考えてよい。

ない。

　仮定 (A2) は**外生性**（exogeneity）とよばれる仮定である。11.1 節で説明したとおり、この仮定は、想定している線形回帰モデルが正しいという仮定であるが、外生性とよばれる所以は他にある。仮定 (A2) の下で、X_i と u_i の共分散が 0 であることが示せる。繰り返し期待値の法則（定理 6.1, p.95）より、$E(u_i) = E[E(u_i|X_i)] = 0$ であることに注意して共分散を計算すると、

$$\mathrm{Cov}(X_i, u_i) = E[(X_i - \mu_X)u_i] = E[(X_i - \mu_X)E(u_i|X_i)] = 0$$

を得る。ただし $\mu_X = E(X_i)$ とした。したがって、仮定 (A2) の下で、X_i と u_i は無相関である。誤差項 u_i には、X_i 以外の Y_i の決定要因がすべて含まれているため、X_i はそれらの要因とは関係がなく外生的に決まる変数であることが要求される。これが仮定 (A2) が外生性とよばれる理由である。11.2 節で考察した β_0 と β_1 の解釈は、モデルが正しいと仮定した下での解釈であった。したがって、パラメータを 11.2 節で紹介したように解釈するには、この外生性の仮定が満たされていることが条件となる。

　仮定 (A3) は、極端に大きな外れ値がないという仮定である。この仮定は、最小 2 乗推定量の漸近的な性質を示す際に、大数の法則（定理 8.1, p.120）や中心極限定理（定理 8.3, p.124）を適用できるようにするという技術的な仮定である。X_i と u_i の 4 次モーメントが 0 よりも大きいと仮定するのは、これらが 0 であるときにはモデルを考える意味がないからである。$E(X_i^4) = 0$ であるとき $X_i = 0$ であるから、単回帰モデルを考える意味がない（章末問題 11.2）。また、$E(u_i^4) = 0$ であるときには、Y_i と X_i の関係は直線で表すことができるため、パラメータの値は一意に決まり、最小 2 乗推定量は定数となる。このとき、推定量の漸近的な性質を考える必要がない。

　次節以降では、仮定 (A1), (A2), (A3) が満たされているとして、最小 2 乗推定量の不偏性、一致性、漸近正規性を示す。

12.2　不偏性

最小 2 乗推定量が不偏推定量（定義 9.1, p.128）であることを示す。

定理 12.1（OLS 推定量の不偏性）　最小 2 乗推定量 $\hat{\beta}_0$ と $\hat{\beta}_1$ は不偏推定量である。つまり、

$$E(\hat{\beta}_0) = \beta_0$$
$$E(\hat{\beta}_1) = \beta_1$$

が成り立つ。

証明　最初に、$\hat{\beta}_1$ が不偏推定量であることを示す。$\bar{Y}$ を展開すると、

$$\bar{Y} = \frac{1}{n}\sum_{i=1}^{n} Y_i = \beta_0 + \beta_1 \frac{1}{n}\sum_{i=1}^{n} X_i + \frac{1}{n}\sum_{i=1}^{n} u_i = \beta_0 + \beta_1 \bar{X} + \bar{u} \tag{12.2}$$

であるから、$Y_i - \bar{Y} = \beta_1(X_i - \bar{X}) + u_i - \bar{u}$ を得る。これを用いて $\hat{\beta}_1$ を展開し、

$$\begin{aligned}
\hat{\beta}_1 &= \frac{\sum_{i=1}^{n}(X_i - \bar{X})(Y_i - \bar{Y})}{\sum_{i=1}^{n}(X_i - \bar{X})^2} \\[2mm]
&= \frac{\sum_{i=1}^{n}(X_i - \bar{X})[\beta_1(X_i - \bar{X}) + u_i - \bar{u}]}{\sum_{i=1}^{n}(X_i - \bar{X})^2} \\[2mm]
&= \beta_1 \frac{\sum_{i=1}^{n}(X_i - \bar{X})(X_i - \bar{X})}{\sum_{i=1}^{n}(X_i - \bar{X})^2} + \frac{\sum_{i=1}^{n}(X_i - \bar{X})(u_i - \bar{u})}{\sum_{i=1}^{n}(X_i - \bar{X})^2} \\[2mm]
&= \beta_1 + \frac{\sum_{i=1}^{n}(X_i - \bar{X})(u_i - \bar{u})}{\sum_{i=1}^{n}(X_i - \bar{X})^2}
\end{aligned} \tag{12.3}$$

を得る。表記を簡単にするため、

$$S_i = \frac{X_i - \bar{X}}{\sum_{i=1}^{n}(X_i - \bar{X})^2}$$

と定義する。これを用いれば、

$$\hat{\beta}_1 = \beta_1 + \frac{\sum_{i=1}^{n}(X_i - \bar{X})(u_i - \bar{u})}{\sum_{i=1}^{n}(X_i - \bar{X})^2} = \beta_1 + \sum_{i=1}^{n} S_i(u_i - \bar{u}) \tag{12.4}$$

と表すことができる。和の期待値は期待値の和である（期待値の線形性, 定理 7.1 [3], p.100）ことと、繰り返し期待値の法則（定理 6.1, p.95）を用いて、

$$E\left[\sum_{i=1}^{n} S_i(u_i - \bar{u})\right] = \sum_{i=1}^{n} E[S_i(u_i - \bar{u})]$$
$$= \sum_{i=1}^{n} E[S_i E(u_i - \bar{u}|X_1, X_2, \cdots, X_n)]$$

となる。右辺の条件付き期待値は、説明変数を条件付けた誤差項に対する期待値である。S_i は $X_1, X_2, \cdots, X_n$ の関数であるため、条件付き期待値の外に出すことができる。仮定 (A1) と (A2) より、

$$E(u_i - \bar{u}|X_1, X_2, \cdots, X_n)$$
$$= E(u_i|X_1, X_2, \cdots, X_n) - \frac{1}{n}\sum_{j=1}^{n} E(u_j|X_1, X_2, \cdots, X_n)$$
$$= E(u_i|X_i) - \frac{1}{n}\sum_{j=1}^{n} E(u_j|X_j)$$
$$= 0 \tag{12.5}$$

である。$E(u_j|X_1, X_2, \cdots, X_n) = E(u_j|X_j)$ となるのは、仮定 (A1) から、u_j と X_k がすべての $k \neq j$ で独立であることによる。したがって、$E[S_i(u_i - \bar{u})] = 0$ を得る。これは任意の $i = 1, \cdots, n$ について成り立つことに注意しよう。(12.4) 式の両辺に期待値をとれば、

$$E(\hat{\beta}_1) = E\left(\beta_1 + \sum_{i=1}^{n} S_i(u_i - \bar{u})\right) = \beta_1 + \sum_{i=1}^{n} E[S_i(u_i - \bar{u})] = \beta_1$$

となり、$\hat{\beta}_1$ の不偏性が示せた。

次に、$\hat{\beta}_0$ の不偏性を示そう。(12.2) 式を用いて、

$$\hat{\beta}_0 = \bar{Y} - \hat{\beta}_1\bar{X} = \beta_0 + \beta_1\bar{X} + \bar{u} - \hat{\beta}_1\bar{X} \tag{12.6}$$

とできる。したがって、

$$E(\hat{\beta}_0) = \beta_0 + \beta_1 E(\bar{X}) + E(\bar{u}) - E(\hat{\beta}_1\bar{X})$$

である。繰り返し期待値の法則（定理 6.1, p.95）と、(12.5) 式で行った計算から、$E(\bar{u}) = E[E(\bar{u}|X_1, X_2, \cdots, X_n)] = 0$ である。また、(12.4) 式を用いて、

$$E(\hat{\beta}_1 \bar{X}) = E\left\{ \left[\beta_1 + \sum_{i=1}^{n} S_i(u_i - \bar{u}) \right] \bar{X} \right\}$$

$$= \beta_1 E(\bar{X}) + \sum_{i=1}^{n} E[S_i(u_i - \bar{u})\bar{X}]$$

を得る。右辺第 2 項は、繰り返し期待値の法則（定理 6.1, p.95）と (12.5) 式から、

$$\sum_{i=1}^{n} E[S_i(u_i - \bar{u})\bar{X}] = \sum_{i=1}^{n} E[S_i E(u_i - \bar{u}|X_1, X_2, \cdots, X_n)\bar{X}] = 0$$

である。したがって、$E(\hat{\beta}_1 \bar{X}) = \beta_1 E(\bar{X})$ を得た。以上から、

$$E(\hat{\beta}_0) = \beta_0 + \beta_1 E(\bar{X}) + E(\bar{u}) - E(\hat{\beta}_1 \bar{X})$$

$$= \beta_0 + \beta_1 E(\bar{X}) - \beta_1 E(\bar{X}) = \beta_0$$

となり、$\hat{\beta}_0$ の不偏性が示せた。□

12.3 一致性

最小 2 乗推定量が一致性（定義 9.2, p.130）を持つことを示す。

定理 12.2（OLS 推定量の一致性） 最小 2 乗推定量 $\hat{\beta}_0$ と $\hat{\beta}_1$ は一致推定量である。
つまり、$n \to \infty$ のとき、

$$\hat{\beta}_0 \xrightarrow{p} \beta_0$$

$$\hat{\beta}_1 \xrightarrow{p} \beta_1$$

が成り立つ。

証明 最初に、$\hat{\beta}_1$ の一致性を示す。(12.3) 式と同じように展開して、

$$\hat{\beta}_1 = \beta_1 + \frac{\dfrac{1}{n} \sum_{i=1}^{n} (X_i - \bar{X})(u_i - \bar{u})}{\dfrac{1}{n} \sum_{i=1}^{n} (X_i - \bar{X})^2}$$

を得る。右辺第 2 項の分子は標本共分散で、分母は標本分散であることに注目しよう。仮定 (A1) と (A3) の下で、

$$\frac{1}{n} \sum_{i=1}^{n} (X_i - \bar{X})(u_i - \bar{u}) \xrightarrow{p} \mathrm{Cov}(X_i, u_i)$$

$$\frac{1}{n}\sum_{i=1}^{n}(X_i-\bar{X})^2 \xrightarrow{p} \mathrm{Var}(X_i)$$

が成立する（章末問題 9.1 と 9.2, p.145）。この結果に定理 8.2 [3]（p.123）を適用して、

$$\frac{\frac{1}{n}\sum_{i=1}^{n}(X_i-\bar{X})(u_i-\bar{u})}{\frac{1}{n}\sum_{i=1}^{n}(X_i-\bar{X})^2} \xrightarrow{p} \frac{\mathrm{Cov}(X_i,u_i)}{\mathrm{Var}(X_i)} \tag{12.7}$$

を得る。ここで、繰り返し期待値の法則（定理 6.1, p.95）と仮定 (A2) より、$E(u_i)=E[E(u_i|X_i)]=0$ であることに注意して共分散を計算すると、

$$\mathrm{Cov}(X_i,u_i)=E[(X_i-\mu_X)u_i]=E[(X_i-\mu_X)E(u_i|X_i)]=0$$

を得る。ただし $\mu_X=E(X_i)$ とした。したがって、

$$\hat{\beta}_1=\beta_1+\frac{\frac{1}{n}\sum_{i=1}^{n}(X_i-\bar{X})(u_i-\bar{u})}{\frac{1}{n}\sum_{i=1}^{n}(X_i-\bar{X})^2} \xrightarrow{p} \beta_1+\frac{\mathrm{Cov}(X_i,u_i)}{\mathrm{Var}(X_i)}=\beta_1$$

が成立する。以上から、$\hat{\beta}_1 \xrightarrow{p} \beta_1$ が示せた。

次に $\hat{\beta}_0$ の一致性を示す。(12.6) 式と同じように展開して、

$$\hat{\beta}_0=\beta_0+\beta_1\bar{X}+\bar{u}-\hat{\beta}_1\bar{X}=\beta_0+(\beta_1-\hat{\beta}_1)\bar{X}+\bar{u}$$

を得る。また、大数の法則（定理 8.1, p.120）から、

$$\bar{X}\xrightarrow{p}E(X_i)$$
$$\bar{u}\xrightarrow{p}E(u_i)=0$$

が成り立つ。$\hat{\beta}_1$ の一致性から、$\beta_1-\hat{\beta}_1\xrightarrow{p}0$ であるから、定理 8.2 [1] と [2] を用いれば、

$$\hat{\beta}_0=\beta_0+(\beta_1-\hat{\beta}_1)\bar{X}+\bar{u}\xrightarrow{p}\beta_0+0\times E(X_i)+0=\beta_0$$

となり、$\hat{\beta}_0\xrightarrow{p}\beta_0$ が示せた。□

12.4　漸近正規性

次に、$\hat{\beta}_1$ が漸近正規性を持つことを示す。

定理 12.3（OLS 推定量の漸近正規性） 最小 2 乗推定量 $\hat{\beta}_1$ を標準化した統計量は、$n \to \infty$ のとき、標準正規分布に分布収束する。つまり、

$$\frac{\hat{\beta}_1 - \beta_1}{\sqrt{V_1/n}} \xrightarrow{d} \mathrm{N}(0,1)$$

が成立する。ただし、

$$V_1 = \frac{E[(X_i - \mu_X)^2 u_i^2]}{[\mathrm{Var}(X_i)]^2}$$

とした。

証明 最初に、中心極限定理（定理 8.3, p.124）を思い出そう。確率変数 X_i の期待値と分散をそれぞれ μ_X と σ_X^2 で表すとき、中心極限定理は、

$$\frac{\bar{X} - \mu_X}{\sigma_X/\sqrt{n}} = \frac{\frac{1}{\sqrt{n}} \sum\limits_{i=1}^{n} (X_i - \mu_X)}{\sigma_X} \xrightarrow{d} \mathrm{N}(0,1)$$

が成り立つことを示す定理であった。分母の σ_X は定数であるから、定理 9.1（p.138）を用いれば、中心極限定理は、

$$\frac{1}{\sqrt{n}} \sum_{i=1}^{n} (X_i - \mu_X) \xrightarrow{d} \mathrm{N}(0, \sigma_X^2) \tag{12.8}$$

と言い換えることができる。この表記を用いて最小 2 乗推定量の漸近正規性を示そう。

(12.3) 式と同じように展開して変形すると、

$$\sqrt{n}(\hat{\beta}_1 - \beta_1) = \frac{\frac{1}{\sqrt{n}} \sum\limits_{i=1}^{n} (X_i - \bar{X})(u_i - \bar{u})}{\frac{1}{n} \sum\limits_{i=1}^{n} (X_i - \bar{X})^2} \tag{12.9}$$

を得る。右辺の分子と分母のそれぞれで、漸近的な振る舞いを示す。

(12.9) 式の右辺の分子は、

$$\frac{1}{\sqrt{n}} \sum_{i=1}^{n} (X_i - \bar{X})(u_i - \bar{u}) = \frac{1}{\sqrt{n}} \sum_{i=1}^{n} (X_i - \mu_X + \mu_X - \bar{X})(u_i - \bar{u})$$

$$= \frac{1}{\sqrt{n}} \sum_{i=1}^{n} [(X_i - \mu_X)u_i - (X_i - \mu_X)\bar{u} + (\mu_X - \bar{X})u_i - (\mu_X - \bar{X})\bar{u}]$$

$$= \frac{1}{\sqrt{n}} \sum_{i=1}^{n} (X_i - \mu_X) u_i - (\mu_X - \bar{X}) \frac{1}{\sqrt{n}} \sum_{i=1}^{n} u_i \qquad (12.10)$$

と展開できる。右辺第 2 項について、大数の法則と (12.8) 式で表現された形の中心極限定理を用いて、

$$\mu_X - \bar{X} \xrightarrow{p} 0$$

$$\frac{1}{\sqrt{n}} \sum_{i=1}^{n} u_i \xrightarrow{d} \mathrm{N}(0, E(u_i^2))$$

が成立する（大数の法則と中心極限定理を適用するための条件は、仮定 (A1) と (A3) の下で満たされていることを確かめよう）。したがって、スルツキーの定理（定理 8.4, p.126）より、

$$(\mu_X - \bar{X}) \frac{1}{\sqrt{n}} \sum_{i=1}^{n} u_i \xrightarrow{p} 0 \qquad (12.11)$$

を得る。次に、(12.10) 式の右辺第 1 項について、繰り返し期待値の法則（定理 6.1, p.95）から、

$$E \left[\frac{1}{\sqrt{n}} \sum_{i=1}^{n} (X_i - \mu_X) u_i \right] = \frac{1}{\sqrt{n}} \sum_{i=1}^{n} E[(X_i - \mu_X) E(u_i | X_i)] = 0$$

が成り立つ。したがって、(12.10) 式の右辺第 1 項に (12.8) 式で表現された形の中心極限定理を適用することができ、

$$\frac{1}{\sqrt{n}} \sum_{i=1}^{n} (X_i - \mu_X) u_i \xrightarrow{d} \mathrm{N}(0, \mathrm{Var}[(X_i - \mu_X) u_i]) \qquad (12.12)$$

を得る（ここでも、仮定 (A1) と (A3) の下で、中心極限定理を適用するために必要な条件が満たされていることを確認しよう）。(12.10) 式、(12.11) 式、(12.12) 式の結果とスルツキーの定理から、

$$\frac{1}{\sqrt{n}} \sum_{i=1}^{n} (X_i - \bar{X})(u_i - \bar{u}) \xrightarrow{d} \mathrm{N}(0, \mathrm{Var}[(X_i - \mu_X) u_i])$$

を得た。

　次に、(12.9) 式の右辺の分母は標本分散であるから、仮定 (A1) と (A3) の下で、

$$\frac{1}{n} \sum_{i=1}^{n} (X_i - \bar{X})^2 \xrightarrow{p} \mathrm{Var}(X_i)$$

が成り立つ（例題 9.3 とその後の議論を参照されたい）。

以上の結果とスルツキーの定理から、

$$\sqrt{n}(\hat{\beta}_1 - \beta_1) = \frac{\frac{1}{\sqrt{n}}\sum_{i=1}^{n}(X_i - \bar{X})(u_i - \bar{u})}{\frac{1}{n}\sum_{i=1}^{n}(X_i - \bar{X})^2} \xrightarrow{d} N\left(0, \frac{\mathrm{Var}[(X_i - \mu_X)u_i]}{[\mathrm{Var}(X_i)]^2}\right) \quad (12.13)$$

が成立する。また、

$$\frac{\mathrm{Var}[(X_i - \mu_X)u_i]}{[\mathrm{Var}(X_i)]^2} = \frac{E[(X_i - \mu_X)^2 u_i^2]}{[\mathrm{Var}(X_i)]^2} = V_1$$

であるから、

$$\frac{\hat{\beta}_1 - \beta_1}{\sqrt{V_1/n}} \xrightarrow{d} N(0,1)$$

が示せた。□

定理 12.3 では $\hat{\beta}_1$ の漸近正規性のみを示したが、$\hat{\beta}_0$ も漸近正規性を持つ。つまり、

$$\frac{\hat{\beta}_0 - \beta_0}{\sqrt{V_0/n}} \xrightarrow{d} N(0,1) \quad (12.14)$$

である。ただし、

$$V_0 = \frac{[E(X_i^2)]^2 E(u_i^2) - 2\mu_X E(X_i^2)E(X_i u_i^2) + \mu_X E(X_i^2 u_i^2)}{[\mathrm{Var}(X_i)]^2}$$

とした。$\hat{\beta}_0$ の漸近正規性は、回帰モデルをベクトルを用いて表し、確率変数ベクトルに対する大数の法則や中心極限定理を適用することで容易に証明することができる。ベクトルを用いた方法は、本書の範囲を超えた内容になるため取り扱わない[*2]。

---

*2 確率変数ベクトルに対する大数の法則や中心極限定理と、それらの最小 2 乗推定量への応用は田中（2019）や岩澤（2022）に詳しい解説がある。また、大学院生向けの計量経済学の標準的な教科書（Hayashi（2000）、Wooldridge（2010）など）ではベクトル・行列を用いてモデルを表記することが一般的である。

12.5 信頼区間

定理 12.3 は、標本サイズ n が限りなく大きくなったときに、$\hat{\beta}_1$ を標準化した統計量の分布が標準正規分布に従うことを示している。したがって、標本サイズが十分に大きい場合には、$\hat{\beta}_1$ を標準化した統計量の分布は、標準正規分布でうまく近似できる。つまり、

$$\frac{\hat{\beta}_1 - \beta_1}{\sqrt{V_1/n}} \overset{a}{\sim} N(0,1)$$

である。この漸近正規性の性質を利用して、9.6 節で紹介した信頼区間の導出を β_1 に対して適用することができる。表 9.1（p.141）にあるように、標準正規分布に従う確率変数が区間 $[-1.96, 1.96]$ に入る確率はおおよそ 0.95 であるから、

$$P\left(-1.96 \leq \frac{\hat{\beta}_1 - \beta_1}{\sqrt{V_1/n}} \leq 1.96\right) \approx 0.95 \tag{12.15}$$

が成立する。この式を変形すれば、

$$P\left(\hat{\beta}_1 - 1.96\sqrt{V_1/n} \leq \beta_1 \leq \hat{\beta}_1 + 1.96\sqrt{V_1/n}\right) \approx 0.95 \tag{12.16}$$

を得る。したがって、(12.16) 式で与えられた β_1 に関する区間、

$$\left[\hat{\beta}_1 - 1.96\sqrt{V_1/n},\ \hat{\beta}_1 + 1.96\sqrt{V_1/n}\right] \tag{12.17}$$

が、β_1 の信頼水準 95% 信頼区間である。信頼水準を 90% にする場合には、± 1.96 の代わりに ± 1.64 を用いる。また、信頼水準を 99% にする場合には、± 1.96 の代わりに ± 2.58 を用いる。

12.6 漸近分散の推定

$\hat{\beta}_1$ の漸近分散である V_1/n は未知の量であるため、信頼区間を実際に計算する際には、

$$V_1 = \frac{E[(X_i - \mu_X)^2 u_i^2]}{[\text{Var}(X_i)]^2}$$

を推定する必要がある。確率変数の期待値は、その確率変数の観測値の標本平均でうまく推定できることを思い出そう（大数の法則, 定理 8.1, p.120）。したがっ

て、分子の $E[(X_i - \mu_X)^2 u_i^2]$ は、$\frac{1}{n} \sum\limits_{i=1}^{n} (X_i - \bar{X})^2 u_i^2$ でうまく推定できそうである。しかし、u_i は観測できないため、この推定方法は実行不可能である。そこで、u_i の代わりに残差 $\hat{u}_i$ を用いて $\frac{1}{n} \sum\limits_{i=1}^{n} (X_i - \bar{X})^2 \hat{u}_i^2$ で推定する。分母の $\mathrm{Var}(X_i)$ は、標本分散（p.128, (9.2) 式）を用いて推定できる。以上をまとめると、V_1 の推定量は、

$$\hat{V}_1 = \frac{\dfrac{1}{n} \sum\limits_{i=1}^{n} (X_i - \bar{X})^2 \hat{u}_i^2}{\left[\dfrac{1}{n} \sum\limits_{i=1}^{n} (X_i - \bar{X})^2 \right]^2}$$

となる。実際に、推定量 $\hat{V}_1$ は V_1 の一致推定量であることが知られている。$\hat{V}_1 \xrightarrow{p} V_1$ であることと、(12.13) 式について、スルツキーの定理（定理 8.4）を適用すると、

$$\frac{\hat{\beta}_1 - \beta_1}{\sqrt{\hat{V}_1/n}} \xrightarrow{d} \mathrm{N}(0, 1)$$

を得る。したがって、$\frac{\hat{\beta}_1 - \beta_1}{\sqrt{\hat{V}_1/n}}$ の漸近正規性から β_1 の信頼水準 95% 信頼区間を導出することができ、その信頼区間は、(12.17) 式の V_1/n を $\hat{V}_1/n$ で置き換えた、

$$\left[\hat{\beta}_1 - 1.96\sqrt{\hat{V}_1/n}, \ \hat{\beta}_1 + 1.96\sqrt{\hat{V}_1/n} \right] \tag{12.18}$$

である。$\hat{V}_1/n$ は、$\hat{\beta}_1$ の漸近分散の推定量である $*3$。漸近分散の推定量に平方根をとった統計量は**標準誤差**（standard error）とよばれる。$\hat{\beta}_1$ の標準誤差を $\mathrm{SE}(\hat{\beta}_1)$ で表せば、

$$\mathrm{SE}(\hat{\beta}_1) = \sqrt{\hat{V}_1/n}$$

である。この表記を用いれば、β_1 の信頼水準 95% 信頼区間の推定量は、

$$\left[\hat{\beta}_1 - 1.96\,\mathrm{SE}(\hat{\beta}_1), \ \hat{\beta}_1 + 1.96\,\mathrm{SE}(\hat{\beta}_1) \right] \tag{12.19}$$

となる。

---

*3 正規分布の性質を表す定理 9.1（p.138）より、$\frac{\hat{\beta}_1 - \beta_1}{\sqrt{V_1/n}} \overset{a}{\sim} \mathrm{N}(0, 1)$ であれば、$\hat{\beta}_1 \overset{a}{\sim} \mathrm{N}(\beta_1, V_1/n)$ が成り立つので、$\hat{V}_1/n$ は、$\hat{\beta}_1$ の漸近分散の推定量である。この推定量は、**不均一分散に対して頑健な標準誤差**（heteroscedasticity robust standard error）とよばれる推定量で、HC0 と表記されることがある。

例題 12.1 例題 11.3 で取り扱った GDP と設備投資の回帰モデル、

$$\log \text{GDP}_i = \beta_0 + \beta_1 \log K_i + u_i$$

の推定を考える。2018 年の OECD 加盟国のデータを用いてモデルのパラメータを最小 2 乗法により推定し、

$$\widehat{\log \text{GDP}}_i = \underset{(0.23)}{2.38} + \underset{(0.02)}{0.76} \log K_i \qquad (12.20)$$

という結果を得た。ただし、括弧の数字は最小 2 乗推定量の標準誤差を表す。

(1) β_1 の推定量を $\hat{\beta}_1$ で表す。このとき、$\text{SE}(\hat{\beta}_1)$ の値を求めよ。

(2) β_1 の信頼水準 95% 信頼区間を計算せよ。

(3) β_1 の信頼水準 99% 信頼区間を計算せよ。

解答　(1) $\hat{\beta}_1$ の標準誤差は、(12.20) 式の $\hat{\beta}_1 = 0.76$ の下の括弧に示されている 0.02 である。したがって、$\text{SE}(\hat{\beta}_1) = 0.02$。

(2) (12.19) 式に当てはめて計算し、

$$\left[\hat{\beta}_1 - 1.96 \times \text{SE}(\hat{\beta}_1), \ \hat{\beta}_1 + 1.96 \times \text{SE}(\hat{\beta}_1) \right]$$
$$= [0.76 - 1.96 \times 0.02, \ 0.76 + 1.96 \times 0.02]$$
$$= [0.72, 0.80]$$

を得る。したがって、β_1 の信頼水準 95% 信頼区間は $[0.72, 0.80]$ である。

(3) 信頼水準 99% の信頼区間を計算するには、表 9.1（p.141）にあるとおり、± 1.96 の代わりに ± 2.58 を用いる。これを (12.19) 式に当てはめて計算し、

$$\left[\hat{\beta}_1 - 2.58 \times \text{SE}(\hat{\beta}_1), \ \hat{\beta}_1 + 2.58 \times \text{SE}(\hat{\beta}_1) \right]$$
$$= [0.76 - 2.58 \times 0.02, \ 0.76 + 2.58 \times 0.02]$$
$$= [0.71, 0.81]$$

を得る。したがって、β_1 の信頼水準 99% 信頼区間は $[0.71, 0.81]$ である。

12.7　回帰係数の検定（両側）

線形単回帰モデルの係数が、ある特定の値であるという仮説を検定することを考えよう。特定の値を $\beta_{1,0}$ で表すとき、検定したい仮説は、

$$H_0 : \beta_1 = \beta_{1,0}$$
$$H_1 : \beta_1 \neq \beta_{1,0} \tag{12.21}$$

である。

例えば、将来の賃金を教育年数で説明する回帰モデル（例題 11.1, p.166）、

$$賃金 = \beta_0 + \beta_1 教育年数 + u$$

では、教育年数が賃金にどの程度の影響を与えるかに興味がある。しかしそれ以前に、教育年数が賃金に与える影響がないのであれば、影響の程度を考える意味はない。そこで、影響がないということを意味する $\beta_1 = 0$ という仮説を検定することを考える。このとき、検定する仮説は、

$$H_0 : \beta_1 = 0$$
$$H_1 : \beta_1 \neq 0$$

である。

他の例として、生産量（GDP）を設備投資で説明する回帰モデル（例題 11.3, p.174）、

$$\log \mathrm{GDP} = \beta_0 + \beta_1 \log K + u$$

を考えよう。$\log K$ の係数である β_1 は、設備投資の生産量（GDP）に対する弾力性を表す。例えば、この弾力性が 0.7 であるという主張があるとき、これを検定するには、仮説を、

$$H_0 : \beta_1 = 0.7$$
$$H_1 : \beta_1 \neq 0.7 \tag{12.22}$$

と設定することになる。

(12.21) 式の仮説を検定するには、どのような検定統計量を使えばよいだろうか。β_1 の漸近正規性（定理 12.3）と $\hat{V}_1$ の一致性から、

$$\frac{\hat{\beta}_1 - \beta_1}{\mathrm{SE}(\hat{\beta}_1)} = \frac{\hat{\beta}_1 - \beta_1}{\sqrt{\hat{V}_1/n}} \overset{\mathrm{a}}{\sim} \mathrm{N}(0,1)$$

が成り立つことに注目しよう。左辺は、β_1 が未知であるためデータから具体的な値を算出することができないが、β_1 を帰無仮説の下での値 $\beta_{1,0}$ に置き換えれば

具体的な値を計算できる。そこで、β_1 を $\beta_{1,0}$ に置き換えた統計量について、帰無仮説と対立仮説の下での振る舞いを考えてみよう。

[1] H_0 が正しいとき：

このとき、$\beta_1 = \beta_{1,0}$ であるから、

$$\frac{\hat{\beta}_1 - \beta_{1,0}}{\mathrm{SE}(\hat{\beta}_1)} \overset{\mathrm{a}}{\sim} \mathrm{N}(0,1) \tag{12.23}$$

である。

[2] H_1 が正しいとき：

このとき統計量は、

$$\frac{\hat{\beta}_1 - \beta_1}{\mathrm{SE}(\hat{\beta}_1)} + \frac{\beta_1 - \beta_{1,0}}{\mathrm{SE}(\hat{\beta}_1)}$$

と分解できる。第 1 項は漸近正規性を持つ。第 2 項の分子は、H_1 の下で $\beta_1 - \beta_{1,0} \neq 0$ である。分母 $\mathrm{SE}(\hat{\beta}_1) = \sqrt{\hat{V}_1/n}$ は、標本サイズ n が大きくなるにつれて小さくなる。したがって第 2 項は、$\beta_1 - \beta_{1,0} > 0$ であれば正の大きな値をとり、$\beta_1 - \beta_{1,0} < 0$ であれば負の大きな値をとる。

以上から、β_1 を $\beta_{1,0}$ に置き換えた統計量は、10.1 節で説明した、検定統計量が持つべき性質を満たす。

この統計量をよく観察すると、これが t 統計量（(10.5) 式, p.155）の形になっていることが分かるだろう。したがって、この統計量も t 統計量であり、これを、

$$t = \frac{\hat{\beta}_1 - \beta_{1,0}}{\mathrm{SE}(\hat{\beta}_1)} \tag{12.24}$$

で表すことにする。

棄却域の定め方と、帰無仮説を棄却するかどうかの判断方法は、母集団分布の期待値の t 検定（10.4 節）と同じである。H_0 が正しいとき、検定統計量 t は標準正規分布で近似できるため、臨界値と棄却域は標準正規分布から定める。H_1 が正しいとき、検定統計量 t の符号は、正の場合も負の場合もありうるため、棄却域は標準正規分布の両側に設定する。したがって、有意水準 $\alpha\%$ に対応する臨界値は、表 10.1 に与えられているとおりである。データから計算された検定統計量の値が臨界値 z_α よりも絶対値の意味で大きいとき、つまり、$|\hat{t}| \geq z_\alpha$ であるとき

H_0 を棄却する。

　係数が 0 であるという仮説を棄却したとき、その係数は**統計的に有意**（statistically significant）である、あるいは単に**有意**であるという。同様に、係数が $\beta_{1,0}$ であるという仮説を棄却したときには、その係数は、統計的に有意に $\beta_{1,0}$ と異なるという。特に、$\beta_1 = 0$ であるという仮説の検定は、**有意性検定**とよばれる。有意性検定は、その回帰式において X が Y の説明変数として意味があるのかの検定であるため、推定結果を解釈するうえで重要である。このため、多くの統計解析ソフトウェアでは、最小 2 乗推定を実行すると、係数が 0 であるという帰無仮説を検定した結果が自動で出力される。

例題 12.2　例題 11.3 で取り扱った GDP と設備投資の回帰モデル、

$$\log \mathrm{GDP}_i = \beta_0 + \beta_1 \log K_i + u_i$$

を、2018 年の OECD 加盟国のデータを用いて最小 2 乗法により推定したところ、

$$\widehat{\log \mathrm{GDP}}_i = \underset{(0.23)}{2.38} + \underset{(0.02)}{0.76} \log K_i$$

という結果を得た。ただし、括弧の数字は最小 2 乗推定量の標準誤差を表す。このとき、(12.22) 式で表されている仮説を有意水準 1% で検定したい。

(1) t 統計量の値を計算せよ。

(2) 臨界値を求めよ。

(3) 検定結果を求めよ。

解答　(1) (12.24) 式に表されている t 統計量に当てはめて計算して、

$$t = \frac{\hat{\beta}_1 - 0.7}{\mathrm{SE}(\hat{\beta}_1)} = \frac{0.76 - 0.70}{0.02} = 3$$

を得る。

(2) 帰無仮説の下で標準正規分布に従うことと、対立仮説の構成により両側検定であることから、臨界値は表 10.1 をみて定める。表から、有意水準 1% での臨界値は、2.58 である。

(3) $|t| = 3 \geq 2.58$ であるため、帰無仮説を棄却する。したがって、設備投資の生産量（GDP）に対する弾力性は、有意に 0.7 と異なる。

12.8　回帰係数の検定（片側）

次に、対立仮説に不等号を用いた次の仮説、

$$H_0 : \beta_1 = \beta_{1,0}$$
$$H_1 : \beta_1 > \beta_{1,0}$$

の検定を考えよう。上記のように対立仮説が不等式の形で書かれた仮説も、(12.24) 式の t 統計量を用いて検定できる。帰無仮説は (12.21) 式の帰無仮説と同じであるから、H_0 の下で、t 統計量は標準正規分布で近似できる。このため、臨界値と棄却域は標準正規分布から定める。t 統計量を、

$$t = \frac{\hat{\beta}_1 - \beta_1}{\mathrm{SE}(\hat{\beta}_1)} + \frac{\beta_1 - \beta_{1,0}}{\mathrm{SE}(\hat{\beta}_1)}$$

と分解したとき、右辺第 2 項は H_1 の下で正の値をとるため、棄却域は標準正規分布の右側に設定する。有意水準 $\alpha\%$ に対応する臨界値は、表 10.2 の 1 行目に与えられているとおりである。データから計算された t 統計量の値が臨界値 z_α よりも大きいとき、つまり、$\hat{t} \geq z_\alpha$ であるとき H_0 を棄却する。

次に、以下のような仮説を検定することを考えよう。

$$H_0 : \beta_1 = \beta_{1,0}$$
$$H_1 : \beta_1 < \beta_{1,0}$$

これまでの議論と同様に考えれば、H_1 が正しいときに t 統計量の符号が負になることが分かるだろう。したがって、棄却域を標準正規分布の左側に設定する。有意水準 $\alpha\%$ に対応する臨界値は、表 10.2 の 2 行目に与えられているとおりである。データから計算された t 統計量の値が臨界値 z_α よりも小さいとき、つまり、$\hat{t} \leq z_\alpha$ であるとき H_0 を棄却する。

以下では、線形単回帰モデルの係数の検定や区間推定の具体例を紹介する。実際にデータを用いて回帰分析をする際には、仮定 (A1)〜(A3) を精査し、その成立を確認することが不可欠である。以下の例題では、検定や区間推定の応用方法の例示を目的としているため、仮定は成立しているものとする。

例題 12.3　小学校において、給食の質が学習到達度にどのような影響を与えるのかを調べるために、次の回帰モデル、

$$\text{テストの正答率}_i = \beta_0 + \beta_1 \text{給食費}_i + u_i$$

を考える。給食の質を数値で測るのは難しいため、給食費を代理変数として使用した。給食費とテストの正答率は、それぞれ、「平成 30 年度全国学力・学習状況調査 *4」と「平成 30 年度学校給食実施状況等調査 *5」から得た。給食費は各都道府県の平均給食費月額で、テストの正答率は公立小学校に通う小学 6 年生の国語 A の平均正答率を都道府県ごとに平均したものである。標本サイズは $n = 47$ である。最小 2 乗法により推定し、

$$\widehat{\text{テストの正答率}}_i = \underset{(3.562)}{58.698} + \underset{(0.001)}{0.003} \text{給食費}_i$$

を得た。ただし、括弧の数字は標準誤差を表す。図 12.1 は、各都道府県の国語 A の平均正答率と平均給食費を示す散布図である。散布図上に描かれている直線は、推定された回帰モデルを示す。ここで、次の仮説、

$$H_0 : \beta_1 = 0$$
$$H_1 : \beta_1 > 0$$

を検定する。

(1) t 統計量の値を計算せよ。

(2) 有意水準 1% での臨界値を求めよ。

(3) 有意水準 1% で検定せよ。

(4) 給食費が 1 円値上がりすると、国語の正答率はどれくらい変化するか。100 円の値上がりの場合はどうか。

解答　(1) (12.24) 式で表されている t 統計量に当てはめて計算し、

$$t = \frac{\hat{\beta}_1 - 0}{\text{SE}(\hat{\beta}_1)} = \frac{0.003 - 0}{0.001} = 3$$

を得る。

(2) 対立仮説の構成により、棄却域は標準正規分布の右側に設定する。したがっ

---

　*4　「全国学力・学習状況調査」は、文部科学省が全国の小学 6 年生を対象に実施している調査で、以下のウェブサイトから入手した：https://www.nier.go.jp/18chousakekkahoukoku/factsheet/18prefecture-City/

　*5　「学校給食実施状況等調査」は、文部科学省が実施している調査で、以下のウェブサイトから入手した：https://www.mext.go.jp/b_menu/toukei/chousa05/kyuushoku/kekka/k_detail/1413836.htm

て、有意水準に対応する臨界値は、表 10.2 の 1 行目に与えられているとおりである。表から、有意水準 1% での臨界値は、2.33 である。

(3) $t = 3 \geq 2.33$ であるため、帰無仮説を棄却する。したがって、給食費は国語のテストの正答率に有意に正の影響を与える。

(4) 推定結果から、その効果の大きさについて以下のように解釈できる。

- 給食費が 1 円上がると、国語のテストの正答率が平均的に 0.003% 上昇する。
- 給食費が 100 円上がると、国語のテストの正答率が平均的に 0.3% 上昇する。

図 12.1　国語 A の正答率を給食費に回帰した様子

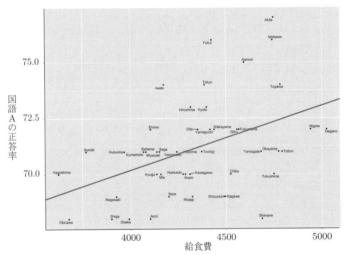

例題 **12.4**　　例題 12.3 と同じデータを用いて、次の回帰モデル、

$$\text{算数の正答率}_i = \beta_0 + \beta_1 \text{給食費}_i + u_i$$

を考える。ただし、今回は被説明変数として算数 A の平均正答率を用いた。最小 2 乗法により推定し、

$$\widehat{\text{算数の正答率}}_i = \underset{(4.091)}{60.768} + \underset{(0.00095)}{0.0006} \text{給食費}_i$$

を得た。ただし、括弧の数字は標準誤差を表す。図 12.2 は、各都道府県の算数

A の平均正答率と平均給食費を示す散布図である。散布図上に描かれている直線は、推定された回帰モデルを示す。

(1) β_1 の信頼水準 99% 信頼区間を導出せよ。

(2) β_1 の信頼水準 90% 信頼区間を導出せよ。

t 統計量を用いて次の仮説、

$$H_0 : \beta_1 = 0$$
$$H_1 : \beta_1 \neq 0$$

を検定をした結果、p 値は 0.505 であった。

(3) β_1 は有意水準 1% で有意であるか答えよ。

(4) β_1 は有意水準 10% で有意であるか答えよ。

解答 (1) (12.19) 式に当てはめて計算し、

$$\left[\hat{\beta}_1 - 2.58 \times \mathrm{SE}(\hat{\beta}_1), \ \hat{\beta}_1 + 2.58 \times \mathrm{SE}(\hat{\beta}_1) \right]$$
$$= [0.0006 - 2.58 \times 0.00095, \ 0.0006 + 2.58 \times 0.00095]$$
$$= [-0.0019, 0.0031]$$

を得る。ただし、信頼水準が 99% であるため、±1.96 の代わりに ±2.58 を用いた。したがって、β_1 の信頼水準 99% 信頼区間は $[-0.0019, 0.0031]$ である。

(2) (12.19) 式に当てはめて計算し、

$$\left[\hat{\beta}_1 - 1.64 \times \mathrm{SE}(\hat{\beta}_1), \ \hat{\beta}_1 + 1.64 \times \mathrm{SE}(\hat{\beta}_1) \right]$$
$$= [0.0006 - 1.64 \times 0.00095, \ 0.0006 + 1.64 \times 0.00095]$$
$$= [-0.0010, 0.0022]$$

を得る。ただし、信頼水準が 90% であるため、±1.96 の代わりに ±1.64 を用いた。したがって、β_1 の信頼水準 90% 信頼区間は $[-0.0010, 0.0022]$ である。

回帰係数の検定は t 検定であるから、10.3 節で解説した p 値を用いた方法により、帰無仮説を棄却するかの判断ができる。有意水準を α とするとき、

$$\frac{\alpha}{100} \geq p \quad \Leftrightarrow \quad H_0 \text{を棄却}$$
$$\frac{\alpha}{100} < p \quad \Leftrightarrow \quad H_0 \text{を棄却しない}$$

とする。

(3) 有意水準 1% であるから、

$$\frac{\alpha}{100} = \frac{1}{100} < p = 0.505$$

が成り立つ。したがって、H_0 を棄却しない。つまり、β_1 は有意水準 1% で有意でない。

(4) 有意水準 10% であるから、

$$\frac{\alpha}{100} = \frac{10}{100} < p = 0.505$$

が成り立つ。したがって、H_0 を棄却しない。つまり、β_1 は有意水準 10% で有意でない。

図 12.2　算数 A の正答率を給食費に回帰した様子

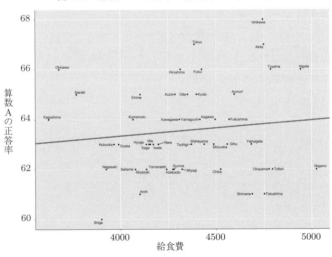

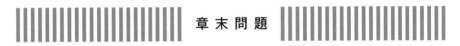

章 末 問 題

問 12.1　章末問題 11.1 で導出した $\hat{\beta}_1$ の性質について考察する。OLS 推定量の仮定 (A1), (A2), (A3) において、$\beta_0 = 0$ とした場合の仮定を想定し、次の問いに答えよ。

(1) $\hat{\beta}_1$ の不偏性を示せ。

(2) $\hat{\beta}_1$ の一致性を示せ。

(3) $\hat{\beta}_1$ の漸近正規性を示せ。

(4) β_1 に関する信頼水準 99% の信頼区間を導出せよ。

問 12.2　章末問題 11.3 を再考する。$n = 846$ 人分のデータを用いて最小 2 乗法によりパラメータを推定し、

$$\widehat{\text{テストの偏差値}} = \underset{(0.79)}{44.36} + \underset{(0.17)}{1.27} \log 勉強時間$$

を得た。ただし、括弧の数字は最小 2 乗推定量の標準誤差を表す。

(1) log 勉強時間の係数の信頼水準 99% 信頼区間を計算せよ。

(2) 定数項の信頼水準 95% 信頼区間を計算せよ。

(3) log 勉強時間の係数が有意であるかを検定したい。帰無仮説と対立仮説を書き、有意水準 1% で検定せよ。

(4) 帰無仮説を、log 勉強時間の係数が 0 であるとする。係数が正である場合に帰無仮説を棄却する設定で検定を行いたい。帰無仮説と対立仮説を数式で表し、有意水準 1% で検定せよ。

第13章

二項選択モデル

被説明変数 Y がダミー変数であるとき、線形単回帰モデルは線形確率モデルとよばれることを思い出そう（11.2.1 項）。線形確率モデルは、$Y = 1$ となる条件付き確率を、説明変数 X を用いた線形式でモデル化したもので、

$$P_{Y|X}(1|X) = \beta_0 + \beta_1 X \tag{13.1}$$

と表されるモデルである。

図 13.1 は線形確率モデルの一例で、観測値は点 ● で表されている。Y は 0 か 1 の値しかとらないため、観測値はすべて $Y = 0$ と $Y = 1$ の線上に存在している。(13.1) 式の線形確率モデルは、2 本の線上に存在する点で表される Y と X の関係を直線で表すモデルである。図 13.1 から明らかなように、線形確率モデルから得られる確率の予測値は、0 よりも小さな値や 1 よりも大きな値をとることがあり、このときには、確率を表すモデルとして適切であるとはいえない。

図 13.1　線形確率モデル

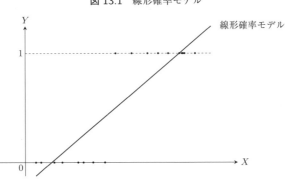

　本章では、被説明変数が 1 をとる確率が 0 と 1 の間に収まらないという問題を
持たない、2 つの非線形モデルを紹介する。

13.1　プロビットモデルとロジットモデル

　線形確率モデルで生じる問題は、確率 $P_{Y|X}(1|X)$ に対するモデルである $\beta_0 +$
$\beta_1 X$ が、X の値によっては、1 よりも大きい値や、0 よりも小さい値をとりうる
ことであった。そこで、(13.1) 式の右辺を、ある関数 $F(\cdot)$ を用いて変換したモ
デル、

$$P_{Y|X}(1|X) = F(\beta_0 + \beta_1 X) \tag{13.2}$$

を考える。この関数 $F(\cdot)$ として分布関数（定義 4.1, p.41）を用いれば、$F(\beta_0 +$
$\beta_1 X)$ は、$\beta_0 + \beta_1 X$ が大きな値であるときには 1 に近い値をとり、小さな値であ
れば 0 に近い値をとるようにすることができる [*1]。$P_{Y|X}(0|X) = 1 - P_{Y|X}(1|X)$
であることを用いれば、$Y = 0$ となる確率は、

$$P_{Y|X}(0|X) = 1 - F(\beta_0 + \beta_1 X) \tag{13.3}$$

で表すことができる。

　関数 $F(\cdot)$ として、標準正規分布の分布関数（図 4.3）を用いたモデルをプロ
ビットモデル（probit model）という。標準正規分布の分布関数を $\Phi(\cdot)$ で表す。
このとき、プロビットモデルは、$Y = 1$ となる確率と $Y = 0$ となる確率を、それ
ぞれ、

$$P_{Y|X}(1|X) = \Phi(\beta_0 + \beta_1 X)$$
$$P_{Y|X}(0|X) = 1 - \Phi(\beta_0 + \beta_1 X) \tag{13.4}$$

としたモデルである。

　関数 $F(\cdot)$ として、ロジスティック分布とよばれる分布の分布関数を用いたモデ
ルをロジットモデル（logit model）という。まずは、ロジスティック分布につい
て説明しよう。ロジスティック分布の分布関数を $\Lambda(\cdot)$ で表す。確率変数 Y の分布

[*1]　確率変数 X の分布関数 $F(x)$ とは、X が定数 x よりも小さい値をとる確率 $P(X \leq x)$ として定
義されたことを思い出そう。分布関数は確率であるため、$F(x)$ は区間 $[0, 1]$ 内の値をとる。

関数が、

$$\Lambda(x) = P(Y \le x) = \frac{\exp(x)}{1 + \exp(x)}$$

と書けるとき、確率変数 Y は**ロジスティック分布**に従うという。ロジスティック分布の分布関数を図示したのが図 13.2 である。ロジスティック分布の分布関数も、もちろん、区間 $[0, 1]$ 内の値をとる関数である。ロジットモデルは、$Y = 1$ となる確率と $Y = 0$ となる確率を、それぞれ、

$$P_{Y|X}(1|X) = \Lambda(\beta_0 + \beta_1 X)$$
$$P_{Y|X}(0|X) = 1 - \Lambda(\beta_0 + \beta_1 X) \tag{13.5}$$

としたモデルである。

図 13.2 ロジスティック分布の分布関数

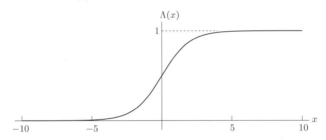

13.2 潜在変数モデル

　プロビットモデルとロジットモデルは、確率が区間 $[0, 1]$ 内の値をとるように線形確率モデルを変形したモデルである。分布関数を使ったこの変換は、線形確率モデルの問題に対処するための技術的な操作であり、何の根拠もなく行った変形であるようにみえるかもしれない。しかし、これらのモデルは、**潜在変数モデル**（latent variable model）とよばれる、選択行動モデルから導くことができる。

　潜在変数モデルでは、観測することができない潜在的な変数が存在し、その潜在的な変数が被説明変数の値を決めていると考える。観測できない潜在的な変数のことを**潜在変数**（latent variable）といい、Y^* で表す。このとき、潜在変数 Y^* が、ある値 c よりも大きいとき $Y = 1$ になり、c 以下であるとき $Y = 0$ になると

する。

例えば、企業の人材採用行動について考えてみよう。企業は、候補者の能力や適正などから総合的に判断し採否を決める。このとき、採否の判断基準となる総合的な「得点」が、ある値 c よりも大きければ採用（$Y = 1$）、c 以下であれば不採用（$Y = 0$）にするとしよう。この総合的な「得点」が観測できないとき、これを潜在変数 Y^* とすれば、この企業の採用行動は、

$$Y = \begin{cases} 1 & (Y^* > c \text{ のとき}) \\ 0 & (Y^* \leq c \text{ のとき}) \end{cases} \tag{13.6}$$

で表すことができる。上記の例を、内定あり（$Y = 1$）と内定なし（$Y = 0$）と読み替えれば、学生の就職活動のモデルと解釈することもできる。

潜在変数 Y^* は、$\tilde{\beta}_0$ と β_1 をパラメータとした、次の線形モデル、

$$Y^* = \tilde{\beta}_0 + \beta_1 X + \epsilon$$

で表すことができるとする。ただし、ϵ は誤差項で、X と独立であり、その分布関数は $F(\cdot)$ であるとする。就職活動の例であれば、総合的な得点を表す Y^* を説明する要因 X として、例えば、学業成績（GPA）などを考えることができる。

このとき、$Y = 1$ となる確率は、

$$\begin{aligned} P_{Y|X}(1|X) = P(Y^* > c|X) &= P(\beta_0 + \beta_1 X + \epsilon > 0|X) \\ &= P(\epsilon > -\beta_0 - \beta_1 X|X) \\ &= 1 - P(\epsilon \leq -\beta_0 - \beta_1 X|X) \\ &= 1 - F(-\beta_0 - \beta_1 X) \end{aligned}$$

である。ただし、$\beta_0 = \tilde{\beta}_0 - c$ と定義した。また、$Y = 0$ となる確率は、

$$\begin{aligned} P_{Y|X}(0|X) = P(Y^* \leq c|X) &= P(\epsilon \leq -\beta_0 - \beta_1 X|X) \\ &= F(-\beta_0 - \beta_1 X) \end{aligned}$$

と表すことができる。誤差項 ϵ の分布が 0 を中心とした左右対称な密度関数を持つとき、$1 - F(-\beta_0 - \beta_1 X) = F(\beta_0 + \beta_1 X)$ と $F(-\beta_0 - \beta_1 X) = 1 - F(\beta_0 + \beta_1 X)$ が成立するため、

$$P_{Y|X}(1|X) = F(\beta_0 + \beta_1 X)$$

$$P_{Y|X}(0|X) = 1 - F(\beta_0 + \beta_1 X) \tag{13.7}$$

を得る。したがって、プロビットモデルは、誤差項 ϵ の分布関数 $F(\cdot)$ が標準正規分布の分布関数であるとした場合の潜在変数モデルであり、ロジットモデルは、$F(\cdot)$ がロジスティック分布の分布関数であるとした場合の潜在変数モデルである。

13.3　係数の解釈

　プロビットモデルやロジットモデルの係数は、線形回帰モデルの係数と同じように解釈できないため注意が必要である。線形回帰モデルの係数は、11.2 節で示したように、説明変数が 1 単位変化したときの、被説明変数の期待値の変動を表すと解釈できた。このように解釈できるのは、線形回帰モデルが、被説明変数の期待値を説明変数に関する線形式でモデル化しているからである。一方で、プロビットモデルやロジットモデルは、$Y = 1$ となる確率を、X に関して線形ではない関数 $F(\cdot)$ を用いてモデル化している。このためプロビットモデルやロジットモデルの係数 β_1 は、説明変数 X が 1 単位変化したときに、$Y = 1$ となる確率の変動を表さないのである。したがって本節では、プロビットモデルやロジットモデルにおいて、説明変数 X が変化したときに、$Y = 1$ となる確率に与える影響について考える。以下において、$F(\cdot)$ が標準正規分布の分布関数であればプロビットモデル、ロジスティック分布の分布関数であればロジットモデルであると考えればよい。

　説明変数 X が変化したときの $P(Y = 1|X)$ の変動は、$P(Y = 1|X)$ を X で微分したものに対応し、これは限界効果とよばれる。つまり、限界効果は、

$$\frac{dP(Y = 1|X)}{dX} = \frac{dF(\beta_0 + \beta_1 X)}{dX} = \beta_1 f(\beta_0 + \beta_1 X) \tag{13.8}$$

である。ただし、$f(\cdot)$ は分布関数 $F(\cdot)$ に対応する密度関数である。

　すべての密度関数は 0 以上の値をとるという性質を持つ（4.4 節）ため、限界効果の符号は β_1 の符号によって決まる。つまり、$\beta_1 > 0$ であるとき、X の値が大きくなるにつれて $P(Y = 1|X)$ は大きくなる。一方、$\beta_1 < 0$ であれば、X の値が大きくなると $P(Y = 1|X)$ は小さくなる。

　(13.8) 式から分かるように、説明変数 X が確率 $P(Y = 1|X)$ に与える影響の度

合いは、X の大きさに依存する。例えば先の内定企業の有無と GPA の例であれば、GPA の値によって限界効果が異なるのである。GPA がとりうるすべての値に対して限界効果を考えるわけにはいかないため、限界効果の大きは、「平均的な限界効果」か「平均的個人の限界効果」で報告することが多い。例えば、n 人の学生のデータがあるとし、学生 i の内定ダミーを Y_i、GPA を X_i で表す。このとき、すべての学生の平均的な限界効果は、

$$\frac{1}{n} \sum_{i=1}^{n} \beta_1 f(\beta_0 + \beta_1 X_i)$$

である。あるいは、GPA の標本平均 $\bar{X} = \frac{1}{n}\sum_{i=1}^{n} X_i$ を用いれば、平均的な学生の限界効果は、

$$\beta_1 f(\beta_0 + \beta_1 \bar{X})$$

である。

13.4　最尤法

　プロビットモデルやロジットモデルの係数の推定には、最尤法とよばれる方法を用いる。本節では最尤法を一般的な形で述べ、最尤法の例として線形回帰モデルとプロビットモデル、ロジットモデルの推定を紹介する。

　最尤法（maximum likelihood method）は、ある確率関数や密度関数に従う分布から得られた標本を用いて、その関数の未知パラメータを推定するための方法で、「観測されたデータの組合せが生じる確率が最大になるように係数の値を推定」する。例えば、13.1 節のプロビットモデルとロジットモデルにおいて、Y の確率関数はパラメータ β_0 と β_1 に依存していた。後に詳しく説明するように、最尤法を用いれば、Y と X の観測値を用いてパラメータ β_0 と β_1 を推定できる。

　ある離散確率変数 W の確率関数が、パラメータ θ に依存するとして、これを明示的に $P(W; \theta)$ で表すことにする [*2]。$P(W; \theta)$ は、θ が異なれば異なる分布を表すことに注意しよう。いま、パラメータの値が θ_0 である確率関数 $P(W; \theta_0)$ を持つ分布からの無作為標本 $\{W_1, W_2, \cdots, W_n\}$ を得たとする。ただし、θ_0 は未知

[*2] 6.5 節の脚注 2（p.95）で解説したとおり、$P(W; \theta)$ は、観測値 w が観測されたときに $P(W = w; \theta)$ という値を返す関数で、これ自体も確率変数である。

であり、得られた標本から θ_0 の値を最尤法により推定することを考える。

実際の観測値を $\{w_1, w_2, \cdots, w_n\}$ で表すとき、観測されたデータの組合せが生じる確率とは、同時確率 $P(W_1 = w_1, W_2 = w_2, \cdots, W_n = w_n)$ のことである。標本は無作為に抽出されていると考えているため、W_i と W_j $(i \neq j)$ は独立である。また、$W_1, \cdots, W_n$ は同一の分布から抽出されているため、

$$P(W_1 = w_1, W_2 = w_2, \cdots, W_n = w_n) = \prod_{i=1}^{n} P(W_i = w_i; \theta_0)$$

が成立する（例題 6.7）*3。観測されたデータを特に定めない場合には、これを単に $\prod_{i=1}^{n} P(W_i; \theta_0)$ で表す。

このとき、観測されたデータの組合せが生じる確率をパラメータ θ の関数としてみた、

$$\prod_{i=1}^{n} P(W_i; \theta) \tag{13.9}$$

を最大にする θ を θ_0 の推定量とするのが最尤法である。観測されたデータの組合せが生じる確率を、パラメータ θ の関数として表したものを**尤度関数**（likelihood function）という。(13.9) 式は観測されたデータの組合せが生じる確率を確率関数を用いて書いたが、W_i が連続確率変数であるときには、密度関数 $f(W_i; \theta_0)$ を用いて、尤度関数を、

$$\prod_{i=1}^{n} f(W_i; \theta) \tag{13.10}$$

とする。以下では確率変数が連続である場合を用いて最尤法の説明を行う。ただし、$f(\cdot)$ を $P(\cdot)$ に置き換えれば、離散変数の場合を考えることができる。

最尤法は、(13.9) 式や (13.10) 式を最大化するパラメータの値を推定値とする手法である。したがって、観測されたデータの分布（確率関数、あるいは、密度関数）が分かっているか、分布を仮定しているときに使える推定方法である。プロビットやロジットモデルにおいて、Y の確率関数は (13.4) 式や (13.5) 式のようにパラメータ β_0 と β_1 を除いて既知であるため、これらのモデルに最尤法を適用できることが分かる。

尤度関数の最大化を行うにあたり、実際には、尤度関数に対数をとり標本サイ

---

*3 $\prod_{i}^{n} x_i$ は、x_1 から x_n の積を表す記号である。つまり、$\prod_{i}^{n} x_i = x_1 x_2 \cdots x_n$ である。

ズ n で割ったものの最大化を考える。対数尤度関数（log-likelihood function）を $L_n(\theta)$ で表せば、

$$L_n(\theta) = \frac{1}{n} \sum_{i=1}^{n} \ln f(W_i; \theta) \tag{13.11}$$

を最大化する θ の値が θ_0 の推定値である。このように、(13.11) 式を目的関数とした最大化問題の解として得られる推定量を**最尤推定量**（maximum likelihood estimator）という。

13.4.1　例：線形回帰モデル

　線形回帰モデルにおいて、誤差項の分布が分かっている場合には最尤法を用いて回帰係数を推定することができる。ここでは、誤差項の分布が正規分布に従うとき、最小 2 乗推定量と最尤推定量が一致することを示す。(X_1, Y_1), $(X_2, Y_2), \cdots, (X_n, Y_n)$ は独立同一に分布しているとして、次の線形回帰モデル、

$$Y_i = \beta_0 + \beta_1 X_i + u_i, \quad u_i \sim \mathrm{N}(0, \sigma^2) \tag{13.12}$$

を考える。ただし、誤差項 u_i と X_i は独立であり、σ^2 は既知であるとする。このモデルのパラメータである β_0 と β_1 を最尤法により推定することを考える。

　尤度関数は、観測されたデータの組合せが生じる確率をパラメータの関数としてみたものであった。観測されるのは $(X_1, Y_1), (X_2, Y_2), \cdots, (X_n, Y_n)$ の実現値であるから、Y_i と X_i の同時密度関数の積 $\prod_{i=1}^{n} f(Y_i, X_i)$ を考える。条件付き密度関数の定義（定義 6.8, p.91）を用いれば、

$$\prod_{i=1}^{n} f(Y_i, X_i) = \prod_{i=1}^{n} f(Y_i | X_i) f(X_i)$$

である。

　(13.12) 式から分かるように、Y_i は正規分布に従う確率変数 u_i に、$\beta_0 + \beta_1 X_i$ を足したものである。このため、X_i を所与とした（X_i の値が既知でありこれを定数とみなせる）とき、Y_i は、期待値が $\beta_0 + \beta_1 X_i$ で、分散が σ^2 の正規分布に従う（定理 9.1, p.138）。したがって、X_i を条件付けた Y_i の密度関数は、

$$f(Y_i | X_i; \beta_0, \beta_1) = \frac{1}{\sqrt{2\pi\sigma^2}} \exp\left[-\frac{(Y_i - \beta_0 - \beta_1 X_i)^2}{2\sigma^2} \right]$$

である。したがって、観測されたデータの組合せが生じる確率は、

$$\prod_{i=1}^{n} f(Y_i, X_i) = \prod_{i=1}^{n} f(Y_i|X_i; \beta_0, \beta_1) f(X_i) \tag{13.13}$$

で表すことができる。対数尤度関数は、(13.13) 式をパラメータ β_0 と β_1 の関数としてみたものである。β_0 と β_1 は推定したいパラメータであるため、これを便宜上 b_0 と b_1 に置き換えて表すことにすれば、対数尤度関数は、

$$L_n(b_0, b_1) = \frac{1}{n} \sum_{i=1}^{n} \ln f(Y_i|X_i; b_0, b_1) f(X_i)$$

$$= \frac{1}{n} \sum_{i=1}^{n} \ln f(Y_i|X_i; b_0, b_1) + \frac{1}{n} \sum_{i=1}^{n} \ln f(X_i)$$

である。ここで、対数尤度関数の右辺第 2 項はパラメータとは関係がないため無視できる。このため、

$$\frac{1}{n} \sum_{i=1}^{n} \ln f(Y_i|X_i; b_0, b_1)$$

$$= \frac{1}{n} \sum_{i=1}^{n} \ln\left\{ \frac{1}{\sqrt{2\pi\sigma^2}} \exp\left[-\frac{(Y_i - b_0 - b_1 X_i)^2}{2\sigma^2} \right] \right\}$$

$$= -\frac{1}{2} \ln 2\pi\sigma^2 - \frac{1}{2\sigma^2 n} \sum_{i=1}^{n} (Y_i - b_0 - b_1 X_i)^2 \tag{13.14}$$

を b_0 と b_1 について最大化することを考える。右辺第 2 項は、b_1 を固定すれば b_0 に関して上に凸の 2 次関数であり、b_0 を固定すれば b_1 に関して上に凸の 2 次関数である。したがって、右辺第 2 項の 1 階の条件を満たす b_0 と b_1 が、対数尤度関数を最大化する。つまり、β_0 と β_1 の最尤推定量 $\hat{\beta}_0$ と $\hat{\beta}_1$ は、

$$\frac{1}{\sigma^2 n} \sum_{i=1}^{n} (Y_i - \hat{\beta}_0 - \hat{\beta}_1 X_i) = 0$$

$$\frac{1}{\sigma^2 n} \sum_{i=1}^{n} (Y_i - \hat{\beta}_0 - \hat{\beta}_1 X_i) X_i = 0$$

を満たすものである。上式の両辺に $-2\sigma^2 n$ を乗じれば、これは最小 2 乗推定量が満たす条件 (11.13) 式と一致していることが分かる。以上から、誤差項の分布が正規分布に従う線形回帰モデルにおいて、最小 2 乗推定量と最尤推定量は一致することが示せた。

例題 **13.1** (13.12) 式の線形回帰モデルにおいて、誤差項の分散 σ^2 の最尤推定量を導出せよ。

解答 上記の線形回帰モデルの回帰係数の最尤推定において、σ^2 を推定するパラメータに加えて考える。このとき、尤度関数は $\prod_{i=1}^{n} f(Y_i|X_i; b_0, b_1, \sigma^2) f(X_i)$ であり、最大化を考える式は、(13.14) 式の右辺と同じである。この式は、b_0 と b_1 を固定すれば σ^2 に関して上に凸であるから、1 階条件、

$$-\frac{1}{2\hat{\sigma}^2} + \frac{1}{2(\hat{\sigma}^2)^2 n} \sum_{i=1}^{n} (Y_i - \hat{\beta}_0 - \hat{\beta}_1 X_i)^2 = 0$$

を満たす $\hat{\sigma}^2$ が σ^2 の最尤推定量である。これを $\hat{\sigma}^2$ について解けば、

$$\hat{\sigma}^2 = \frac{1}{n} \sum_{i=1}^{n} (Y_i - \hat{\beta}_0 - \hat{\beta}_1 X_i)^2$$

を得る。したがって、誤差項の分散の最尤推定量は、残差の 2 乗の標本平均と一致する。

13.4.2 例：プロビットモデルとロジットモデル

プロビットモデルとロジットモデルのパラメータを、最尤法で推定することを考える。$(X_1, Y_1), (X_2, Y_2), \cdots, (X_n, Y_n)$ は独立同一に分布しているとする。尤度関数は、観測されたデータの組合せが生じる確率をパラメータの関数としてみたものであり、これを最大化すパラメータが最尤推定量であるが、線形回帰モデルの際と同じ理由から、X_i を条件付けたときの Y_i の確率関数の積を最大化の目的関数として考えることができる。Y_i の条件付き確率関数は、(13.2) 式と (13.3) 式から、

$$P(Y_i|X_i) = \begin{cases} F(\beta_0 + \beta_1 X_i) & \text{if } Y_i = 1 \\ 1 - F(\beta_0 + \beta_1 X_i) & \text{if } Y_i = 0 \end{cases}$$

である。任意の数の 0 乗は 1 であることを用いれば、この確率関数は、

$$P(Y_i|X_i) = F(\beta_0 + \beta_1 X_i)^{Y_i} [1 - F(\beta_0 + \beta_1 X_i)]^{1-Y_i}$$

で表すことができる。したがって、（最大化に関係がない部分を除いた）対数尤度関数は、

$$L_n(b_0, b_1) = \frac{1}{n} \sum_{i=1}^{n} \ln P(Y_i|X_i; b_0, b_1)$$

$$= \frac{1}{n} \sum_{i=1}^{n} Y_i \ln F(b_0 + b_1 X_i) + \frac{1}{n} \sum_{i=1}^{n} (1 - Y_i) \ln[1 - F(b_0 + b_1 X_i)] \qquad (13.15)$$

である。関数 $F(\cdot)$ が標準正規分布の分布関数であるときに、$L_n(b_0, b_1)$ を最大化するような b_0 と b_1 がプロビットモデルの最尤推定量である。また、関数 $F(\cdot)$ がロジスティック分布の分布関数であるときに、$L_n(b_0, b_1)$ を最大化するような b_0 と b_1 がロジットモデルの最尤推定量である。線形回帰モデルの最尤推定量とは異なり、プロビットモデルやロジットモデルの最尤推定量を陽に書くことができない。最尤推定量 $\hat{\beta}$ を陽に書くことができないとは、$\hat{\beta}$ を標本の関数として表すことができないことを意味する。つまり、プロビットモデルやロジットモデルの最尤推定量は、「$\hat{\beta} = \sim$」の形で表記することができない。

13.5 仮定 *

本節では、一般的な形で表した最尤推定量が一致性と漸近正規性を持つための仮定について述べる。それらの仮定が、プロビットモデルやロジットモデルの場合に成立するのかは次節で考える。議論を簡単にするため、パラメータ θ は 1 次元であるとする。また、θ は閉区間上の値をとるとし、これを Θ で表す[*4]。また、(13.11) 式で定義した対数尤度関数 $L_n(\theta)$ を最大化するようなパラメータとして最尤推定量を定義したが、対数尤度関数を最大化するパラメータは 1 つしか存在しないのか、複数存在するかについては明言していなかった。ここでは、$L_n(\theta)$ を最大化するパラメータは複数存在してもよいが、そのうちの任意の 1 つを選ぶとし、これを $\hat{\theta}$ で表す。

本章では、最尤推定量が一致性と漸近正規性を持つことを示す。一致性とは、θ_0 の最尤推定量である $\hat{\theta}$ が、θ_0 に確率収束をすることであった（定義 9.2, p.130）。つまり、一致性があれば、$\hat{\theta}$ が θ_0 に近い値をとる確率は、標本サイズが大きくなるにつれて 1 に近づいていく。もともと θ_0 は標本を抽出する母集団の分布のパラメータであり、最尤推定量は標本の関数である対数尤度関数を最大化するパラメータとして定義された。一見すると、対数尤度関数を最大化するパラメータがなぜ θ_0 をうまく推定できるのか分からないだろう。このことの直感的な説明をしておこう。

θ_0 は、対数尤度関数 $L_n(\theta) = \frac{1}{n} \sum_{i=1}^{n} \ln f(W_i; \theta)$ の収束先を最大化するパラメー

[*4] 例えば Θ として、$[-\infty, \infty]$ や、ある任意の定数 a, b $(a < b)$ について区間 $[a, b]$ を想定できる。

タであることを示すことができる。対数尤度関数 $L_n(\theta)$ の収束先とはどのようなものであろうか。対数尤度関数は、確率変数 $\ln f(W_i; \theta)$ の標本平均の形をしていることに注目して、大数の法則（定理 8.1, p.120）を思い出そう。大数の法則は、独立同一分布に従う確率変数の標本平均が、その確率変数の期待値に確率収束することを示す定理であった。したがって、直感的に考えれば、対数尤度関数は標本サイズが大きくなるとともに、

$$L(\theta) = E[\ln f(W_i; \theta)]$$

に近づいていくことが想像できる。確率変数 W_i の密度関数が $f(W_i; \theta_0)$ であるとき、任意の θ について、$E[\ln f(W_i; \theta)] \le E[\ln f(W_i; \theta_0)]$ が成立することが知られている（章末問題 13.1）。つまり θ_0 は、$L(\theta)$ を最大化するパラメータである。標本サイズが大きくなるにつれて、対数尤度関数はその収束先に近づいていくため、対数尤度関数を最大化する θ は、対数尤度関数の収束先を最大化する θ_0 に近づいていくのである。もちろん、これは無条件に成立するものではなく、この成立を保証するための仮定が必要となる。

今後、表記を簡単にするため、任意の関数 $f(x)$ について、関数を x に関して微分したものである $\frac{df(x)}{dx}$ に、ある値 $\tilde{x}$ を代入したものを $\frac{df(\tilde{x})}{dx}$ で表す。例えば、$\frac{dL_n(\hat{\theta})}{d\theta}$ は $\frac{dL_n(\theta)}{d\theta}$ に $\hat{\theta}$ を代入したものを意味する。また、$\frac{df(x)}{dx}$ を x について微分したものを $\frac{d^2 f(x)}{dx dx}$ で表す。

13.5.1 仮定

最尤推定量の一致性と漸近正規性を示すために、次の仮定を置く。

仮定（最尤推定量の仮定）

(ML1) $W_1, W_2, \cdots, W_n$ は独立同一に分布する。

(ML2) $\ln f(W_i; \theta)$ は θ について 2 階連続微分可能である。

(ML3) $L(\theta)$ を最大化する θ_0 が一意に存在する。

(ML4) $n \to \infty$ のとき、

$$\sup_{\theta \in \Theta} |L_n(\theta) - L(\theta)| \xrightarrow{p} 0$$

が成立する。

(ML5) θ_0 が Θ の内点に一意に存在し、

$$E\left[\frac{d \ln f(W_i; \theta_0)}{d\theta}\right] = 0 \tag{13.16}$$

と、情報等式

$$-E\left[\frac{d^2 \ln f(W_i; \theta_0)}{d\theta d\theta}\right] = E\left\{\left[\frac{d \ln f(W_i; \theta_0)}{d\theta}\right]^2\right\} \tag{13.17}$$

が成立する。

(ML6) $\tilde{\theta}$ が θ_0 の一致推定量であるとき、

$$\frac{1}{n}\sum_{i=1}^{n} \frac{d^2 \ln f(W_i; \tilde{\theta})}{d\theta d\theta} \xrightarrow{p} E\left[\frac{d^2 \ln f(W_i; \theta_0)}{d\theta d\theta}\right]$$

が成立する。

(ML7)

$$\frac{1}{\sqrt{n}}\sum_{i=1}^{n} \frac{d \ln f(W_i; \theta_0)}{d\theta} \xrightarrow{d} \mathrm{N}(0, \Sigma)$$

が成立する。ただし、$\Sigma = E\left\{\left[\frac{d \ln f(W_i; \theta_0)}{d\theta}\right]^2\right\}$ である。

仮定 (ML1), (ML2), (ML3), (ML4) の下で、最尤推定量は一致性を持つ。また、一致性に加えて仮定 (ML5), (ML6), (ML7) が成立しているとき、最尤推定量は漸近正規性を持つ。以下では、それぞれの仮定について詳しく考察する。

仮定 (ML1), (ML2)

仮定 (ML1) は、観測されたデータが同一の同時分布から無作為に抽出されたことを仮定している。本章では、対数尤度関数を (13.11) 式の形で表すために独立同一分布の仮定を用いた。仮定 (ML2) は、$\ln f(W_i; \theta)$ が θ について 2 階微分可能であり、2 階の導関数が θ について連続であることを意味する。

仮定 (ML3)

仮定 (ML3) は、$L(\theta)$ を最大化するパラメータは 1 つだけであるという仮定である。θ_0 が $L(\theta)$ を最大化するパラメータであるとき、θ_0 の他に $L(\theta)$ を最大化するパラメータがないとは、すべての $\theta \neq \theta_0$ について、$L(\theta) < L(\theta_0)$ が成り立つことをいう。

どのような場合にこの仮定は成立するだろうか。確率変数 W_i の密度関数 $f(W_i; \theta_0)$ について、以下の関係の成立が知られている（章末問題 13.1）

$$f(W_i; \theta) \neq f(W_i; \theta_0) \text{ の確率が } 0 \text{ のとき、}$$
$$E[\ln f(W_i; \theta)] = E[\ln f(W_i; \theta_0)]$$
$$f(W_i; \theta) \neq f(W_i; \theta_0) \text{ の確率が } 0 \text{ より大きいとき、}$$
$$E[\ln f(W_i; \theta)] < E[\ln f(W_i; \theta_0)] \tag{13.18}$$

この 2 つの関係式から分かるように、すべての $\theta \neq \theta_0$ について、$f(W_i; \theta) \neq f(W_i; \theta_0)$ となる確率が 0 より大きいとき、θ_0 は $L(\theta) = E[\ln f(W_i; \theta)]$ を最大化する唯一のパラメータであるといえる。

仮定 (ML5)

θ_0 が Θ の内点に存在するとは、θ_0 が閉区間 Θ の両端ではない場所にあることを意味する。例えば、パラメータ θ が区間 $\Theta = [\underline{\theta}, \overline{\theta}]$ 上の値をとるとしよう。図 13.3 のように、$L(\theta)$ を最大化する唯一のパラメータ θ_0 が、パラメータが定義されている区間の内点 $(\underline{\theta}, \overline{\theta})$ に存在するとき、$L(\theta)$ を θ_0 で評価した点の傾きは 0 であるため、1 階の条件 $\frac{dL(\theta_0)}{d\theta} = 0$ が満たされる。一方、図 13.4 のように、$L(\theta)$ を最大化する唯一のパラメータ θ_0 が、パラメータが定義されている区間の端点に存在するとき、$L(\theta)$ を θ_0 で評価した点における傾きは 0 になるとは限らない。したがって、内点の仮定は $L(\theta)$ を最大化する θ_0 が、1 階の条件 $\frac{dL(\theta_0)}{d\theta} = 0$ を満たすことを保証する。

後に示すように、最尤推定量の漸近正規性は、次の等式、

$$\frac{dL_n(\hat{\theta})}{d\theta} = 0 \tag{13.19}$$

を用いて示される。最尤推定量 $\hat{\theta}$ は、対数尤度関数 $L_n(\theta)$ を最大化するパラメータであるが、(13.19) 式は、その最大化問題の 1 階条件が成立していることを示す

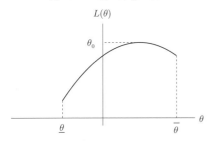

図 13.3　1 階の条件は成立

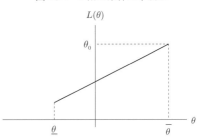

図 13.4　1 階の条件は不成立

等式である。$\hat{\theta}$ が Θ の内点に存在するという仮定の下で、この 1 階条件は成立するが、仮定 (ML5) では、$\hat{\theta}$ に関する仮定は置いていない。しかし、$\hat{\theta}$ が θ_0 の一致推定量であれば、$\hat{\theta}$ は θ_0 に確率収束するため、$\hat{\theta}$ は内点 θ_0 に近づいていく。したがって、$\hat{\theta}$ が一致性を持ち、標本サイズが十分に大きければ、仮定 (ML5) の内点の仮定によって、(13.19) が成立していると考えることができる。

　　θ_0 が Θ の内点に存在しない場合には、標本サイズが十分に大きい場合であっても (13.19) 式が保証されない。このため、(13.19) 式の成立を前提として導出する漸近正規性は成立しているのか分からない。漸近正規性が成立しなければ、その性質を用いて行われる、パラメータの信頼区間や有意性検定は根拠のないものになってしまう。特に、経済理論等によりパラメータが存在する区間が限られている場合には注意が必要である。例えば、$\theta_0 \geq 0$ と分かっているような状況において、θ_0 の推定値が 0 に近い場合には、$\theta_0 = 0$ である可能性があるため、漸近正規性を用いた信頼区間の推定や仮説検定からは信頼できる結果を得ることはできない [*5]。

　　仮定 (ML5) の (13.16) 式は、尤度関数が確率関数で表されている場合には常に成立する。尤度関数が確率関数で書かれている場合に (13.16) 式は、$E\left[\dfrac{d\ln P(W;\theta_0)}{d\theta}\right]=0$ で表せる。W が $w_1, w_2, \cdots, w_J$ の値をとる離散確率変数であるとしよう。離散確率変数がとりうるすべての値の確率の和は 1 であるため、$\sum_{j=1}^{J} P(w_j;\theta)=1$ が成立する。両辺を微分して、$\sum_{j=1}^{J} \dfrac{dP(w_j;\theta)}{d\theta}=0$ を得る。対数の微

[*5] θ_0 が Θ の端点に存在する場合に、信頼区間や有意性検定を行う方法も存在する。例えば、ブートストラップ法による問題と対応策を議論している参考文献に Horowitz (2001) の Example 2.5 や Horowitz (2019) の 2.1.2 項がある。

分の性質 $\frac{d\ln P(w_j;\theta)}{d\theta} = \frac{dP(w_j;\theta)/d\theta}{P(w_j;\theta)}$ から、$\frac{dP(w_j;\theta)}{d\theta} = \frac{d\ln P(w_j;\theta)}{d\theta}\,P(w_j;\theta)$ が成立することを用いれば、

$$0 = \sum_{j=1}^{J}\frac{dP(w_j;\theta)}{d\theta} = \sum_{j=1}^{J}\frac{d\ln P(w_j;\theta)}{d\theta}P(w_j;\theta) = E\left[\frac{d\ln P(W;\theta)}{d\theta}\right]$$

を得る。ただし、最後の等式は離散確率変数の期待値の定義（定義 5.1, p.60）を用いた。これは任意の θ について成立するため、$\theta = \theta_0$ としている (13.16) 式が成立していることが示せた。

尤度関数が密度関数で表されている場合において、仮定 (ML5) の (13.16) 式は、微分と積分の順番が交換可能である場合に成立する。このことについて詳しくみてみよう。密度関数の定義（定義 4.3, p.51）から、$\int f(w;\theta)dw = 1$ が成立している。微分と積分の順番が交換可能であるとき（章末問題 13.2）、両辺を θ で微分すると、

$$\int \frac{df(w;\theta)}{d\theta}dw = 0 \tag{13.20}$$

を得る。ここで、対数の微分の性質から、$\frac{df(w;\theta)}{d\theta} = \frac{d\ln f(w;\theta)}{d\theta}\,f(w;\theta)$ が成立する。これを (13.20) 式に代入して、

$$\int \frac{d\ln f(w;\theta)}{d\theta}f(w;\theta)dw = 0$$

を得る。したがって、$f(w;\theta)$ が密度関数である限り、任意の θ について、$E\left[\frac{d\ln f(W;\theta)}{d\theta}\right] = 0$ が成立する。もちろん $\theta = \theta_0$ のときにもこの等式は成り立つため、微分と積分の順番が交換可能であるときには、

$$E\left[\frac{d\ln f(W_i;\theta_0)}{d\theta}\right] = 0$$

が成り立つのである。

仮定 (ML5) の (13.17) 式は**情報等式**とよばれる等式である。この等式も、尤度関数が確率関数で表されている場合には常に成立し、密度関数で表されている場合には微分と積分の順番が交換可能である場合に成立する。ここでは後者を示そう。(13.16) 式の下で、

$$\int \frac{d\ln f(w;\theta_0)}{d\theta}f(w;\theta_0)dw = 0$$

が成立する。微分と積分の順番が交換可能であれば、両辺を θ で微分することで、

$$\int \frac{d^2 \ln f(w;\theta_0)}{d\theta d\theta} f(w;\theta_0) dw + \int \frac{d \ln f(w;\theta_0)}{d\theta} \frac{df(w;\theta_0)}{d\theta} dw = 0 \qquad (13.21)$$

を得る。ここで、対数の微分の性質から、$\frac{df(w;\theta_0)}{d\theta} = \frac{d \ln f(w;\theta_0)}{d\theta} f(w;\theta_0)$ が成立することを用いて、(13.21) 式を変形すると、

$$-\int \frac{d^2 \ln f(w;\theta_0)}{d\theta d\theta} f(w;\theta_0) dw = \int \left[\frac{d \ln f(w;\theta_0)}{d\theta} \right]^2 f(w;\theta_0) dw$$

を得る。以上で (13.17) 式が成立することが示せた。

仮定 (ML5) の内容をまとめよう。θ_0 が Θ の内点に存在するという仮定は、漸近正規性の導出に肝心な仮定である。しかし、θ_0 は未知であるため、実証分析においてこの仮定の成立を確認することは難しい。区間 Θ が既知であり、推定値が区間の端点に近い場合には、この仮定が成立していないことを疑い、信頼区間や仮説検定には漸近正規性に頼らない方法を採用することが望ましい。(13.16) 式と情報等式 (13.17) 式は、微分と積分の順番が交換可能である場合に成立する。

仮定 (ML4), (ML6), (ML7) は確率収束や分布収束が成立するという仮定である。このままでは、これらの仮定がどのような場合に成立しているのかは分かりにくいため、それぞれについて十分条件を考えよう。仮定 (ML1) から仮定 (ML3) の下で、ある種のモーメントに関する仮定がこれらの十分条件であることを示す。

仮定 (ML4)

仮定 (ML4) の sup は、上限（supremum）を表す記号である。まずは、ある関数 $g(\theta)$ について、$\sup_{\theta \in \Theta} g(\theta)$ と書いた場合の意味を定義する。閉区間 Θ 上の任意の値 θ で評価した $g(\theta)$ を集めたもの（集合）を $\{g(\theta) \mid \theta \in \Theta\}$ で表す。これは、θ を Θ の範囲で動かしたときに、$g(\theta)$ がとりうる値をすべて集めたものである。ある関数 $g(\theta)$ の $\theta \in \Theta$ 上の上限が $\overline{g}$ であるとは、任意の $g \in \{g(\theta) \mid \theta \in \Theta\}$ について $g \leq \overline{g}$ が成立し、かつ、任意の $\epsilon > 0$ に対して、ある $g \in \{g(\theta) \mid \theta \in \Theta\}$ が存在して、$\overline{g} - \epsilon \leq g$ が成り立つことをいう。このとき、この $\overline{g}$ を $\sup_{\theta \in \Theta} g(\theta)$ で表す。上限 $\overline{g}$ は関数 $g(\theta)$ の値域 $\{g(\theta) \mid \theta \in \Theta\}$ に属するとは限らないということが最大値との違いである *6。最大値 $\max_{\theta \in \Theta} g(\theta)$ が存在するとき、最大値と上限は

---

*6 最大値との違いを明確にするため、同じ記号を用いて最大値を定義しよう。ある関数 $g(\theta)$ の $\theta \in \Theta$ 上の最大値が $\overline{g}$ であるとは、任意の $g \in \{g(\theta) \mid \theta \in \Theta\}$ について $g \leq \overline{g}$ が成立し、かつ、$\overline{g} \in \{g(\theta) \mid \theta \in \Theta\}$ が成り立つことをいう。

一致する。一方で、上限が最大値であるとは限らない（図 13.5 と図 13.6 を参照されたい）。

図 13.5　最大値が存在しない場合

注：上限は値域の外に存在している。$\Theta = [\underline{\theta}, \overline{\theta}]$。

図 13.6　最大値が存在する場合

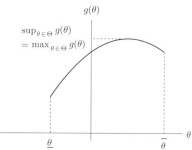

注：最大値と上限は一致する。

　仮定 (ML4) では、**一様収束**（uniform convergence）とよばれる収束を仮定している。この仮定は、すべての $\theta \in \Theta$ について、確率収束 $|L_n(\theta) - L(\theta)| \xrightarrow{p} 0$ が成立するという仮定よりも強い仮定である。つまり、$\sup_{\theta \in \Theta} |L_n(\theta) - L(\theta)| \xrightarrow{p} 0$ のとき、すべての $\theta \in \Theta$ について、$|L_n(\theta) - L(\theta)| \xrightarrow{p} 0$ が成立するが、逆は成立しない。それでは、なぜ一様収束を仮定するのだろうか。

　$L_n(\theta)$ がすべての $\theta \in \Theta$ について $L(\theta)$ に収束するとき、$L_n(\theta)$ を最大化するものとして定義された $\hat{\theta}$ は、$L(\theta)$ を最大化する θ_0 に近づいていくだろうと想像するかもしれない。しかし、実際には、$L_n(\theta)$ がすべての $\theta \in \Theta$ について $L(\theta)$ に収束しても、$\hat{\theta}$ が θ_0 に近づいていかない例を考えることができる。例えば、図 13.7 をみてみよう。$L_n(\theta)$ は、$n \to \infty$ のとき、すべての $\theta \in \Theta$ において $L(\theta)$ に収束する。しかし、$\hat{\theta} = 1/n \to 0$ であり、これは θ_0 と一致しない。一様収束を仮定するのは、極限 $n \to \infty$ を考える際に、$L_n(\hat{\theta})$ がこのような望まない振る舞いをすることを除外するためである。

　一様収束が成立するための十分条件はよく知られている。その条件とは、仮定 (ML1) と仮定 (ML2) に加えて、$|\ln f(W_i; \theta)| \leq d(W_i)$ と $E[d(W_i)] < \infty$ を満たす関数 $d(W_i)$ が存在することである[*7]。

[*7] 例えば Newey and McFadden（1994）の補題 2.4（p.2129）を参照されたい。

図 13.7　$L_n(\theta)$ が $L(\theta)$ に収束しても、$\hat{\theta}$ が θ_0 に近づいていかない例

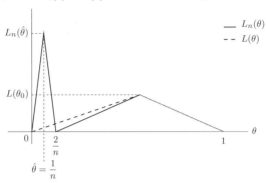

仮定 (ML6)

　仮定 (ML6) は、標本平均の形をしている統計量 $\frac{1}{n} \sum_{i=1}^{n} \frac{d^2 \ln f(W_i; \tilde{\theta})}{d\theta d\theta}$ について、大数の法則（定理 8.1, p.120）を適用することができるという仮定にみえるかもしれないが、それほど単純な仮定ではない。この統計量には推定量 $\tilde{\theta}$ が含まれていることに注意しよう。この推定量が $W_1, W_2, \cdots, W_n$ の関数であるとき、$\frac{d^2 \ln f(W_i; \tilde{\theta})}{d\theta d\theta}$ も $W_1, W_2, \cdots, W_n$ に依存するため、$\left\{ \frac{d^2 \ln f(W_i; \tilde{\theta})}{d\theta d\theta} \right\}_{i=1}^{n}$ は独立ではない。このため、この統計量に定理 8.1 の大数の法則を直接適用することはできないのである。それでは、仮定 (ML6) は、どのような場合に成立するだろうか。

　ここでは、一様収束、

$$\sup_{\theta \in \Theta} \left| \frac{1}{n} \sum_{i=1}^{n} \frac{d^2 \ln f(W_i; \theta)}{d\theta d\theta} - E\left[\frac{d^2 \ln f(W_i; \theta)}{d\theta d\theta} \right] \right| \xrightarrow{p} 0 \qquad (13.22)$$

がこの仮定の十分条件であることを示す。以後、表記を簡単にするため $H(W_i; \theta) = \frac{d^2 \ln f(W_i; \theta)}{d\theta d\theta}$ で表す。また、仮定 (ML6) が成立することは、任意の $\epsilon > 0$ と $\delta > 0$ に対して、ある N が存在して、$n \geq N$ を満たす、すべての n に対して、

$$P\left(\left| \frac{1}{n} \sum_{i=1}^{n} H(W_i; \tilde{\theta}) - E[H(W_i; \theta_0)] \right| \geq \epsilon \right) < \delta \qquad (13.23)$$

が成立することを意味する [8] ため、(13.22) 式の下で、(13.23) 式が成立することを示す。

　まず、(13.22) 式から、任意の $\epsilon > 0$ と $\delta > 0$ に対して、ある N_1 が存在して、

---

[8]　確率収束の ϵ–δ 論法による定義（8 章の脚注 8, p.120）を参照されたい。

$n \geq N_1$ を満たす、すべての n に対して、

$$P\left(\left|\frac{1}{n}\sum_{i=1}^{n} H(W_i;\tilde{\theta}) - E[H(W_i;\tilde{\theta})]\right| \geq \frac{\epsilon}{2}\right)$$

$$\leq P\left(\sup_{\theta\in\Theta}\left|\frac{1}{n}\sum_{i=1}^{n} H(W_i;\theta) - E[H(W_i;\theta)]\right| \geq \frac{\epsilon}{2}\right)$$

$$< \frac{\delta}{2} \tag{13.24}$$

が成立する。

次に、$E[H(W_i;\theta)]$ は θ について連続であるとしよう。このとき、任意の $\epsilon > 0$ に対して、ある $\epsilon_1 > 0$ が存在し $|\tilde{\theta} - \theta_0| < \epsilon_1$ であれば $|E[H(W_i;\tilde{\theta})] - E[H(W_i;\theta_0)]| < \epsilon$ を満たす。つまり、

$$P(|\tilde{\theta} - \theta_0| < \epsilon_1) \leq P(|E[H(W_i;\tilde{\theta})] - E[H(W_i;\theta_0)]| < \epsilon)$$

である。ただし、$\tilde{\theta}$ は θ_0 の一致推定量であるため、左辺の極限は 1 である。以上から、右辺の極限も 1 であるため、$E[H(W_i;\tilde{\theta})] \overset{p}{\to} E[H(W_i;\theta_0)]$ が成立することが分かった[*9]。つまり、任意の $\epsilon > 0$ と $\delta > 0$ に対して、ある N_2 が存在して、$n \geq N_2$ を満たす、すべての n に対して、

$$P\left(\left|E[H(W_i;\tilde{\theta})] - E[H(W_i;\theta_0)]\right| \geq \frac{\epsilon}{2}\right) < \frac{\delta}{2} \tag{13.25}$$

が成立する。

(13.24) 式と (13.25) 式から、任意の $\epsilon > 0$ と $\delta > 0$ に対して、$n \geq \max\{N_1, N_2\}$ を満たす、すべての n に対して、

$$P\left(\left|\frac{1}{n}\sum_{i=1}^{n} H(W_i;\tilde{\theta}) - E[H(W_i;\theta_0)]\right| \geq \epsilon\right)$$

$$= P\left(\left|\frac{1}{n}\sum_{i=1}^{n} H(W_i;\tilde{\theta}) - E[H(W_i;\tilde{\theta})]\right.\right.$$

$$\left.\left. + E[H(W_i;\tilde{\theta})] - E[H(W_i;\theta_0)]\right| \geq \epsilon\right)$$

$$\leq P\left(\left|\frac{1}{n}\sum_{i=1}^{n} H(W_i;\tilde{\theta}) - E[H(W_i;\tilde{\theta})]\right|\right.$$

[*9] 一般に、確率変数 X_n が定数 x に確率収束し、実数値関数 $g(\cdot)$ が点 x で連続であるならば、$g(X_n) \overset{p}{\to} g(x)$ が成立する。これを連続写像定理という。

$$+\left|E[H(W_i;\tilde{\theta})] - E[H(W_i;\theta_0)]\right| \geq \epsilon\right) < \delta$$

が成立する。ただし、最後から 2 番目の不等式の導出には三角不等式を用いた。以上で (13.23) 式を示せた。

ここまでの議論から、$E[H(W_i;\theta)]$ が θ について連続であり、(13.22) 式に示された一様収束が成立すれば、仮定 (ML6) が成立することが分かった。一様収束と連続性が成立するための条件は、仮定 (ML1) と仮定 (ML2) に加えて、$|H(W_i;\theta)| \leq d_H(W_i)$ と $E[d_H(W_i)] < \infty$ を満たす関数 $d_H(W_i)$ が存在することである。

仮定 (ML7)

仮定 (ML7) は中心極限定理（定理 8.3, p.124）を適用できるという仮定である。(12.8) 式の形で表した中心極限定理を考えよう。仮定 (ML5) の下で、$E\left[\frac{d\ln f(W_i;\theta_0)}{d\theta}\right] = 0$ である。また、仮定 (ML1) から、$W_1, W_2, \cdots, W_n$ は独立同一に分布する。このため、$E\left\{\left[\frac{d\ln f(W_i;\theta_0)}{d\theta}\right]^2\right\} < \infty$ であれば、中心極限定理を適用できて、

$$\frac{1}{\sqrt{n}}\sum_{i=1}^{n}\frac{d\ln f(W_i;\theta_0)}{d\theta} \xrightarrow{d} N\left(0, \text{Var}\left(\frac{d\ln f(W_i;\theta_0)}{d\theta}\right)\right)$$

が成立する。ただし、分散の定義と $E\left[\frac{d\ln f(W_i;\theta_0)}{d\theta}\right] = 0$ であることから、

$$\text{Var}\left(\frac{d\ln f(W_i;\theta_0)}{d\theta}\right) = E\left(\left\{\frac{d\ln f(W_i;\theta_0)}{d\theta} - E\left[\frac{d\ln f(W_i;\theta_0)}{d\theta}\right]\right\}^2\right)$$
$$= \Sigma$$

である。

13.6 仮定：プロビット・ロジットモデルの場合 *

プロビットモデルとロジットモデルの場合における、最尤推定量の仮定の意味を考察する。ただし、議論を簡単にするために、$\beta_0 = 0$ とした場合を考える。(13.15) 式において導出したとおり、対数尤度関数は、

$$L_n(\beta_1) = \frac{1}{n}\sum_{i=1}^{n}\ln\{F(\beta_1 X_i)^{Y_i}[1 - F(\beta_1 X_i)]^{1-Y_i}\}$$

$$= \frac{1}{n} \sum_{i=1}^{n} \{Y_i \ln F(\beta_1 X_i) + (1 - Y_i) \ln[1 - F(\beta_1 X_i)]\} \quad (13.26)$$

である。$F(\cdot)$ として、標準正規分布の分布関数 $\Phi(\cdot)$ を用いるとき、(13.26) 式はプロビットモデルの対数尤度関数であり、ロジスティック分布の分布関数 $\Lambda(\cdot)$ を用いるときには、ロジットモデルの対数尤度関数である。

仮定 (ML2)

まず仮定 (ML2) を確認する。(13.26) 式を目的関数としたとき、仮定 (ML2) は、$Y_i \ln F(\beta_1 X_i)$ と $(1 - Y_i) \ln[1 - F(\beta_1 X_i)]$ が β_1 について 2 階連続微分可能であることを要求している。これは、$F(x)$ が x について 2 階連続微分可能であれば成立する。標準正規分布の分布関数とロジスティック分布の分布関数は何階でも微分可能であることを容易に確認できる（章末問題 13.3）。このため、プロビットモデルとロジットモデルは仮定 (ML2) を満たす。

仮定 (ML3)

前節で考えた、仮定 (ML3) が成立するための十分条件を用いて、仮定 (ML3) の成立を検討する。つまり、任意の $\tilde{\beta}_1 \neq \beta_1$ に対して、0 よりも大きい確率で、

$$F(\beta_1 X_i)^{Y_i}[1 - F(\beta_1 X_i)]^{1-Y_i} \neq F(\tilde{\beta}_1 X_i)^{Y_i}[1 - F(\tilde{\beta}_1 X_i)]^{1-Y_i}$$

であることを示す。このままでは考えにくいため、両辺に対数をとった式、

$$Y_i \ln F(\beta_1 X_i) + (1 - Y_i) \ln[1 - F(\beta_1 X_i)]$$
$$- Y_i \ln F(\tilde{\beta}_1 X_i) - (1 - Y_i) \ln[1 - F(\tilde{\beta}_1 X_i)] \neq 0 \quad (13.27)$$

を考える。上式の左辺は、対数の性質から、

$$Y_i[\ln F(\beta_1 X_i) - \ln F(\tilde{\beta}_1 X_i)]$$
$$+ (1 - Y_i)\{\ln[1 - F(\beta_1 X_i)] - \ln[1 - F(\tilde{\beta}_1 X_i)]\}$$
$$= Y_i \ln\left[\frac{F(\beta_1 X_i)}{F(\tilde{\beta}_1 X_i)}\right] + (1 - Y_i) \ln\left[\frac{1 - F(\beta_1 X_i)}{1 - F(\tilde{\beta}_1 X_i)}\right]$$

である。したがって、0 よりも大きい確率で $F(\beta_1 X_i) \neq F(\tilde{\beta}_1 X_i)$ であれば仮定 (ML3) は満たされる。標準正規分布の分布関数は、図 4.3 に示されているように、単調な増加関数であるから、$x \neq \tilde{x}$ のとき、$\Phi(x) \neq \Phi(\tilde{x})$ が成立する。また、ロジスティック分布の分布関数も、図 13.2 に示されているように、単調な増加関

数であるから、$x \neq \tilde{x}$ のとき、$\Lambda(x) \neq \Lambda(\tilde{x})$ が成立する。したがって、$P(\beta_1 X_i \neq \tilde{\beta}_1 X_i) > 0$ であれば仮定 (ML3) は満たされる。$X_i = 0$ のとき、この条件は満たされない。本項では、簡単化のために定数項のないモデルを考えているということに注意しよう。定数項がある場合には、仮定 (ML3) が成立するためには、X_i が定数ではないことが要求される。また、説明変数が複数ある場合には、「多重共線性」とよばれる説明変数間の関係性がないときに、この仮定が満たされることが知られている。

仮定 (ML5)

仮定 (ML5) にある内点の仮定については、前述のとおり、θ_0 が未知であるため実証分析においてこの仮定の成立を確認することは難しい。パラメータが実数上の任意の値をとる場合には問題にならないが、区間 Θ が既知であり、推定値が区間の端点に近い場合には、この仮定が成立していないことを疑い、信頼区間や仮説検定には漸近正規性に頼らない方法を採用することが望ましい。プロビットモデルとロジットモデルの尤度関数は確率関数で表されているため、仮定 (ML5) の (13.16) 式は成立している（章末問題 13.4）。情報等式についても同様である。

仮定 (ML4)

前節で説明したとおり、仮定 (ML4) の一様収束が成立するための十分条件は、$|\ln P(W_i; \theta)| \leq d(W_i)$ と $E[d(W_i)] < \infty$ を満たす関数 $d(W_i)$ が存在することである。この仮定をプロビットモデルとロジットモデルの場合で考えよう。(13.26) 式から、$\ln P(W_i; \theta) = Y_i \ln F(\beta_1 X_i) + (1 - Y_i) \ln[1 - F(\beta_1 X_i)]$ であることに注意する。三角不等式から、

$$\begin{aligned} |\ln P(W_i; \theta)| &= |Y_i \ln F(\beta_1 X_i) + (1 - Y_i) \ln[1 - F(\beta_1 X_i)]| \\ &\leq |Y_i||\ln F(\beta_1 X_i)| + |1 - Y_i||\ln[1 - F(\beta_1 X_i)]| \\ &\leq |\ln F(\beta_1 X_i)| + |\ln F(-\beta_1 X_i)| \end{aligned}$$

を得る。ただし、最後の不等式には $0 \leq |Y_i| \leq 1$ であること、そして、分布の対称性から $1 - F(\beta_1 X_i) = F(-\beta_1 X_i)$ であることを用いた。

ここで、$|\ln F(\beta_1 X_i)|$ の上限を導出するために、**平均値の定理**（mean value theorem）を紹介しよう。平均値の定理とは、ある関数 $f(\cdot)$ が、区間 $[a, b]$ 上で連

続、区間 (a, b) 上で微分可能であるとき、$f(b) - f(a) = (b - a)\dfrac{df(c)}{db}$ を満たす $c \in$ (a, b) が存在することを示す定理である *10。

上記の定理における a と b を、それぞれ、0 と β_1 として、$|\ln F(\beta_1 X_i)|$ に平均値の定理を適用すると、

$$|\ln F(\beta_1 X_i)| = \left| \ln F(0) + \beta_1 \frac{d \ln F(\tilde{\beta}_1 X_i)}{d \beta_1} \right|$$

$$\leq |\ln F(0)| + |\beta_1 X_i| \left| \frac{F'(\tilde{\beta}_1 X_i)}{F(\tilde{\beta}_1 X_i)} \right|$$

を満たす $\tilde{\beta}_1$ が存在することが分かる。ただし、$F'(\cdot)$ は $F(\cdot)$ の 1 階の導関数を意味し、最後の不等式の導出には三角不等式を用いた。表記の簡単化のため、$\lambda(x) = \dfrac{F'(x)}{F(x)}$ と定義する。

ロジットモデルの場合には、$F(\cdot) = \Lambda(\cdot)$ であるから、

$$\left| \lambda(\tilde{\beta}_1 X_i) \right| = \left| \frac{\Lambda'(\tilde{\beta}_1 X_i)}{\Lambda(\tilde{\beta}_1 X_i)} \right| = \left| \frac{\Lambda(\tilde{\beta}_1 X_i)[1 - \Lambda(\tilde{\beta}_1 X_i)]}{\Lambda(\tilde{\beta}_1 X_i)} \right| = \left| 1 - \Lambda(\tilde{\beta}_1 X_i) \right| \leq 1$$

を得る（章末問題 13.3）。ただし、$\Lambda'(\cdot)$ は $\Lambda(\cdot)$ の 1 階の導関数を表し、最後の不等式の導出には $0 \leq \Lambda(\cdot) \leq 1$ であることを用いた。したがって、$|\ln F(\beta_1 X_i)| \leq$ $|\ln \Lambda(0)| + |\beta_1 X_i|$ を得る。また、同様の議論から $|\ln F(-\beta_1 X_i)| \leq |\ln \Lambda(0)| +$ $|\beta_1 X_i|$ が成立する。以上から、

$$|\ln P(W_i; \theta)| \leq 2 |\ln \Lambda(0)| + 2 |\beta_1 X_i| \leq 2|\ln 0.5| + 2 |\beta_1| |X_i|$$

を得た。したがって、ロジットモデルの場合には、X_i の絶対モーメント $E(|X_i|)$ が存在すれば仮定 (ML4) は成立する。

プロビットモデルの場合には、関数 $F(\cdot)$ は標準正規分布の分布関数である。標準正規分布の密度関数を $\phi(\cdot)$ で表せば、$\lambda(x) = \dfrac{F'(x)}{F(x)} = \dfrac{\phi(x)}{\Phi(x)}$ である。このとき $\lambda(x)$ は、$\lim_{x \to -\infty} \lambda(x) = -x, \lim_{x \to \infty} \lambda(x) = 0$ となる凸関数であることが知られている。また、平均値の定理、三角不等式、1 階の導関数 $\lambda'(x)$ は有限であることを用いると、

$$|\lambda(\tilde{\beta}_1 X_i)| = |\lambda(0) + \tilde{\beta}_1 X_i \lambda'(\tilde{\beta}_1 X_i)| \leq |\lambda(0)| + |\tilde{\beta}_1| |X_i| |\lambda'(\tilde{\beta}_1 X_i)|$$

$$\leq C(1 + |X_i|)$$

---

*10　平均値の定理の証明は、例えば杉浦（1980）の定理 2.3（p.93）を参照されたい。

を満たす正の定数 C が存在することが分かる。したがって、$|\ln F(\beta_1 X_i)| \leq |\ln \Phi(0)| + |\beta_1 X_i| C(1 + |X_i|)$ を得る。また、同様の議論から $|\ln F(-\beta_1 X_i)| \leq |\ln \Phi(0)| + |\beta_1 X_i| C(1 + |X_i|)$ が成立する。以上から、

$$|\ln P(W_i;\theta)| \leq 2|\ln \Phi(0)| + 2|\beta_1 X_i| C(1 + |X_i|)$$
$$\leq 2|\ln 0.5| + 2|\beta_1|C(|X_i| + |X_i|^2)$$

を得た。したがって、プロビットモデルの場合には、X_i の 2 次モーメント $E(|X_i|^2)$ が存在すれば仮定 (ML4) は成立する。

仮定 (ML6)

前節で説明したとおり、仮定 (ML6) が成立する条件は、$|H(W_i;\theta)| = \left|\frac{d^2 \ln P(W_i;\theta)}{d\theta d\theta}\right| \leq d_H(W_i)$ と $E[d_H(W_i)] < \infty$ を満たす関数 $d_H(W_i)$ が存在することである。この仮定をプロビットモデルとロジットモデルの場合で考えよう。(13.26) 式から、$\ln P(W_i;\theta) = Y_i \ln F(\beta_1 X_i) + (1 - Y_i) \ln[1 - F(\beta_1 X_i)]$ であることに注意する。$\ln P(W_i;\theta)$ の 1 階の導関数は、

$$\frac{d \ln P(W_i;\theta)}{d\theta} = \frac{d[Y_i \ln F(\beta_1 X_i) + (1 - Y_i) \ln F(-\beta_1 X_i)]}{d\beta_1}$$
$$= Y_i X_i \frac{F'(\beta_1 X_i)}{F(\beta_1 X_i)} - (1 - Y_i)X_i \frac{F'(-\beta_1 X_i)}{F(-\beta_1 X_i)}$$
$$= Y_i X_i \lambda(\beta_1 X_i) - (1 - Y_i)X_i \lambda(-\beta_1 X_i)$$

である。$\ln P(W_i;\theta)$ の 2 階の導関数は、

$$\frac{d^2 \ln P(W_i;\theta)}{d\theta d\theta} = Y_i X_i \frac{d\lambda(\beta_1 X_i)}{d\beta_1} - (1 - Y_i)X_i \frac{d\lambda(-\beta_1 X_i)}{d\beta_1} \tag{13.28}$$

である。

ロジットモデルの場合には、$\lambda(\beta_1 X_i) = 1 - \Lambda(\beta_1 X_i)$ であるから、

$$\frac{d\lambda(\beta_1 X_i)}{d\beta_1} = -X_i \Lambda'(\beta_1 X_i) = -X_i \Lambda(\beta_1 X_i)[1 - \Lambda(\beta_1 X_i)] \tag{13.29}$$

を得る（章末問題 13.3）。同様に、

$$\frac{d\lambda(-\beta_1 X_i)}{d\beta_1} = X_i \Lambda'(-\beta_1 X_i) = X_i \Lambda(-\beta_1 X_i)[1 - \Lambda(-\beta_1 X_i)]$$
$$= X_i[1 - \Lambda(\beta_1 X_i)]\Lambda(\beta_1 X_i) \tag{13.30}$$

を得る。ここで、(13.28) 式に、(13.29) 式と (13.30) 式を代入すれば、

$$
\begin{aligned}
\left|\frac{d^2 \ln P(W_i;\theta)}{d\theta d\theta}\right| &= \left|-Y_i X_i^2 \Lambda(\beta_1 X_i)[1-\Lambda(\beta_1 X_i)]\right.\\
&\qquad \left.-(1-Y_i)X_i^2\Lambda(\beta_1 X_i)[1-\Lambda(\beta_1 X_i)]\right|\\
&= \left|-X_i^2\Lambda(\beta_1 X_i)[1-\Lambda(\beta_1 X_i)]\right|\\
&= X_i^2\left|\Lambda(\beta_1 X_i)[1-\Lambda(\beta_1 X_i)]\right| \leq X_i^2
\end{aligned}
$$

である。ただし、最後の不等式の導出には $0 \leq \Lambda(\beta_1 X_i) \leq 1$ を用いた。以上から、ロジットモデルの場合には、X_i の 2 次モーメント $E(X_i^2)$ が存在すれば仮定 (ML6) は成立する。

プロビットモデルの場合には、$\lambda(x) = \frac{\phi(x)}{\Phi(x)}$ である。このとき、$\lambda(\cdot)$ の 1 階の導関数 $\lambda'(\cdot)$ は有限であることが知られている。このため、

$$
\begin{aligned}
\left|\frac{d^2 \ln P(W_i;\theta)}{d\theta d\theta}\right| &= \left|Y_i X_i^2 \lambda'(\beta_1 X_i) + (1-Y_i)X_i^2\lambda'(-\beta_1 X_i)\right|\\
&\leq X_i^2\left[|\lambda'(\beta_1 X_i)| + |\lambda'(-\beta_1 X_i)|\right]\\
&\leq X_i^2 C
\end{aligned}
$$

を満たす正の定数 C が存在する。以上から、プロビットモデルの場合にも、X_i の 2 次モーメント $E(X_i^2)$ が存在すれば仮定 (ML6) は成立する。

仮定 (ML7)

前節で考えたように、$E\left\{\left[\frac{d \ln P(W_i;\theta_0)}{d\theta}\right]^2\right\}$ が有界であれば、中心極限定理を用いて仮定 (ML7) の成立を示すことができる。この条件は、情報等式 (13.17) 式から、$E\left[\frac{d^2 \ln P(W_i;\theta_0)}{d\theta d\theta}\right]$ が有界であれば成立する。ただし、仮定 (ML6) で考えた関数 $d_H(W_i)$ が存在すれば、$E\left[\frac{d^2 \ln P(W_i;\theta_0)}{d\theta d\theta}\right] \leq E[d_H(W_i)] < \infty$ である。したがって、仮定 (ML6) で考えた条件が成立していれば、仮定 (ML7) も成立する。

13.7　一致性と漸近正規性 *

まず、最尤推定量の一致性を示す。

定理 13.1（最尤推定量の一致性） 仮定 (ML1), (ML2), (ML3), (ML4) の下で、$n \to \infty$ のとき、

$$\hat{\theta} \xrightarrow{p} \theta_0$$

が成り立つ。

証明 確率収束の定義 (p.120) から、任意の $\epsilon > 0$ について、$\lim_{n \to \infty} P(|\hat{\theta} - \theta_0| < \epsilon) = 1$ が成立することを示す。また、$1 - P(|\hat{\theta} - \theta_0| < \epsilon) = P(|\hat{\theta} - \theta_0| \geq \epsilon)$ であるから、$\lim_{n \to \infty} P(|\hat{\theta} - \theta_0| \geq \epsilon) = 0$ を示せば十分であることが分かる。

$|\hat{\theta} - \theta_0| \geq \epsilon$ であるとき、$\hat{\theta}$ は絶対値の意味で θ_0 から ϵ 以上離れた場所にある。仮定 (ML3) から、θ_0 は $L(\theta)$ を最大化するパラメータであるから、$L(\theta_0) - L(\hat{\theta}) \geq \delta$ を満たす $\delta > 0$ が存在する。したがって、

$$P(|\hat{\theta} - \theta_0| \geq \epsilon) \leq P(L(\theta_0) - L(\hat{\theta}) \geq \delta) \tag{13.31}$$

が成立する。また、$\hat{\theta}$ は $L_n(\theta)$ を最大化するパラメータであることから、$L_n(\theta_0) - L_n(\hat{\theta}) \leq 0$ が成立する。このことを利用すると、(13.31) 式の右辺について、

$$\begin{aligned} &P(L(\theta_0) - L(\hat{\theta}) \geq \delta) \\ &= P(L(\theta_0) - L_n(\theta_0) + L_n(\theta_0) - L_n(\hat{\theta}) + L_n(\hat{\theta}) - L(\hat{\theta}) \geq \delta) \\ &\leq P(L(\theta_0) - L_n(\theta_0) + L_n(\hat{\theta}) - L(\hat{\theta}) \geq \delta) \\ &\leq P(2 \sup_{\theta \in \Theta} |L_n(\theta) - L(\theta)| \geq \delta) \end{aligned} \tag{13.32}$$

を得る。したがって、(13.31) 式と (13.32) 式から、$\lim_{n \to \infty} P(|\hat{\theta} - \theta_0| \geq \epsilon) \leq \lim_{n \to \infty} P(\sup_{\theta \in \Theta} |L_n(\theta) - L(\theta)| \geq \delta/2)$ が成立する。ただし、仮定 (ML4) から $\lim_{n \to \infty} P(\sup_{\theta \in \Theta} |L_n(\theta) - L(\theta)| \geq \delta/2) = 0$ であるため、$\lim_{n \to \infty} P(|\hat{\theta} - \theta_0| \geq \epsilon) = 0$ が示せた。□

次に、最尤推定量の漸近正規性を示す。仮定 (ML2) から、$\frac{dL_n(\theta)}{d\theta}$ は、区間 $[\hat{\theta}, \theta_0]$ 上で連続、区間 $(\hat{\theta}, \theta_0)$ 上で微分可能であるから、この関数に平均値の定理を適用することができる。平均値の定理から、$\hat{\theta}$ と θ_0 の間の点 $\tilde{\theta}$ が存在して、

$$\frac{dL_n(\hat{\theta})}{d\theta} = \frac{dL_n(\theta_0)}{d\theta} + (\hat{\theta} - \theta_0) \frac{d^2 L_n(\tilde{\theta})}{d\theta d\theta}$$

を満たす。(13.19) 式から $\frac{dL_n(\hat{\theta})}{d\theta} = 0$ であることを用いて、上式を変形すると、

$$(\hat{\theta} - \theta_0) = -\left[\frac{d^2 L_n(\tilde{\theta})}{d\theta d\theta}\right]^{-1} \frac{dL_n(\theta_0)}{d\theta}$$

$$= -\left[\frac{1}{n}\sum_{i=1}^{n} \frac{d^2 \ln f(W_i; \tilde{\theta})}{d\theta d\theta}\right]^{-1} \frac{1}{n}\sum_{i=1}^{n} \frac{d \ln f(W_i; \theta_0)}{d\theta} \quad (13.33)$$

を得る。次の定理 13.2 では、(13.33) 式を用いて最尤推定量の漸近正規性を証明する。

定理 13.2（最尤推定量の漸近正規性） 定理 13.1 と、仮定 (ML5), (ML6), (ML7) の成立を仮定する。最尤推定量 $\hat{\theta}$ を標準化した統計量は、$n \to \infty$ のとき、標準正規分布に分布収束する。つまり、

$$\frac{\hat{\theta} - \theta_0}{\sqrt{\Sigma^{-1}/n}} \xrightarrow{d} \mathrm{N}(0, 1)$$

が成立する。

証明 (13.33) 式の両辺に $\sqrt{n}$ をかけて、

$$\sqrt{n}(\hat{\theta} - \theta_0) = -\left[\frac{1}{n}\sum_{i=1}^{n} H(W_i; \tilde{\theta})\right]^{-1} \frac{1}{\sqrt{n}}\sum_{i=1}^{n} \frac{d \ln f(W_i; \theta_0)}{d\theta}$$

を得る。ここで、仮定 (ML6) から、

$$\frac{1}{n}\sum_{i=1}^{n} H(W_i; \tilde{\theta}) \xrightarrow{p} E[H(W_i; \theta_0)] \quad (13.34)$$

が成立している。また、仮定 (ML7) から、

$$\frac{1}{\sqrt{n}}\sum_{i=1}^{n} \frac{d \ln f(W_i; \theta_0)}{d\theta} \xrightarrow{d} \mathrm{N}(0, \Sigma) \quad (13.35)$$

が成立している。したがって、スルツキーの定理（定理 8.4, p.126）から、

$$\sqrt{n}(\hat{\theta} - \theta_0) \xrightarrow{d} \mathrm{N}\left(0, H^{-1}\Sigma H^{-1}\right) \quad (13.36)$$

が成立する。ただし、(13.36) 式の成立には、定理 8.4 [3] (p.126) と定理 9.1 (p.138) を用い、$H = -E[H(W_i; \theta_0)]$ とした。仮定 (ML5) の情報等式から、$H = \Sigma$ であるため、定理が証明された。□

13.8 信頼区間の推定

　ここまで最尤法を一般的な形で導入してきた。ここからは、二項選択モデル（プロビットモデルとロジットモデル）に表記を戻し、信頼区間の推定と係数の検定について考える。

　プロビットモデルやロジットモデルの係数 β_1 を最尤法により推定し、最尤推定量 $\hat{\beta}_1$ を得たとする。最尤推定量 $\hat{\beta}_1$ の漸近正規性を用いて、信頼区間の推定や検定を行うには、$\hat{\beta}_1$ 漸近分散である Σ^{-1}/n のうち、

$$\Sigma^{-1} = E\left\{ \left[\frac{d \ln P(Y_i|X_i; \beta_1)}{db_1} \right]^2 \right\}^{-1}$$

を推定する必要がある[*11]。仮定 (ML5) の情報等式から、$\Sigma = H$ であるため、Σ を推定することと、

$$H = -E[H(W_i; \beta_1)] = -E\left[\frac{d^2 \ln P(Y_i|X_i; \beta_1)}{db_1 db_1} \right]$$

を推定することは同じことである。仮定 (ML6) から、$\hat{\beta}_1$ が β_1 の一致推定量であれば、

$$\frac{1}{n} \sum_{i=1}^{n} H(W_i; \hat{\beta}_1) \xrightarrow{p} E[H(W_i; \beta_1)]$$

が成立する。したがって、定理 8.2 の [3]（p.123）から、

$$\hat{\Sigma}^{-1} = \left[-\frac{1}{n} \sum_{i=1}^{n} H(W_i; \hat{\beta}_1) \right]^{-1}$$

によって、Σ^{-1} を一致推定することができる。

　漸近正規性 $\sqrt{n}(\hat{\beta}_1 - \beta_1) \xrightarrow{d} \mathrm{N}\left(0, \Sigma^{-1}\right)$ と $\hat{\Sigma}^{-1} \xrightarrow{p} \Sigma^{-1}$ であることについて、スルツキーの定理 8.4 の [3]（p.126）を適用すると、

$$\frac{\hat{\beta}_1 - \beta_1}{\sqrt{\hat{\Sigma}^{-1}/n}} \xrightarrow{d} \mathrm{N}(0,1)$$

を得る。したがって、$\hat{\beta}_1$ の信頼水準 95% 信頼区間は、

[*11] $\dfrac{d \ln P(Y_i|X_i; \beta_1)}{db_1}$ は、$\ln P(Y_i|X_i; b_1)$ を b_1 で微分したものを β_1 で評価したものである。

$$\left[\hat{\beta}_1 - 1.96\sqrt{\hat{\Sigma}^{-1}/n}, \ \hat{\beta}_1 + 1.96\sqrt{\hat{\Sigma}^{-1}/n}\right]$$

によって推定することができる。もちろん、信頼水準を 90% や 99% に設定する場合には、表 9.1 に従って、定数 1.96 を変更することになる。

13.9　係数の検定

　線形回帰モデルの回帰係数の検定には、最小 2 乗推定量の漸近正規性を根拠とした t 統計量を用いたことを思い出そう（12.7 節と 12.8 節）。線形回帰モデルのときと同じ理屈により、プロビットモデルやロジットモデルの係数の検定には、最尤推定量の漸近正規性を根拠とした t 統計量を用いることができる。係数の特定の値を $\beta_{1,0}$ で表すとき、次の仮説、

$$H_0 : \beta_1 = \beta_{1,0}$$
$$H_1 : \beta_1 \neq \beta_{1,0} \tag{13.37}$$

の検定を考える。ここで、t 統計量、

$$t = \frac{\hat{\beta}_1 - \beta_{1,0}}{\mathrm{SE}(\hat{\beta}_1)} = \frac{\hat{\beta}_1 - \beta_{1,0}}{\sqrt{\hat{\Sigma}^{-1}/n}} \tag{13.38}$$

について帰無仮説と対立仮説の下での振る舞いを考えてみよう。

　[1] H_0 が正しいとき：
　　このとき、$\beta_1 = \beta_{1,0}$ であるから、$\hat{\beta}_1$ の漸近正規性から、

$$\frac{\hat{\beta}_1 - \beta_{1,0}}{\mathrm{SE}(\hat{\beta}_1)} = \frac{\hat{\beta}_1 - \beta_1}{\sqrt{\hat{\Sigma}^{-1}/n}} \overset{\mathrm{a}}{\sim} \mathrm{N}(0,1) \tag{13.39}$$

　　である。

　[2] H_1 が正しいとき：
　　このとき統計量は、

$$t = \frac{\hat{\beta}_1 - \beta_1}{\mathrm{SE}(\hat{\beta}_1)} + \frac{\beta_1 - \beta_{1,0}}{\mathrm{SE}(\hat{\beta}_1)} \tag{13.40}$$

と分解できる。第 1 項は漸近正規性を持つ。第 2 項の分子は、H_1 の下で

$\beta_1 - \beta_{1,0} \neq 0$ である。分母 $\mathrm{SE}(\hat{\beta}_1) = \sqrt{\hat{\Sigma}^{-1}/n}$ は、標本サイズ n が大きくなるにつれて小さくなる。したがって第 2 項は、$\beta_1 - \beta_{1,0} > 0$ であれば正の大きな値をとり、$\beta_1 - \beta_{1,0} < 0$ であれば負の大きな値をとる。

　以上から、(13.38) 式の t 統計量は、10.1 節で説明した、検定統計量が持つべき性質を満たすことが分かった。棄却域の定め方と、帰無仮説を棄却するかどうかの判断方法は、母集団分布の期待値の t 検定（10.4 節）や線形回帰モデルの t 検定（12.7 節）と同じである。H_0 が正しいとき、検定統計量 t は標準正規分布で近似できるため、臨界値と棄却域は標準正規分布から定めることになる。H_1 が正しいとき、検定統計量 t の符号は、正の場合も負の場合もありうるため、棄却域は標準正規分布の両側に設定する。したがって、有意水準 $\alpha\%$ に対応する臨界値は、表 10.1 に与えられているとおりである。データから計算された検定統計量の値が臨界値 z_α よりも絶対値の意味で大きいとき、つまり、$|\hat{t}| \geq z_\alpha$ であるとき H_0 を棄却する。

　対立仮説が次のように不等式の形で表されている場合、

$$H_0 : \beta_1 = \beta_{1,0}$$
$$H_1 : \beta_1 > \beta_{1,0}$$

を考えよう。このとき、H_1 の下で (13.40) 式の第 2 項は正の値をとるため、棄却域は標準正規分布の右側に設定する。有意水準 $\alpha\%$ に対応する臨界値は、表 10.2 の 1 行目に与えられているとおりである。データから計算された t 統計量の値が臨界値 z_α よりも大きいとき、つまり、$\hat{t} \geq z_\alpha$ であるとき H_0 を棄却する。

　次に、対立仮説の不等号の向きを逆にした場合、

$$H_0 : \beta_1 = \beta_{1,0}$$
$$H_1 : \beta_1 < \beta_{1,0}$$

を考えよう。このとき、H_1 の下で (13.40) 式の第 2 項は負の値をとるため、棄却域は標準正規分布の左側に設定する。有意水準 $\alpha\%$ に対応する臨界値は、表 10.2 の 2 行目に与えられているとおりである。データから計算された t 統計量の値が臨界値 z_α よりも小さいとき、つまり、$\hat{t} \leq z_\alpha$ であるとき H_0 を棄却する。

章 末 問 題

<u>問 13.1</u>　確率変数 W_i の密度関数が $f(W_i; \theta_0)$ であるとき、(13.18) 式が成立することを示したい。

(1) $f(W_i; \theta) \neq f(W_i; \theta_0)$ である確率が 0 であるとき、$E\left[\ln \dfrac{f(W_i; \theta)}{f(W_i; \theta_0)}\right] = 0$ を示せ。また、示した式を用いて、$E[\ln f(W_i; \theta)] = E[\ln f(W_i; \theta_0)]$ が成立することを示せ。

(2) $f(W_i; \theta) \neq f(W_i; \theta_0)$ である確率が 0 より大きいとする。**イェンセンの不等式**（Jensen's inequality）とよばれる不等式から、$P(X = 1) \neq 1$ のとき $E(\ln X) < \ln E(X)$ が成立することを用いて、$E\left[\ln \dfrac{f(W_i; \theta)}{f(W_i; \theta_0)}\right] < 0$ を示せ。また、示した式を用いて、$E[\ln f(W_i; \theta)] < E[\ln f(W_i; \theta_0)]$ が成立することを示せ。

<u>問 13.2</u>　微分と積分の順番が交換可能で、

$$\frac{d}{d\theta} \int f(w; \theta) dw = \int \frac{df(w; \theta)}{d\theta} dw \tag{13.41}$$

が成立することについて考える。関数の連続性、微分、積分可能性は自由に仮定してよい。

(1) 微分の定義に従って、$\dfrac{d}{d\theta} \int f(w; \theta) dw$ を微分記号を用いずに表せ。

(2) 平均値の定理（p.221）を用いて $f(w; \theta + h) - f(w; \theta)$ を、$\tilde{\theta} \in (\theta, \theta + h)$ を用いて表せ。

(3) (13.41) 式が成立することを示せ。ただし、

$$\lim_{h \to 0} \int \frac{df(w; \tilde{\theta})}{d\theta} dw = \int \lim_{h \to 0} \frac{df(w; \tilde{\theta})}{d\theta} dw$$

が成立すると仮定してよい[*12]。

<u>問 13.3</u>　微分可能であれば連続であるため、3 階微分可能であれば、2 階連続微分可能である。

[*12] この仮定は、$\sup\limits_{\theta \in \Theta} \dfrac{df(w; \theta)}{d\theta} < M$ となるような定数 M が存在するときに成立していることが知られている。このことを示す定理は、**有界収束定理**（bounded convergence theorem）とよばれる。例えば、佐藤（1994）の定理 5.4（p.66）を参照されたい。

(1) 標準正規分布の分布関数の 1 階、2 階、3 階の導関数を計算せよ。

(2) ロジスティック分布の分布関数の 1 階、2 階、3 階の導関数を計算せよ。

問 13.4 二項選択モデル（プロビットやロジットモデル）において、仮定 (ML5) の (13.16) 式が成立していることを示したい。

(1) (13.16) 式を、13.4.2 項で紹介した二項選択モデルの表現を用いて表せ。簡単化のため $\beta_0 = 0$ とせよ。

(2) 問 (1) で表した式が成立していることを示せ。

章末問題の解答

第2章の解答

問 2.1 (1) A にも C にも含まれているのは z だけである。したがって、$A \cap C = \{z\}$ である。

(2) $A \cup B = A$ であるから、問 (1) の結果を用いて $(A \cup B) \cap C = A \cap C = \{z\}$ を得る。

(3) $A \setminus C$ は、集合 A から集合 C に含まれている要素を取り除いたものである。したがって、$A \setminus C = \{y, x, w\}$ である。

(4) B の補集合は、X の要素のうち B に含まれていないものであるから、$B^c = \{x, z, u\}$ である。

(5) 例題 2.5 の問 (3) を用いて、$(B^c)^c = B = \{y, w\}$ を得る。

問 2.2 (1) 図 A.1 に描かれているように、関数 $f(x) = \sqrt{x}$ は、非負の実数のすべての要素のそれぞれに対して、非負の実数 1 つを対応させている。数式で表せば、$\operatorname{Im} f = \{f(x) \mid x \in \mathbb{R}_+\} = \{\sqrt{x} \mid x \geq 0\} = \mathbb{R}_+$ である。したがって、f は全射である。次に、任意の $a, b \in \mathbb{R}_+$ に対して、$a \neq b$ であれば、$f(a) = \sqrt{a} \neq \sqrt{b} = f(b)$ であるので、f は単射である。f の逆写像は、非負の実数から非負の実数への関数 $g(x) = x^2$ である。

(2) 図 A.2 に描かれているように、関数 $f(x) = \sin(x)$ は、実数のすべての要素のそれぞれに対して、区間 $[-1, 1]$ を対応させている。数式で表せば、$\operatorname{Im} f = \{f(x) \mid x \in \mathbb{R}\} = \{\sin(x) \mid x \in \mathbb{R}\} = [-1, 1]$ である。したがって、f は全射である。一方、例えば、$\sin(\pi/2) = \sin(5\pi/2) = 1$ であるため、f は単射ではない。したがって f は全単射ではないため、逆写像は存在しない。

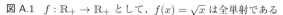

図 A.1 $f : \mathbb{R}_+ \to \mathbb{R}_+$ として、$f(x) = \sqrt{x}$ は全単射である

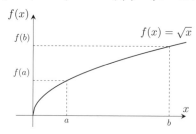

図 A.2 $f : \mathbb{R} \to [-1, 1]$ として、$f(x) = \sin(x)$ は全射であるが単射ではない

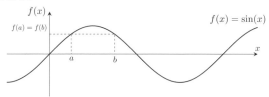

第3章の解答

問 3.1   (1) 標本空間はすべての結果を集めた集合である。2 つのサイコロに差異はないため、根元事象 ⚀⚁ と ⚁⚀ は区別しない。このとき、標本空間は、

$$\Omega = \left\{ \begin{array}{ccccccccccc} ⚀⚀, & ⚀⚁, & ⚀⚂, & ⚀⚃, & ⚀⚄, & ⚀⚅, & ⚁⚁, & ⚁⚂, & ⚁⚃, & ⚁⚄, & ⚁⚅ \\ ⚂⚂, & ⚂⚃, & ⚂⚄, & ⚂⚅, & ⚃⚃, & ⚃⚄, & ⚃⚅, & ⚄⚄, & ⚄⚅, & ⚅⚅ \end{array} \right\}$$

である。

(2) $\{⚀⚀, ⚁⚁, ⚂⚂, ⚃⚃, ⚄⚄, ⚅⚅\}$ である。

(3) $O = \{⚀⚀, ⚀⚂, ⚀⚄, ⚂⚂, ⚂⚄, ⚄⚄\}$ である。

(4) 定義 3.1 (B1) より、$\Omega \in \mathcal{B}$ である。また、(B2) から、$\Omega^c = \varnothing \in \mathcal{B}$ である。2 つの目がともに奇数であるという事象を O で表す。このとき、O の補集合 O^c は、2 つの目がともに偶数であるか、2 つの目のどちらか 1 つが偶数である事象である。具体的には、

$$O^c = \left\{ \begin{array}{cccccccc} ⚀⚁, & ⚀⚃, & ⚀⚅, & ⚁⚁, & ⚁⚂, & ⚁⚃, & ⚁⚄, & ⚁⚅ \\ ⚂⚃, & ⚂⚅, & ⚃⚃, & ⚃⚄, & ⚃⚅, & ⚄⚅, & ⚅⚅ \end{array} \right\}$$

である。$O \in \mathcal{B}$ であるため、(B2) から $O^c \in \mathcal{B}$ であることが分かる。

(5) 要素の数が可算個である標本空間のすべての部分集合からなる集合は、σ-加法族である。

問 3.2   (1) 事象 $\{⚀, ⚁, ⚂, ⚃, ⚄\} = \{⚀\} \cup \{⚁\} \cup \{⚂\} \cup \{⚃\} \cup \{⚄\}$ の確率を計算する。確率の性質 (P3) から $P(\{⚀\} \cup \{⚁\} \cup \{⚂\} \cup \{⚃\} \cup \{⚄\}) = P(\{⚀\}) + P(\{⚁\}) + P(\{⚂\}) + P(\{⚃\}) + P(\{⚄\}) = 5/6$ を得る。

(2) 事象 $\{⚁, ⚃, ⚅\}$ の確率を計算する。$P(\{⚁, ⚃, ⚅\}) = P(\{⚁\}) + P(\{⚃\}) + P(\{⚅\}) = 1/2$ を得る。

(3) $P(\{⚀, ⚂, ⚄\}) = 1/2$ を得る。

(4) 1 から 6 いずれかの目が出る事象とは事象 $\{⚀\} \cup \{⚁\} \cup \{⚂\} \cup \{⚃\} \cup \{⚄\} \cup \{⚅\} = \{⚀, ⚁, ⚂, ⚃, ⚄, ⚅\} = \Omega$ のことである。したがって、確率の性質 (P2) より、$P(\Omega) = 1$ を

得る。

(5) 1 から 6 以外の目が出る事象とは、事象 $\{\boxdot,\boxdot,\boxdot,\boxdot,\boxdot,\boxplus\}^c = \varnothing$ のことである。したがって、例題 3.10 より $P(\varnothing) = 0$ を得る。

問 3.3 (1) 標本空間に示されているとおり、試行の結果は RR, BB, RB, BR の 4 種類である。$X = 0$ となるのは、RR でも BB でもないときであるから、RB か BR のとき、つまり、$\{RB\} \cup \{BR\} = \{RB, BR\}$ のときである。

(2) 条件 (3.5) 式の左辺で表されている集合を α の値によって分けて考えると、

$$\text{任意の } \alpha \geq 500 \text{ について、} \quad \{\omega \in \Omega | X(\omega) \leq \alpha\} = \{RR, RB, BR, BB\} = \Omega$$

$$\text{任意の } 300 \leq \alpha < 500 \text{ について、} \quad \{\omega \in \Omega | X(\omega) \leq \alpha\} = \{RB, BR, BB\}$$

$$\text{任意の } 0 \leq \alpha < 300 \text{ について、} \quad \{\omega \in \Omega | X(\omega) \leq \alpha\} = \{RB, BR\}$$

$$\text{任意の } \alpha < 0 \text{ について、} \quad \{\omega \in \Omega | X(\omega) \leq \alpha\} = \varnothing$$

である。これらの集合はすべて σ-加法族 $\mathcal{B}$ の要素であるから、X は確率変数である。

(3) $P(X = 500) = P(\{RR\}) = 1/4$ である。

(4) $\{X > 300\} = \{X \leq 300\}^c = \{RB, BR, BB\}^c = \{RR\}$ である。したがって、$P(X > 300) = P(\{RR\}) = 1/4$ を得る。

(5) $\{X < 300\} = \{RB, BR\} = \{RB\} \cup \{BR\}$ である。したがって、$P(X < 300) = P(\{RB\} \cup \{BR\}) = P(\{RB\}) + P(\{BR\}) = 1/2$ を得る。

第4章の解答

問 4.1 52 枚のトランプから 1 枚を引く試行を 2 回繰り返す試行の標本空間は $\Omega = \{RR, RB, BR, BB\}$ であり、確率変数 X は、

$$X = \begin{cases} 500 & (\{RR\} \text{ のとき}) \\ 300 & (\{BB\} \text{ のとき}) \\ 0 & (\{RB, BR\} \text{ のとき}) \end{cases}$$

と定義されていた。また、$P(\{RR\}) = P(\{BB\}) = P(\{RB\}) = P(\{BR\}) = 1/4$ であった。この確率変数の分布関数は、

$$F_X(x) = P(X \leq x) = \begin{cases} P(\{\varnothing\}) = 0 & (x < 0) \\ P(\{RB, BR\}) = 1/2 & (0 \leq x < 300) \\ P(\{RB, BR, BB\}) = 3/4 & (300 \leq x < 500) \\ P(\{RR, RB, BR, BB\}) = P(\{\Omega\}) = 1 & (500 \leq x) \end{cases}$$

である。図 A.3 はこの分布関数を図示している。

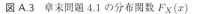

図 A.3　章末問題 4.1 の分布関数 $F_X(x)$

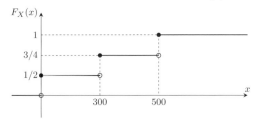

$\boxed{\text{問 4.2}}$　X は、くじを 10 回引いたときのあたりの数を表す。すべての確率を (4.6) 式に従って計算し、

$$P(X=10) = {}_{10}\mathrm{C}_{10}p^{10}(1-p)^0 = p^{10} = 0.9^{10} = 0.3486784401$$
$$P(X=9) = {}_{10}\mathrm{C}_9 0.9^9 0.1^1 = 0.3874205$$
$$P(X=8) = {}_{10}\mathrm{C}_8 0.9^8 0.1^2 = 0.1937102$$
$$P(X=7) = {}_{10}\mathrm{C}_7 0.9^7 0.1^3 = 0.05739563$$
$$P(X=6) = {}_{10}\mathrm{C}_6 0.9^6 0.1^4 = 0.01116026$$
$$P(X=5) = {}_{10}\mathrm{C}_5 0.9^5 0.1^5 = 0.001488035$$
$$P(X=4) = {}_{10}\mathrm{C}_4 0.9^4 0.1^6 = 0.000137781$$
$$P(X=3) = {}_{10}\mathrm{C}_3 0.9^3 0.1^7 = 0.000008748$$
$$P(X=2) = {}_{10}\mathrm{C}_2 0.9^2 0.1^8 = 0.0000003645$$
$$P(X=1) = {}_{10}\mathrm{C}_1 0.9^1 0.1^9 = 0.000000009$$
$$P(X=0) = {}_{10}\mathrm{C}_0 0.9^0 0.1^{10} = 0.0000000001$$

を得る。

(1) $P(X=10) \approx 0.35$ は、10 回中すべてあたる確率である。

(2) $P(X=5) \approx 0.0015$ は、10 回中 5 回あたる確率である。

(3) $P(X \geq 5)$ は、10 回中 5 回以上あたる確率である。$P(X \geq 5) = 1 - P(X < 5) = 1 - P(X=4) - P(X=3) - P(X=2) - P(X=1) - P(X=0) \approx 0.99985$ を得る。

(4) $P(X < 5)$ は、あたる回数が 10 回中 5 回未満である確率である。$P(X < 5) = 1 - P(X \geq 5) \approx 0.00015$ を得る。

$\boxed{\text{問 4.3}}$　(1) $P(X > 0) = 1 - P(X \leq 0)$ である。したがって、$x = 0$ に対応する確率 p を

表から得る。$p = 0.5000$ である。

(2) $P(X > 1.96) = 1 - P(X \leq 1.96)$ であるため、$x = 1.96$ に対応する確率 p を表から得る。$p = 0.0250$ である。

(3) 問 (2) の結果から、$P(X > 1.96) = 1 - P(X \leq 1.96) = 0.0250$ であるから、$P(X \leq 1.96) = 1 - 0.0250 = 0.9750$ を得る。

(4) 標準正規分布の密度関数は対称であるため、$P(X \leq -1.96) = P(X \geq 1.96)$ が成り立つ。また、連続確率変数がある値に一致する確率は 0 であるため、$P(X \geq 1.96) = P(X > 1.96)$ が成り立つ。以上から、$P(X \leq -1.96) = P(X \geq 1.96) = P(X > 1.96) = 0.0250$ を得る。

(5) $P(X > -1.96) = 1 - P(X \leq -1.96) = 0.9750$ を得る。

問 4.4 (1) 一様分布の密度関数は、(4.12) 式に示されているとおりである。これに当てはめて、

$$f_X(x) = \begin{cases} 0 & (x \notin [1,5]) \\ \dfrac{1}{4} & (x \in [1,5]) \end{cases}$$

を得る。この密度関数を描いたのが図 A.4 の下の図である。

(2) 一様分布の分布関数は、(4.13) 式に示されているとおりである。これに当てはめて、

$$F_X(x) = \begin{cases} 0 & (x < 1) \\ \dfrac{x-1}{4} & (1 \leq x < 5) \\ 1 & (5 \leq x) \end{cases}$$

を得る。この密度関数を描いたのが図 A.4 の上の図である。

(3) $\{1 \leq X \leq 3\} \cap \{X < 1\} = \varnothing$ であるから、定義 3.2 の性質 (P3)（可算加法性）から $P(X \leq 3) = P(\{1 \leq X \leq 3\} \cup \{X < 1\}) = P(\{1 \leq X \leq 3\}) + P(\{X < 1\})$ を得る。したがって、$P(1 \leq X \leq 3) = P(X \leq 3) - P(X < 1) = F(3) - F(1) = 2/4 - 0/4 = 1/2$ を得る。ただし、X は連続確率変数であることから $P(X < 1) = P(X \leq 1)$ が成立することを用いた。

(4) $P(X \geq 4) = 1 - P(X < 4) = 1 - F(4) = 1 - 3/4 = 1/4$ となる。

第5章の解答

問 5.1 (1) 例題 5.2 の問 (1) から、$E(X) = p = 0.3$ である。例題 5.9 の問 (1) より、ベルヌーイ分布に従う確率変数 X の分散は、$p(1 - p)$ である。したがって、$\mathrm{Var}(X) = p(1 - $

図 A.4　一様分布 $X \sim \mathrm{Uni}(1,5)$ の分布関数（上）と密度関数（下）

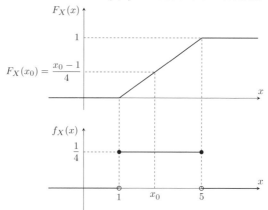

$p) = 0.21$ を得る。標準偏差は、$\sqrt{\mathrm{Var}(X)} = \sqrt{0.21}$ である。

(2) 例題 5.2 の問 (2) から、$E(X) = np = 100 \times 0.1 = 10$ である。例題 5.9 の問 (2) より、成功確率が p で繰り返し回数が n 回の二項分布に従う確率変数の分散は $np(1-p)$ である。したがって、$\mathrm{Var}(X) = 100 \times 0.1 \times 0.9 = 9$ を得る。標準偏差は、$\sqrt{\mathrm{Var}(X)} = 3$ である。

(3) 例題 5.3 から、$E(X) = (a+b)/2 = 2.5$ である。例題 5.10 より、区間 $[a,b]$ 上の一様分布に従う確率変数の分散は、$(a-b)^2/12$ である。したがって、$\mathrm{Var}(X) = (0-5)^2/12 = 25/12$ を得る。標準偏差は、$\sqrt{\mathrm{Var}(X)} = 5/\sqrt{12}$ である。

問 5.2　(1) チェビシェフの不等式（定理 5.3）から、$P(|X| > 2) = P(|X| \geq 2) \leq 1/4$ を得る。

(2) 標準正規分布は、0 を中心とした対称な分布である。したがって、$P(|X| > 2) = P(\{X < -2\} \cup \{X > 2\}) = P(X < -2) + P(X > 2) = 2P(X > 2)$ を得る。章末問題 4.3 で示したとおり、標準正規分布表は各 x について、$1 - P(X \leq x) = p$ となる p を示した表である。付録の標準正規分布表 S.1 より、$P(X > 2) = 1 - P(X \leq 2) = 0.0228$ である。したがって、$P(|X| > 2) = 2P(X > 2) = 0.0456$ を得た。

(3) チェビシェフの不等式から得た $|X| > 2$ となる確率の上限は $1/4 = 0.25$ であった。一方、実際には $P(|X| > 2) = 0.0456$ であり、実際の確率はチェビシェフの不等式から得た確率の上限よりもかなり小さい値である。チェビシェフの不等式は任意の確率変数に対して成立する不等式であるため、標準正規分布の場合には実際の確率に近い上限にはなっていないことが分かる。

(4) チェビシェフの不等式から、$P(|X| > 2) = P(|X| \geq 2) \leq 1$ を得る。標準偏差が 2 である場合には、チェビシェフの不等式から得る $|X| > 2$ となる確率の上限は何の情報も持たない。

(5) チェビシェフの不等式から、$P(|X| > 4) = P(|X| \geq 4) \leq 1/4$ を得る。

問 5.3　任意の $\epsilon > 0$ を固定する。チェビシェフの不等式（定理 5.3）において、$k = \epsilon/\sigma_X$ とすれば、

$$P(|X - \mu_X| \geq k\sigma_X) = P(|X - \mu_X| \geq \epsilon) \leq \frac{\sigma_X^2}{\epsilon^2}$$

が成立する。σ_X が小さいとき、上記の不等式の右辺も小さい。これは、確率変数 X が期待値 μ_X から離れた値をとる確率が小さいことを意味する。したがって、標準偏差が小さい確率変数は、期待値に近い値を高い確率でとるような確率変数であることが分かる。

第6章の解答

問 6.1　(6.3) 式や (6.4) 式の導出と同じ要領で導出し、

$$F_{X,Y}(1,1) = P(X \leq 1, Y \leq 1) = P(\{\omega_{1,1}\}) = 1/9$$
$$F_{X,Y}(1,2) = P(X \leq 1, Y \leq 2) = P(\{\omega_{1,1}, \omega_{1,2}\}) = 2/9$$
$$F_{X,Y}(1,3) = P(X \leq 1, Y \leq 3) = P(\{\omega_{1,1}, \omega_{1,2}, \omega_{1,3}\}) = 1/3$$
$$F_{X,Y}(2,1) = P(X \leq 2, Y \leq 1) = P(\{\omega_{1,1}, \omega_{2,1}\}) = 2/9$$
$$F_{X,Y}(2,2) = P(X \leq 2, Y \leq 2) = P(\{\omega_{1,1}, \omega_{1,2}, \omega_{2,1}, \omega_{2,2}\}) = 4/9$$
$$F_{X,Y}(2,3) = P(X \leq 2, Y \leq 3) = P(\{\omega_{1,1}, \omega_{1,2}, \omega_{1,3}, \omega_{2,1}, \omega_{2,2}, \omega_{2,3}\}) = 2/3$$
$$F_{X,Y}(3,1) = P(X \leq 3, Y \leq 1) = P(\{\omega_{1,1}, \omega_{2,1}, \omega_{3,1}\}) = 1/3$$
$$F_{X,Y}(3,2) = P(X \leq 3, Y \leq 2) = P(\{\omega_{1,1}, \omega_{1,2}, \omega_{2,1}, \omega_{2,2}, \omega_{3,1}, \omega_{3,2}\}) = 2/3$$
$$F_{X,Y}(3,3) = P(X \leq 3, Y \leq 3) = P(\Omega) = 1$$

を得る。

問 6.2　(1) $X = 2$ かつ $Z = -2$ となる事象は $\{\boxdot\}$ である。したがって、$P(X = 2, Z = -2) = P(\{\boxdot\}) = 1/6$ を得る。

(2) $X = 5$ かつ $Z = 0$ となる事象は $\varnothing$ である。したがって、$P(X = 5, Z = 0) = P(\varnothing) = 0$ を得る。

(3) 周辺確率関数の定義（定義 6.4）より、

$$P_X(2) = P(X = 2, Z = -4) + P(X = 2, Z = -2) + P(X = 2, Z = 0)$$
$$+ P(X = 2, Z = 2) + P(X = 2, Z = 4) + P(X = 2, Z = 6)$$

である。$X = 2$ であるとき、Z は -2 以外の値をとることはない。したがって、$P_X(2) = P(X = 2, Z = -2) = 1/6$ を得る。

(4) 周辺確率関数の定義（定義 6.4）より、

$$P_Z(4) = P(X = 1, Z = 4) + P(X = 2, Z = 4) + P(X = 3, Z = 4)$$
$$+ P(X = 4, Z = 4) + P(X = 5, Z = 4) + P(X = 6, Z = 4)$$

である。$Z = 4$ であるとき、X は 5 以外の値をとることはない。したがって、$P_Z(4) = P(X = 5, Z = 4) = 1/6$ を得る。

(5) 確率変数 X は 1 から 6 の値をとる確率変数である。したがって、$\{X = 8\} = \varnothing$ であることに注意する。周辺確率関数の定義（定義 6.4）より、

$$P_X(8) = P(X = 8, Z = -4) + P(X = 8, Z = -2) + P(X = 8, Z = 0)$$
$$+ P(X = 8, Z = 2) + P(X = 8, Z = 4) + P(X = 8, Z = 6) = 0$$

である。

問 6.3 (1) 定義 6.4 に従って、X の周辺確率関数を計算して、$P(X = 1) = P(X = 1, Y = 1) + P(X = 1, Y = 2) + P(X = 1, Y = 3) = 1/3$ を得る。問 (2) から問 (5) も同様に計算して、$P(X = -1) = 2/3$, $P(Y = 1) = P(Y = 1, X = 1) + P(Y = 1, X = -1) = 4/9$, $P(Y = 2) = 1/3$, $P(Y = 3) = 2/9$ を得る。

(6) 条件付き確率関数の定義（定義 6.7）に従って計算して、$P(X = 1|Y = 1) = P(X = 1, Y = 1)/P(Y = 1) = 1/4$ を得る。問 (7) から問 (11) も同様に計算して、$P(X = 1|Y = 2) = P(X = 1, Y = 2)/P(Y = 2) = 1/2$, $P(X = 1|Y = 3) = P(X = 1, Y = 3)/P(Y = 3) = 1/4$, $P(X = -1|Y = 1) = 3/4$, $P(X = -1|Y = 2) = 1/2$, $P(X = -1|Y = 3) = 3/4$ を得る。

(12) ここまでの結果から、$P(X = 1|Y = 1) + P(X = -1|Y = 1) = 1$ となる。したがって、(6.7) 式で示した性質が満たされていることを確認できた。同様に、$P(X = 1|Y = 2) + P(X = -1|Y = 2) = 1$ と $P(X = 1|Y = 3) + P(X = -1|Y = 3) = 1$ も成立することが確かめられる。

(13) 条件付き期待値の定義（定義 6.10）に従って計算すると、$E(X|Y = 1) = 1 \times P(X = 1|Y = 1) - 1 \times P(X = -1|Y = 1) = 1/4 - 3/4 = -1/2$ を得る。問 (14) と問 (15) も同様に計算して、$E(X|Y = 2) = 1 \times P(X = 1|Y = 2) - 1 \times P(X = -1|Y = 2) = 0$, $E(X|Y = 3) = 1 \times P(X = 1|Y = 3) - 1 \times P(X = -1|Y = 3) = -1/2$ を得る。

240

(16) 期待値の定義（定義 5.1）のとおりに計算して、$E(X) = 1 \times P(X = 1) - 1 \times P(X = -1) = -1/3$ を得る。

(17) これまでの計算結果を用いて、$E[E(X|Y)] = E(X|Y = 1)P(Y = 1) + E(X|Y = 2)P(Y = 2) + E(X|Y = 3)P(Y = 3) = -1/3$ を得る。したがって、$E[E(X|Y)] = E(X)$ となることが確認できた。

(18) 独立の定義（定義 6.9）から、X と Y が独立である場合には、$i = 1, -1$ について、

$$P(X = i|Y = 1) = P(X = i|Y = 2) = P(X = i|Y = 3) = P(X = i)$$

が成立しているはずである。しかし、これまでの結果からこの等式が成立しないことが分かるため、X と Y は従属である。

第7章の解答

問 7.1 [1] を示す。X と Y の確率関数をそれぞれ P_X と P_Y で表す。また、Y を条件付けた X の条件付き確率関数を $P_{X|Y}$ で表す。繰り返し期待値の法則（定理 6.1, p.95）と離散確率変数の期待値の定義 5.1（p.60）から、

$$E(XY) = E[E(XY|Y)] = \sum_{k=1}^{K} E(XY|Y = y_k)P_Y(y_k)$$

が成立する。$E(XY|Y = y_k)$ は、$Y = y_k$ で条件付けたときの XY の期待値であるが、Y の値は y_k で固定されているため、$E(XY|Y = y_k) = E(Xy|Y = y_k) = y_k E(X|Y = y_k)$ である。したがって、条件付き期待値の定義 6.10（p.94）を用いて、

$$
\begin{aligned}
\sum_{k=1}^{K} E(XY|Y = y_k)P_Y(y_k) &= \sum_{k=1}^{K} y_k E(X|Y = y_k)P_Y(y_k) \\
&= \sum_{k=1}^{K} y_k \sum_{j=1}^{J} x_j P_{X|Y}(x_j|y_k)P_Y(y_k) \\
&= \sum_{k=1}^{K} \sum_{j=1}^{J} y_k x_j \frac{P_{X,Y}(x_j, y_k)}{P_Y(y_k)} P_Y(y_k) \\
&= \sum_{k=1}^{K} \sum_{j=1}^{J} y_k x_j P_{X,Y}(x_j, y_k)
\end{aligned}
$$

を得る。ただし、下から 2 つ目の等式の導出には条件付き確率関数の定義 6.7（p.90）を用いた。

[2] を示す。独立の定義 6.9 より、X と Y が独立であるとき $P_{X|Y}(x_j|y_k) = P_X(x_j)$ である。したがって、条件付き確率関数の定義 6.7 から、

$$P_{X,Y}(x_j, y_k) = P_{X|Y}(x_j|y_k)P_Y(y_k) = P_X(x_j)P_Y(y_k)$$

が成り立つ。このことと、[1] の性質から、

$$E(XY) = \sum_{k=1}^{K}\sum_{j=1}^{J} y_k x_j P_X(x_j)P_Y(y_k) = \sum_{j=1}^{J} x_j P_X(x_j)\sum_{k=1}^{K} y_k P_Y(y_k) = E(X)E(Y)$$

を得る。

[3] を示す。繰り返し期待値の法則（定理 6.1）から、$E(aX + bY) = E[E(aX + bY|Y)]$ である。期待値の定義を用いて期待値を積分で書き直し、展開すると、

$$\begin{aligned}
E[E(aX + bY|Y)] &= \sum_{k=1}^{K} E(aX + bY|Y = y_k)P_Y(y_k) \\
&= \sum_{k=1}^{K} E(aX + by_k|Y = y_k)P_Y(y_k) \\
&= \sum_{k=1}^{K} [aE(X|Y = y_k) + by_k]P_Y(y_k) \\
&= a\sum_{k=1}^{K} E(X|Y = y_k)P_Y(y_k) + b\sum_{k=1}^{K} y_k P_Y(y_k) \\
&= aE[E(X|Y)] + bE(Y) \\
&= aE(X) + bE(Y)
\end{aligned}$$

を得る。ただし、最後の等式の導出には繰り返し期待値の法則を用いた。

問 7.2 (7.1) 式の右辺について、

$$\begin{aligned}
&\int_{-\infty}^{\infty}\int_{-\infty}^{\infty} (ax + by)f_{X,Y}(x,y)dxdy \\
&= a\int_{-\infty}^{\infty}\int_{-\infty}^{\infty} xf_{X,Y}(x,y)dxdy + b\int_{-\infty}^{\infty}\int_{-\infty}^{\infty} yf_{X,Y}(x,y)dxdy \\
&= a\int_{-\infty}^{\infty} x\int_{-\infty}^{\infty} f_{X,Y}(x,y)dydx + b\int_{-\infty}^{\infty} y\int_{-\infty}^{\infty} f_{X,Y}(x,y)dxdy \\
&= a\int_{-\infty}^{\infty} xf_X(x)dx + b\int_{-\infty}^{\infty} yf_Y(y)dy \\
&= aE(X) + bE(Y)
\end{aligned}$$

が成立する。ただし、3 番目の等式には周辺密度関数（定義 6.6, p.86）を用いた。定理 7.1 [3] から、$E(aX + bY) = aE(X) + bE(Y)$ であるため、(7.1) 式が成立することを示せた。

問 7.3 X は標準正規分布に従う確率変数であるため、$E(X) = 0$（例題 5.4）、$\mathrm{Var}(X) = 1$（例題 5.11）である。また、Y は $[0,1]$ 上の一様分布に従う確率変数であるため、$E(Y) =$

$1/2$（例題 5.3）、$\mathrm{Var}(Y) = 1/12$（例題 5.10）である。

(1) X と Y は独立であるため、定理 7.1 [2] から $E(XY) = E(X)E(Y)$ である。したがって、$E(XY) = 0$ を得る。

(2) 定理 7.3 [3] から $\mathrm{Cov}(X, Y) = 0$ である。

(3) 定理 7.1 [3] を用いて、$E(2X + 3Y) = 2E(X) + 3E(Y) = 3/2$ を得る。

(4) 相関係数の定義（定義 7.2）と問 (2) の結果から、$\rho_{X,Y} = \dfrac{\mathrm{Cov}(X, Y)}{\sqrt{\mathrm{Var}(X)}\sqrt{\mathrm{Var}(Y)}} = 0$ を得る。

(5) 定理 7.4 を用いて、$\mathrm{Var}(X + 2Y) = \mathrm{Var}(X) + 4\,\mathrm{Var}(Y) + 4\,\mathrm{Cov}(X, Y) = 1 + 1/3 = 4/3$ を得る。

(6) 定理 7.1 [3] を用いて、$E(X - Y) = E(X) - E(Y) = -1/2$ を得る。

問 7.4　(1) 共分散の定義から明らかに $\mathrm{Cov}(X, Z) = \mathrm{Cov}(Z, X)$ である。したがって、$\mathrm{Cov}(Z, X) = 0.2$ である。

(2) 定理 7.4 から $\mathrm{Var}(2X + 4Z) = 4\,\mathrm{Var}(X) + 16\,\mathrm{Var}(Z) + 16\,\mathrm{Cov}(X, Z) = 23.2$ を得る。

(3) 相関係数の定義（定義 7.2）から、$\rho_{X,Z} = \dfrac{\mathrm{Cov}(X, Z)}{\sqrt{\mathrm{Var}(X)}\sqrt{\mathrm{Var}(Z)}} = 0.2$ を得る。

(4) 定理 7.3 [2] から $\mathrm{Cov}(2Z, 4X) = 8\,\mathrm{Cov}(Z, X) = 1.6$ を得る。

第9章の解答

問 9.1　$\mu_X = E(X_i)$ とし、標本分散の書き換えを行い、

$$
\frac{1}{n}\sum_{i=1}^{n}(X_i - \bar{X})^2
$$

$$
= \frac{1}{n}\sum_{i=1}^{n}(X_i - \mu_X + \mu_X - \bar{X})^2
$$

$$
= \frac{1}{n}\sum_{i=1}^{n}(X_i - \mu_X)^2 + \frac{1}{n}\sum_{i=1}^{n}(\mu_X - \bar{X})^2 + \frac{2}{n}\sum_{i=1}^{n}(X_i - \mu_X)(\mu_X - \bar{X})
$$

$$
= \frac{1}{n}\sum_{i=1}^{n}(X_i - \mu_X)^2 + (\mu_X - \bar{X})^2 + (\mu_X - \bar{X})\frac{2}{n}\sum_{i=1}^{n}(X_i - \mu_X)
$$

$$
= \frac{1}{n}\sum_{i=1}^{n}(X_i - \mu_X)^2 - (\mu_X - \bar{X})^2
$$

を得る。右辺第 1 項は、例題 9.3 と例題 9.4 から $\mathrm{Var}(X_i)$ に確率収束する。また、大数の法則（定理 8.1, p.120）から $\bar{X} \xrightarrow{p} \mu_X$ が成立する。これは、$\bar{X} - \mu_X \xrightarrow{p} 0$ を意味しているから、定理 8.2 [2] を適用して、

$$
(\mu_X - \bar{X})^2 \xrightarrow{p} 0
$$

を得る。以上の結果に定理 8.2 [1] を適用して、

$$\frac{1}{n}\sum_{i=1}^{n}(X_i - \bar{X})^2 = \frac{1}{n}\sum_{i=1}^{n}(X_i - \mu_X)^2 - (\mu_X - \bar{X})^2 \xrightarrow{p} \mathrm{Var}(X_i)$$

を得た。

問 9.2　$\mu_X = E(X_i)$, $\mu_Y = E(Y_i)$ とし、標本共分散の書き換えを行い、

$$\frac{1}{n}\sum_{i=1}^{n}(X_i - \bar{X})(Y_i - \bar{Y})$$

$$= \frac{1}{n}\sum_{i=1}^{n}(X_i - \mu_X + \mu_X - \bar{X})(Y_i - \mu_Y + \mu_Y - \bar{Y})$$

$$= \frac{1}{n}\sum_{i=1}^{n}(X_i - \mu_X)(Y_i - \mu_Y) + \frac{1}{n}\sum_{i=1}^{n}(X_i - \mu_X)(\mu_Y - \bar{Y})$$

$$\quad + \frac{1}{n}\sum_{i=1}^{n}(\mu_X - \bar{X})(Y_i - \mu_Y) + \frac{1}{n}\sum_{i=1}^{n}(\mu_X - \bar{X})(\mu_Y - \bar{Y})$$

$$= \frac{1}{n}\sum_{i=1}^{n}(X_i - \mu_X)(Y_i - \mu_Y) - (\mu_X - \bar{X})(\mu_Y - \bar{Y})$$

を得る。右辺第 1 項は、例題 9.5 と例題 9.6 から $\mathrm{Cov}(X_i, Y_i)$ に確率収束する。また、大数の法則（定理 8.1, p.120）から $\mu_X - \bar{X} \xrightarrow{p} 0$ と $\mu_Y - \bar{Y} \xrightarrow{p} 0$ が成立する。したがって、定理 8.2 [2] より右辺第 2 項は 0 に確率収束する。以上の結果に定理 8.2 [1] を適用して、

$$\frac{1}{n}\sum_{i=1}^{n}(X_i - \bar{X})(Y_i - \bar{Y}) = \frac{1}{n}\sum_{i=1}^{n}(X_i - \mu_X)(Y_i - \mu_Y) - (\mu_X - \bar{X})(\mu_Y - \bar{Y})$$

$$\xrightarrow{p} \mathrm{Cov}(X_i, Y_i)$$

を得た。

問 9.3　確率変数 X_i を、

$$X_i = \begin{cases} 1 & (i\text{ 回目のペナルティキックが成功}) \\ 0 & (i\text{ 回目のペナルティキックが失敗}) \end{cases}$$

とする。標本 $\{X_1, X_2, \cdots, X_n\}$ は、ペナルティキックの成功率 p のベルヌーイ分布から得た標本であると考えれば、例題 5.2 の問 (1) で導出したとおり、$E(X_i) = p$ である。したがって、ペナルティキックの成功率 p は X_i の標本平均 $\bar{X}$ を用いてうまく推定することができる。このとき、p に関する信頼区間には、例題 9.10 の問 (4) で導出した信頼区間を用いることができる。ただし、ここでは 99% 信頼区間を考えているため、表 9.1 にあるように、信頼区間の定数を 2.58 に変更して、

$$\left[\bar{X} - 2.58\sqrt{\frac{\bar{X}(1 - \bar{X})}{n}},\ \bar{X} + 2.58\sqrt{\frac{\bar{X}(1 - \bar{X})}{n}}\right]$$

を用いる。

(1) 選手 A のペナルティキックの成功率の推定値は、$\bar{X} = 0.82$ である。したがって、99%
信頼区間は、

$$\left[0.82 - 2.58\sqrt{\frac{0.82(1 - 0.82)}{100}}, \ 0.82 + 2.58\sqrt{\frac{0.82(1 - 0.82)}{100}}\right]$$
$$= [0.7208796, 0.9191204]$$

である。

(2) 選手 B のペナルティキックの成功率の推定値は、$\bar{X} = 0.9$ である。したがって、99% 信
頼区間は、

$$\left[0.9 - 2.58\sqrt{\frac{0.9(1 - 0.9)}{10}}, \ 0.9 + 2.58\sqrt{\frac{0.9(1 - 0.9)}{10}}\right]$$
$$= [0.6552397, 1.1447603]$$

である。

第10章の解答

__問 10.1__ (1) ペナルティキックの成功確率 p が 0.90（9 割）であるのかを検定したいので
あるから、

$$H_0 : p = 0.90$$
$$H_1 : p \neq 0.90$$

とする。この場合、成功確率が 9 割より高くても 9 割より低くても帰無仮説を棄却する検定
を考えていることになる。

(2) 確率変数 X_i を、

$$X_i = \begin{cases} 1 & (i \text{ 回目のペナルティキックが成功}) \\ 0 & (i \text{ 回目のペナルティキックが失敗}) \end{cases}$$

とする。このとき、$n = 250$ 回の繰り返しの試行の結果は、表が出る確率を p としたベル
ヌーイ分布に従う確率変数 X から得た標本 $\{X_1, X_2, \cdots, X_{250}\}$ の実現値であると考える
ことができる。例題 5.2 の問 (1) から、$p = E(X_i)$ であるから、p に関する検定は、X_i の
期待値に関する検定であると捉えることができる。したがって、(10.4) 式の t 統計量を用
いて検定を行う。ただし、前述のとおり、X_i の期待値は p であり、例題 5.9 の問 (1) から

$\mathrm{Var}(X_i) = p(1-p)$ である。このことに注意すると、t 統計量は、

$$t = \frac{\bar{X} - p}{\sqrt{\hat{p}(1-\hat{p})/n}} = \frac{\hat{p} - 0.90}{\sqrt{\hat{p}(1-\hat{p})/n}}$$

となる。$\hat{p} = \bar{X} = \frac{1}{250} \sum_{i=1}^{250} X_i = 220/250 = 0.88$ であるから、

$$t = \frac{\hat{p} - 0.90}{\sqrt{\hat{p}(1-\hat{p})/n}} = \frac{0.88 - 0.90}{\sqrt{0.88(1-0.88)/250}} = -0.9731237$$

を得る。表 10.1 より、有意水準 1% の臨界値は 2.58 である。$|t| = 0.9731237 < 2.58$ であるため、帰無仮説を棄却しない。

(3) 検定統計量の値は $-0.9731237 \approx -0.97$ であるから、p 値は (10.3) 式から $p = P(|t| \geq 0.97|H_0)$ を満たす p である。帰無仮説の下で t は標準正規分布に従うため、このような p は、標準正規分布表から得ることができる。表 S.1 から、$p = P(t \geq 0.97|H_0) = 0.1660$ である。標準正規分布は対称な分布であるから、$p = P(|t| \geq 0.97|H_0) = P(t \geq 0.97|H_0) + P(t \leq -0.97|H_0) = 0.332$ を得る。標準正規分布表の読み方については章末問題 4.3 を参照されたい。

(4) 有意水準を α とするとき、(step5') から、$\alpha/100 \geq p$ であれば帰無仮説を棄却する。ここに、問 (3) で計算した $p = 0.332$ を代入すれば $\alpha \geq 100p = 33.2$ である。したがって、有意水準が 33.2% 以上であれば帰無仮説は棄却される。

問 10.2　(1) 運動部に所属している学生の定期試験の期待得点 μ が 70 点よりも高いことを主張したい。そこで、帰無仮説と対立仮説を、

$$H_0 : \mu = 70$$
$$H_1 : \mu > 70$$

に設定する。この設定において、帰無仮説を棄却することができれば、対立仮説である、「運動部に所属している学生の定期試験の期待得点 μ は 70 点よりも高い」という仮説を採択することができる。

(2) X_i を運動部に所属する学生 i の得点とする。このとき、μ は X_i の母集団分布の期待値である。アンケートの対象となった $n = 120$ 人の学生の得点 X_i, $i = 1, \cdots, 120$ は、同一の母集団から得た無作為標本である。また、平均得点は $\bar{X} = 72.6$ で、標準偏差の推定値は $\hat{\sigma} = \sqrt{\hat{\sigma}^2} = \sqrt{176.89} = 13.3$ であることが分かっている。考えているのは、X_i の母集団分布の期待値 μ の値に関する仮説の検定であるため、(10.4) 式の t 統計量を用いて検定するこ

とができる。(10.4) 式のとおりに計算し、

$$t = \frac{\bar{X} - 70}{\hat{\sigma}_X / \sqrt{n}} = \frac{72.6 - 70}{13.3 / \sqrt{120}} = 2.141472$$

を得る。表 10.2 の 1 行目から、有意水準 1% の臨界値は 2.33 である。$t = 2.141472 \leq 2.33$ であるため、帰無仮説は棄却されない。

(3) 問 (2) の結果から帰無仮説は棄却されない。つまり、「運動部に所属している学生の定期試験の期待得点 μ は 70 点よりも高い」という対立仮説を支持することはできない。アンケートに回答した 120 人の学生の平均点である 72.6 点は、運動部に所属している学生の定期試験の期待得点の推定値である。したがって、本当の期待得点は 72.6 点よりも高いかもしれないし、低いかもしれない。検定結果は、期待得点が 70 点である場合に、たまたまアンケート調査の対象となった 120 人の学生の平均得点が 72.6 になることは（有意水準 1% の意味で）めずらしいことではないことを示唆している。

第11章の解答

問 11.1 (11.11) 式に示されている線形単回帰モデルの最小 2 乗推定量は、(11.12) 式を最小化する b_0 と b_1 として定義された。この定義は数式を用いて、

$$\hat{\beta}_0, \hat{\beta}_1 = \underset{b_0, b_1}{\arg\min} \sum_{i=1}^{n} (Y_i - b_0 - b_1 X_i)^2$$

と表すことができる。ただし、$\arg\min$ という記号は最小詞を意味し、$\arg\min_x f(x)$ と書くとき、$f(x)$ を最小にする引数 x のことを指す。

　上記の表記方法を用いると、問 11.1 で考えているモデルの最小 2 乗推定量は、

$$\hat{\beta}_1 = \underset{b_1}{\arg\min} \sum_{i=1}^{n} (Y_i - b_1 X_i)^2$$

で表すことができる。定理 11.1 の証明と同様の方法で、$\sum_{i=1}^{n} (Y_i - b_1 X_i)^2$ を最小化する b_1 を導出する。最小化問題の 1 階の条件から、$\hat{\beta}_1$ は、

$$-2 \sum_{i=1}^{n} X_i (Y_i - \hat{\beta}_1 X_i) = 0$$

を満たす。この等式を変形して、

$$\sum_{i=1}^{n} X_i Y_i = \hat{\beta}_1 \sum_{i=1}^{n} X_i^2$$

を得る。両辺を $\sum_{i=1}^{n} X_i^2$ で割り、

$$\hat{\beta}_1 = \frac{\sum\limits_{i=1}^{n} X_i Y_i}{\sum\limits_{i=1}^{n} X_i^2}$$

を得た。

問 11.2　最小 2 乗推定量は、

$$\hat{\beta}_0 = \arg\min_{b_0} \sum_{i=1}^{n} (Y_i - b_0)^2$$

で表すことができる。定理 11.1 の証明と同様の方法で、$\sum\limits_{i=1}^{n} (Y_i - b_0)^2$ を最小化する b_0 を導出する。最小化問題の 1 階の条件から、$\hat{\beta}_0$ は、

$$-2 \sum_{i=1}^{n} (Y_i - \hat{\beta}_0) = 0$$

を満たす。この等式を変形して、

$$\sum_{i=1}^{n} Y_i - n\hat{\beta}_0 = 0$$

を得る。したがって、

$$\hat{\beta}_0 = \frac{1}{n} \sum_{i=1}^{n} Y_i$$

を得た。

問 11.3　本問題で考えている回帰モデルは、説明変数にのみ対数をとっている。このときの回帰係数の解釈を考えてみよう。以下の解説は 11.2.2 項の議論とほとんど同じであるため、詳細は省略する。次のモデル、

$$Y = \beta_0 + \beta_1 \log X + u$$

を考える。X が小さい値 h だけ変動したときの被説明変数の値の変動を $\tilde{Y}$ で表すと、

$$Y + \tilde{Y} = \beta_0 + \beta_1 \log(X + h) + u$$

であるから、

$$\tilde{Y} = \beta_1 [\log(X + h) - \log X]$$

を得る。h が小さいとき、

$$\beta_1 = \frac{\tilde{Y}}{\log(X + h) - \log X} \approx \frac{\tilde{Y}}{h/X} = \frac{100\tilde{Y}}{100h/X} = \frac{100\tilde{Y}}{X \text{ の変化率}}$$

が成立する。したがって、このモデルの係数 $\beta_1/100$ は、X の変化率が 1% であるときの Y の変化分であると解釈できる。

(1) 推定結果から、勉強時間を 1% 増やすと偏差値は 0.0127 上昇することが期待できる。

(2) 勉強時間が 100 分であった学生が、勉強時間を 160 分にしたときの勉強時間の変化率は 60% である。したがって、偏差値は $60 \times 1.27/100 = 0.762$ 上昇することが予測できる。

(3) テストの偏差値の予測値は、$44.36 + 1.27\log(330) = 51.72$ である。

(4) 勉強時間が 300 分である学生の偏差値の予測値は、$44.36 + 1.27\log(300) = 51.60$ である。(11.16) 式に当てはめて残差を計算すると、$52.25 - 51.60 = 0.65$ を得る。

第12章の解答

問 12.1 章末問題 11.1 では、定数項のない回帰モデル、

$$Y_i = \beta_1 X_i + u_i, \quad E(u_i|X_i) = 0$$

において、β_1 の OLS 推定量 $\hat{\beta}_1$ が、

$$\hat{\beta}_1 = \frac{\sum_{i=1}^{n} X_i Y_i}{\sum_{i=1}^{n} X_i^2}$$

であることを導出した。このとき、$\hat{\beta}_1$ が不偏性、一致性、漸近正規性を持つことを示す。これらの性質を示すために、仮定 (A1), (A2), (A3) の β_0 を 0 とした場合の仮定を置く。また、OLS 推定量を展開すると、

$$\hat{\beta}_1 = \frac{\sum_{i=1}^{n} X_i(\beta_1 X_i + u_i)}{\sum_{i=1}^{n} X_i^2} = \beta_1 + \frac{\sum_{i=1}^{n} X_i u_i}{\sum_{i=1}^{n} X_i^2} \tag{A.1}$$

が成立することを用いる。

(1) まず不偏性を示す。期待値の線形性（定理 7.1 [3], p.100）と、繰り返し期待値の法則（定理 6.1, p.95）を用いて、

$$E(\hat{\beta}_1) = \beta_1 + E\left[\frac{\sum_{i=1}^{n} X_i u_i}{\sum_{i=1}^{n} X_i^2}\right] = \beta_1 + E\left[\frac{\sum_{i=1}^{n} X_i E(u_i|X_1, X_2, \cdots, X_n)}{\sum_{i=1}^{n} X_i^2}\right]$$

を得る。ただし、仮定 (A1) と (A2) から、

$$E(u_i|X_1, X_2, \cdots, X_n) = E(u_i|X_i) = 0$$

であるから、

$$E(\hat{\beta}_1) = \beta_1$$

を得た。以上から $\hat{\beta}_1$ の不偏性が示せた。

(2) 次に、一致性を示す。繰り返し期待値の法則と仮定 (A2) から、$E(X_i u_i) = E[X_i E(u_i|X_i)] = 0$ が成立する。また、コーシー・シュワルツの不等式（定理 7.2, p.102）と仮定 (A3) から、$E(X_i^2 u_i^2) \leq \sqrt{E(X_i^4)E(u_i^4)} < \infty$ が成立する。したがって、$\frac{1}{n}\sum_{i=1}^{n} X_i u_i$ に対して大数の法則（定理 8.1, p.120）が適用できて、

$$\frac{1}{n}\sum_{i=1}^{n} X_i u_i \xrightarrow{p} E(X_i u_i) = 0$$

が成立する。また、補題 5.1 と仮定 (A3) から、$\mathrm{Var}(X_i^2) = E(X_i^4) - [E(X_i^2)]^2 < \infty$ が成立するため、$\frac{1}{n}\sum_{i=1}^{n} X_i^2$ に対して大数の法則が適用できて、

$$\frac{1}{n}\sum_{i=1}^{n} X_i^2 \xrightarrow{p} E(X_i^2)$$

が成立する。以上の結果と定理 8.2 [3] を (A.1) 式の右辺第 2 項に適用すれば、

$$\hat{\beta}_1 - \beta_1 = \frac{\frac{1}{n}\sum_{i=1}^{n} X_i u_i}{\frac{1}{n}\sum_{i=1}^{n} X_i^2} \xrightarrow{p} 0$$

を得る。以上から $\hat{\beta}_1$ の一致性が示せた。

(3) $\hat{\beta}_1$ の漸近正規性を示す。(A.1) 式から、

$$\sqrt{n}(\hat{\beta}_1 - \beta_1) = \frac{\frac{1}{\sqrt{n}}\sum_{i=1}^{n} X_i u_i}{\frac{1}{n}\sum_{i=1}^{n} X_i^2} \tag{A.2}$$

を得る。また、中心極限定理（定理 8.3, p.124）から、

$$\frac{\frac{1}{n}\sum_{i=1}^{n} X_i u_i - E(X_i u_i)}{\sqrt{\mathrm{Var}(X_i u_i)/n}} = \frac{\frac{1}{\sqrt{n}}\sum_{i=1}^{n} X_i u_i}{\sqrt{E(X_i^2 u_i^2)}} \xrightarrow{d} \mathrm{N}(0,1)$$

が成立する。ただし、補題 5.1 と仮定 (A2) から、$\mathrm{Var}(X_i u_i) = E(X_i^2 u_i^2) - [E(X_i u_i)]^2 = E(X_i^2 u_i^2)$ であることを用いた。

この結果に、定理 9.1（p.138）を適用すれば、$\frac{1}{\sqrt{n}}\sum_{i=1}^{n} X_i u_i \xrightarrow{d} \mathrm{N}(0, E(X_i^2 u_i^2))$ が成立する。したがって、(A.2) 式右辺の分子は、期待値が 0 で分散が $E(X_i^2 u_i^2)$ の正規分布に分布収束することが分かった。(A.2) 式右辺の分母は、問 (2) で示したように、$E(X_i^2)$ に確率収束する。したがって、スルツキーの定理（定理 8.4, p.126）と定理 9.1 から、

$$\sqrt{n}(\hat{\beta}_1 - \beta_1) \xrightarrow{d} \mathrm{N}\left(0, \frac{E(X_i^2 u_i^2)}{[E(X_i^2)]^2}\right)$$

を得る。$V = E(X_i^2 u_i^2)/[E(X_i^2)]^2$ と定義して、次のように簡潔に表すこともできる。

$$\frac{\hat{\beta}_1 - \beta_1}{\sqrt{V/n}} \xrightarrow{d} \mathrm{N}(0,1)$$

(4) β_1 に関する信頼水準 99% の信頼区間を導出する。問 (3) で示した漸近正規性から、標本サイズが十分に大きい場合には、$\hat{\beta}_1$ を標準化した統計量の分布は、標準正規分布でうまく近似できる。つまり、

$$\frac{\hat{\beta}_1 - \beta_1}{\sqrt{V/n}} \overset{\mathrm{a}}{\sim} \mathrm{N}(0,1)$$

である。この漸近正規性の性質を利用して、β_1 に関する信頼水準 99% の信頼区間を導出する。表 9.1（p.141）にあるように、標準正規分布に従う確率変数が区間 $[-2.58, 2.58]$ に入る確率はおおよそ 0.99 であるから、

$$P\left(-2.58 \le \frac{\hat{\beta}_1 - \beta_1}{\sqrt{V/n}} \le 2.58\right) \approx 0.99$$

が成立する。この式を変形すれば、

$$P\big(\hat{\beta}_1 - 2.58\sqrt{V/n} \le \beta_1 \le \hat{\beta}_1 + 2.58\sqrt{V/n}\big) \approx 0.99$$

を得る。以上から、

$$\big[\hat{\beta}_1 - 2.58\sqrt{V/n},\ \hat{\beta}_1 + 2.58\sqrt{V/n}\big]$$

が、β_1 の信頼水準 99% 信頼区間である。多くの場合 V は未知であるため、実際に信頼区間を求める際には、V の代わりに V の推定量 $\hat{V} = \frac{1}{n}\sum_{i=1}^{n} X_i^2 \hat{u}_i^2 / (\frac{1}{n}\sum_{i=1}^{n} X_i^2)^2$ を用いて、

$$\big[\hat{\beta}_1 - 2.58\,\mathrm{SE}(\hat{\beta}_1),\ \hat{\beta}_1 + 2.58\,\mathrm{SE}(\hat{\beta}_1)\big]$$

を計算する。ただし、$\mathrm{SE}(\hat{\beta}_1) = \sqrt{\hat{V}/n}$ は $\hat{\beta}_1$ の標準誤差である。

問 12.2 (1) (12.19) 式に当てはめて計算する。ただし、信頼水準 99% の信頼区間を計算するには、表 9.1（p.141）にあるとおり、± 1.96 の代わりに ± 2.58 を用いる。したがって、log 勉強時間の係数の信頼水準 99% 信頼区間は、

$$[1.27 - 2.58 \times 0.17,\ 1.27 + 2.58 \times 0.17] = [0.8314, 1.7086]$$

である。

(2) (12.14) 式で示したとおり、定数項も漸近正規性を持つ。したがって、12.5 節で示した回

帰係数の信頼区間の導出と同じ要領で、定数項の信頼区間を導出することができる。具体的には、定数項の推定値を $\hat{\beta}_0$ で表すとき、定数項の信頼水準 95% 信頼区間は、

$$\left[\hat{\beta}_0 - 1.96\,\mathrm{SE}(\hat{\beta}_0),\ \hat{\beta}_0 + 1.96\,\mathrm{SE}(\hat{\beta}_0)\right]$$

となる（(12.19) 式と比較せよ）。したがって、定数項の 95% 信頼区間は、

$$[44.36 - 1.96 \times 0.79,\ 44.36 + 1.96 \times 0.79] = [42.8116, 45.9084]$$

である。

(3) log 勉強時間の係数を β_1 で表す。係数が有意であるかを検定したいのであるから、帰無仮説と対立仮説は、

$$H_0 : \beta_1 = 0$$
$$H_1 : \beta_1 \neq 0$$

とする。これは回帰係数の両側検定であるから、(12.24) 式の t 統計量を用いて検定できる。(12.24) 式に表されている t 統計量に当てはめて計算して、

$$t = \frac{\hat{\beta}_1 - 0}{\mathrm{SE}(\hat{\beta}_1)} = \frac{1.27 - 0}{0.17} = 7.47$$

を得る。t 統計量は帰無仮説の下で標準正規分布に従うことと、対立仮説の構成により両側検定であることから、臨界値は表 10.1 をみて定める。表から、有意水準 1% での臨界値は、2.58 である。$|t| = 7.47 \geq 2.58$ であるため、帰無仮説を棄却する。したがって、log 勉強時間の係数は有意である。

(4) 帰無仮説と対立仮説は、

$$H_0 : \beta_1 = 0$$
$$H_1 : \beta_1 > 0$$

である。これは回帰係数の片側検定であり、(12.24) 式の t 統計量を用いて検定できる。(12.24) 式で表されている t 統計量に当てはめて計算して、

$$t = \frac{\hat{\beta}_1 - 0}{\mathrm{SE}(\hat{\beta}_1)} = \frac{1.27 - 0}{0.17} = 7.47$$

を得る。対立仮説の構成により、棄却域は標準正規分布の右側に設定する。したがって、有意水準に対応する臨界値は、表 10.2 の 1 行目に与えられているとおりである。表から、有意水準 1% での臨界値は、2.33 である。$t = 7.47 \geq 2.33$ であるため、帰無仮説を棄却する。検

定結果から、勉強時間はテストの偏差値に対して、有意に正の影響を与えることが分かった。

第13章の解答

問 13.1 (1) 仮定から、$P(f(W_i;\theta) \neq f(W_i;\theta_0)) = 0$ であることに注意する。繰り返し期待値の法則（定理 6.1, p.95）から、

$$E\left[\ln\frac{f(W_i;\theta)}{f(W_i;\theta_0)}\right]$$

$$= E\left[\ln\frac{f(W_i;\theta)}{f(W_i;\theta_0)}\,\middle|\, f(W_i;\theta) = f(W_i;\theta_0)\right] P(f(W_i;\theta) = f(W_i;\theta_0))$$

$$+ E\left[\ln\frac{f(W_i;\theta)}{f(W_i;\theta_0)}\,\middle|\, f(W_i;\theta) \neq f(W_i;\theta_0)\right] P(f(W_i;\theta) \neq f(W_i;\theta_0))$$

$$= E\left[\ln\frac{f(W_i;\theta)}{f(W_i;\theta_0)}\,\middle|\, f(W_i;\theta) = f(W_i;\theta_0)\right]$$

である。対数の性質から、$\ln 1 = 0$ であるから、$E\left[\ln\frac{f(W_i;\theta)}{f(W_i;\theta_0)}\right] = 0$ が成立する。また、対数の性質を用いて、

$$E\left[\ln\frac{f(W_i;\theta)}{f(W_i;\theta_0)}\right] = E[\ln f(W_i;\theta) - \ln f(W_i;\theta_0)] = E[\ln f(W_i;\theta)] - E[\ln f(W_i;\theta_0)]$$

であるから、$E[\ln f(W_i;\theta)] = E[\ln f(W_i;\theta_0)]$ を示せた。

(2) $P(f(W_i;\theta) \neq f(W_i;\theta_0)) \neq 0$ であるとき、$P(f(W_i;\theta)/f(W_i;\theta_0) = 1) \neq 1$ である。したがって、イェンセンの不等式から、

$$E\left[\ln\frac{f(W_i;\theta)}{f(W_i;\theta_0)}\right] < \ln E\left[\frac{f(W_i;\theta)}{f(W_i;\theta_0)}\right]$$

が成り立つ。また、期待値の定義から、

$$E\left[\frac{f(W_i;\theta)}{f(W_i;\theta_0)}\right] = \int \frac{f(w;\theta)}{f(w;\theta_0)} f(w;\theta_0)dw = \int f(w;\theta)dw = 1$$

である。ただし、最後の等式は密度関数の性質（定義 4.3, p.51）から成り立つ。したがって、

$$E\left[\ln\frac{f(W_i;\theta)}{f(W_i;\theta_0)}\right] < \ln E\left[\frac{f(W_i;\theta)}{f(W_i;\theta_0)}\right] = \ln 1 = 0$$

を得た。対数の性質から左辺について $E\left[\ln\frac{f(W_i;\theta)}{f(W_i;\theta_0)}\right] = E[\ln f(W_i;\theta)] - E[\ln f(W_i;\theta_0)]$ であるため、$E[\ln f(W_i;\theta)] < E[\ln f(W_i;\theta_0)]$ を得る。

問 13.2 (1) 微分の定義のとおりに書き換えて、

$$\frac{d}{d\theta}\int f(w;\theta)dw = \lim_{h\to 0}\frac{\int f(w;\theta+h)dw - \int f(w;\theta)dw}{h}$$

$$= \lim_{h \to 0} \frac{\int [f(w; \theta + h) - f(w; \theta)]dw}{h} \tag{A.3}$$

を得る。ただし、最後の等式には積分の線形性を用いた。

(2) $f(w; \theta)$ が区間 $[\theta, \theta + h]$ 上で連続、区間 $(\theta, \theta + h)$ 上で微分可能であるとき、平均値の定理から、区間 $(\theta, \theta + h)$ 上の点 $\tilde{\theta}$ が存在して、

$$f(w; \theta + h) - f(w; \theta) = h \frac{df(w; \tilde{\theta})}{d\theta} \tag{A.4}$$

を満たす。

(3) (A.4) 式を、(A.3) 式の右辺に代入して、

$$\frac{d}{d\theta} \int f(w; \theta)dw = \lim_{h \to 0} \int \frac{df(w; \tilde{\theta})}{d\theta} dw = \int \lim_{h \to 0} \frac{df(w; \tilde{\theta})}{d\theta} dw$$

を得る。ただし、2 つ目の等式には、設問にある仮定を用いた。$h \to 0$ のとき、$\tilde{\theta} \to \theta$ であるから、$\dfrac{df(w; \theta)}{d\theta}$ が θ に関して連続であれば、

$$\int \lim_{h \to 0} \frac{df(w; \tilde{\theta})}{d\theta} dw = \int \frac{df(w; \theta)}{d\theta} dw$$

を得る。以上で (13.41) 式が示せた。

問 13.3　(1) 標準正規分布の分布関数は (4.1) 式（p.42）に与えられている。1 階の導関数は密度関数（定義 4.3, p.51）であり、(4.11) 式（p.53）にある。これを $\phi(x)$ で表そう。2 階の導関数は、

$$\frac{d^2 \Phi(x)}{dxdx} = \frac{d\phi(x)}{dx} = \frac{d}{dx}\left[\frac{1}{\sqrt{2\pi}} \exp\left(-\frac{x^2}{2}\right)\right] = \frac{-x}{\sqrt{2\pi}} \exp\left(-\frac{x^2}{2}\right) = -x\phi(x)$$

である。この計算結果を用いて 3 階の導関数を計算して、

$$\frac{d^3 \Phi(x)}{dxdxdx} = -\frac{dx\phi(x)}{dx} = -\phi(x) - x\frac{d\phi(x)}{dx} = -\phi(x) + x^2\phi(x)$$

を得る。

(2) ロジスティック分布の 1 階の導関数は、

$$\frac{d\Lambda(x)}{dx} = \frac{d}{dx}\left[\frac{\exp(x)}{1 + \exp(x)}\right] = \frac{\exp(x)}{1 + \exp(x)} - \frac{[\exp(x)]^2}{[1 + \exp(x)]^2} = \Lambda(x) - [\Lambda(x)]^2$$

である。したがって、2 階の導関数は、1 階の導関数を $\Lambda'(x)$ と表すことにすれば、

$$\frac{d^2\Lambda(x)}{dxdx} = \frac{d}{dx}\{\Lambda(x) - [\Lambda(x)]^2\} = \Lambda'(x) - 2\Lambda(x)\Lambda'(x)$$

$$= \Lambda'(x)[1 - 2\Lambda(x)]$$

$$= \{\Lambda(x) - [\Lambda(x)]^2\}[1 - 2\Lambda(x)]$$
$$= 2[\Lambda(x)]^3 - 3[\Lambda(x)]^2 + \Lambda(x)$$

である。3 階の導関数は、

$$\frac{d^3\Lambda(x)}{dxdxdx} = \frac{d}{dx}\{2[\Lambda(x)]^3 - 3[\Lambda(x)]^2 + \Lambda(x)\} = 6[\Lambda(x)]^2\Lambda'(x) - 6\Lambda(x)\Lambda'(x) + \Lambda'(x)$$
$$= \Lambda'(x)\{6[\Lambda(x)]^2 - 6\Lambda(x) + 1\}$$
$$= \{\Lambda(x) - [\Lambda(x)]^2\}\{6[\Lambda(x)]^2 - 6\Lambda(x) + 1\}$$
$$= -6[\Lambda(x)]^4 + 12[\Lambda(x)]^3 - 7[\Lambda(x)]^2 + \Lambda(x)$$

である。

問 13.4 (1) 二項選択モデルの目的関数は (13.15) 式にある。したがって、二項選択モデルの場合には、(13.16) 式は、

$$E\left[\frac{d\ln P(Y_i|X_i;\beta_1)}{d\beta_1}\right]$$
$$= E\left(\frac{d}{d\beta_1}\{Y_i\ln F(\beta_1 X_i) + (1 - Y_i)\ln[1 - F(\beta_1 X_i)]\}\right) = 0$$

である。

(2) $F(\cdot)$ の 1 階の導関数を $F'(\cdot)$ で表す。また、対数の微分の性質から $\frac{d\ln F(x)}{dx} = \frac{F'(x)}{F(x)}$ であることに注意しよう。このとき、

$$E\left[\frac{d\ln P(Y_i|X_i;\beta_1)}{d\beta_1}\right] = E\left[Y_i\frac{F'(\beta_1 X_i)X_i}{F(\beta_1 X_i)} - (1 - Y_i)\frac{F'(\beta_1 X_i)X_i}{1 - F(\beta_1 X_i)}\right]$$
$$= E\left\{\left[\frac{Y_i}{F(\beta_1 X_i)} - \frac{1 - Y_i}{1 - F(\beta_1 X_i)}\right]F'(\beta_1 X_i)X_i\right\}$$
$$= E\left\{\left[\frac{E(Y_i|X_i)}{F(\beta_1 X_i)} - \frac{1 - E(Y_i|X_i)}{1 - F(\beta_1 X_i)}\right]F'(\beta_1 X_i)X_i\right\}$$

が成立する。ただし、最後の等式は、繰り返し期待値の法則（定理 6.1, p.95）を用いた。ここで、条件付き期待値の定義（定義 6.10, p.94）から、$E(Y_i|X_i) = 1 \times P(Y_i = 1|X_i) + 0 \times P(Y_i = 0|X_i) = P(Y_i = 1|X_i) = F(\beta_1 X_i)$ である。このことから、上式右辺の中括弧の中は 0 となる。以上で、$E\left[\frac{d\ln P(Y_i|X_i;\beta_1)}{d\beta_1}\right] = 0$ が示せた。

付録

表 S.1　標準正規分布表

x	0.00	0.01	0.02	0.03	0.04	0.05	0.06	0.07	0.08	0.09
0.0	0.5000	0.4960	0.4920	0.4880	0.4840	0.4801	0.4761	0.4721	0.4681	0.4641
0.1	0.4602	0.4562	0.4522	0.4483	0.4443	0.4404	0.4364	0.4325	0.4286	0.4247
0.2	0.4207	0.4168	0.4129	0.4090	0.4052	0.4013	0.3974	0.3936	0.3897	0.3859
0.3	0.3821	0.3783	0.3745	0.3707	0.3669	0.3632	0.3594	0.3557	0.3520	0.3483
0.4	0.3446	0.3409	0.3372	0.3336	0.3300	0.3264	0.3228	0.3192	0.3156	0.3121
0.5	0.3085	0.3050	0.3015	0.2981	0.2946	0.2912	0.2877	0.2843	0.2810	0.2776
0.6	0.2743	0.2709	0.2676	0.2643	0.2611	0.2578	0.2546	0.2514	0.2483	0.2451
0.7	0.2420	0.2389	0.2358	0.2327	0.2296	0.2266	0.2236	0.2206	0.2177	0.2148
0.8	0.2119	0.2090	0.2061	0.2033	0.2005	0.1977	0.1949	0.1922	0.1894	0.1867
0.9	0.1841	0.1814	0.1788	0.1762	0.1736	0.1711	0.1685	0.1660	0.1635	0.1611
1.0	0.1587	0.1562	0.1539	0.1515	0.1492	0.1469	0.1446	0.1423	0.1401	0.1379
1.1	0.1357	0.1335	0.1314	0.1292	0.1271	0.1251	0.1230	0.1210	0.1190	0.1170
1.2	0.1151	0.1131	0.1112	0.1093	0.1075	0.1056	0.1038	0.1020	0.1003	0.0985
1.3	0.0968	0.0951	0.0934	0.0918	0.0901	0.0885	0.0869	0.0853	0.0838	0.0823
1.4	0.0808	0.0793	0.0778	0.0764	0.0749	0.0735	0.0721	0.0708	0.0694	0.0681
1.5	0.0668	0.0655	0.0643	0.0630	0.0618	0.0606	0.0594	0.0582	0.0571	0.0559
1.6	0.0548	0.0537	0.0526	0.0516	0.0505	0.0495	0.0485	0.0475	0.0465	0.0455
1.7	0.0446	0.0436	0.0427	0.0418	0.0409	0.0401	0.0392	0.0384	0.0375	0.0367
1.8	0.0359	0.0351	0.0344	0.0336	0.0329	0.0322	0.0314	0.0307	0.0301	0.0294
1.9	0.0287	0.0281	0.0274	0.0268	0.0262	0.0256	0.0250	0.0244	0.0239	0.0233
2.0	0.0228	0.0222	0.0217	0.0212	0.0207	0.0202	0.0197	0.0192	0.0188	0.0183
2.1	0.0179	0.0174	0.0170	0.0166	0.0162	0.0158	0.0154	0.0150	0.0146	0.0143
2.2	0.0139	0.0136	0.0132	0.0129	0.0125	0.0122	0.0119	0.0116	0.0113	0.0110
2.3	0.0107	0.0104	0.0102	0.0099	0.0096	0.0094	0.0091	0.0089	0.0087	0.0084
2.4	0.0082	0.0080	0.0078	0.0075	0.0073	0.0071	0.0069	0.0068	0.0066	0.0064
2.5	0.0062	0.0060	0.0059	0.0057	0.0055	0.0054	0.0052	0.0051	0.0049	0.0048
2.6	0.0047	0.0045	0.0044	0.0043	0.0041	0.0040	0.0039	0.0038	0.0037	0.0036
2.7	0.0035	0.0034	0.0033	0.0032	0.0031	0.0030	0.0029	0.0028	0.0027	0.0026
2.8	0.0026	0.0025	0.0024	0.0023	0.0023	0.0022	0.0021	0.0021	0.0020	0.0019
2.9	0.0019	0.0018	0.0018	0.0017	0.0016	0.0016	0.0015	0.0015	0.0014	0.0014

注：X を標準正規分布に従う確率変数としたとき、各 x について、$1 - P(X \leq x) = p$ となる p を示している（図 4.10）。読み方の例：$x = 0.01$ のとき $p = 0.4960$, $x = 0.13$ のとき $p = 0.4483$ となる。

参考図書

＊本書の執筆にあたり参考にした文献は次のとおりです。

〔2 章から 7 章〕

[1] 内田伏一（1986）『集合と位相（数学シリーズ）』裳華房.

[2] 佐藤坦（1994）『はじめての確率論 測度から確率へ』共立出版.

[3] 杉浦光夫（1980）『解析入門 I（基礎数学 2）』東京大学出版会.

[4] 田中久稔（2019）『計量経済学のための数学』日本評論社.

〔8 章から 12 章〕

[5] 東京大学教養学部統計学教室編（1991）『統計学入門（基礎統計学 I)』東京大学出版会.

[6] 西山慶彦, 新谷元嗣, 川口大司, 奥井亮（2019）『計量経済学（New Liberal Arts Selection)』有斐閣.

[7] 森棟公夫, 照井伸彦, 中川満, 西埜晴久, 黒住英司（2015）『統計学 改訂版（New Liberal Arts Selection)』有斐閣.

〔13 章〕

[8] Fumio Hayashi（2000）*Econometrics*, Princeton University Press.

[9] Whitney K. Newey and Daniel L. McFadden（1994）"Large Sample Estimation and Hypothesis Testing," in Robert F. Engle and Daniel L. McFadden, eds., *Handbook of Econometrics*, Vol.4, pp.2111–2245.

引用文献

[1] Fumio Hayashi（2000）*Econometrics*, Princeton University Press.

[2] Joel L. Horowitz（2001）"The Bootstrap," in James J. Heckman and Edward Leamer, eds., *Handbook of Econometrics*, Vol.5, pp.3159–3228, Elsevier.

[3] Joel L. Horowitz（2019）"Bootstrap Methods in Econometrics," *Annual Review of Economics*, Vol.11, pp.193–224.

[4] Whitney K. Newey and Daniel McFadden（1994）"Large Sample Estimation and Hypothesis Testing," in Robert F. Engle and Daniel L. McFadden, eds., *Handbook*

of Econometrics, Vol.4, pp.2111–2245.

[5] Jeffrey M. Wooldridge（2010）*Econometric Analysis of Cross Section and Panel Data*, 2nd edition, MIT Press.

[6] 伊藤清（1991）『確率論』岩波書店.

[7] 岩澤政宗（2022）『計量経済学（日評ベーシック・シリーズ)』日本評論社.

[8] 内田伏一（1986）『集合と位相（数学シリーズ)』裳華房.

[9] 佐藤坦（1994）『はじめての確率論 測度から確率へ』共立出版.

[10] 杉浦光夫（1980）『解析入門Ⅰ（基礎数学 2)』東京大学出版会.

[11] エリオット・ソーバー（2012）『科学と証拠：統計の哲学入門』松王政浩訳, 名古屋大学出版会.

[12] 竹内啓（2018）『歴史と統計学：人・時代・思想』日本経済新聞出版.

[13] 田中久稔（2019）『計量経済学のための数学』日本評論社.

[14] 土屋隆裕（2009）『概説 標本調査法』朝倉書店.

索 引

岩澤 政宗（いわさわ・まさむね）

2016年、京都大学大学院経済学研究科博士課程修了。博士（経済学）。小樽商科大学商学部経済学科准教授を経て、2023年4月より、同志社大学経済学部准教授。専門は計量経済理論。

著書：『ExcelとRではじめるやさしい経済データ分析入門』（共著、オーム社、2020年）、『計量経済学（日評ベーシック・シリーズ）』（日本評論社、2022年）

日本評論社ベーシック・シリーズ＝NBS

計量経済学のための統計学
（けいりょうけいざいがくのためのとうけいがく）

2023年5月1日　第1版・第1刷発行

著　者━━━━岩澤政宗
発行所━━━━株式会社 日本評論社
　　　　　　　〒170-8474 東京都豊島区南大塚 3-12-4
電　話━━━━（03）3987-8621（販売）-8595（編集）
印　刷━━━━藤原印刷
製　本━━━━難波製本
装　幀━━━━図工ファイブ

ⓒ Masamune Iwasawa, 2023　　　　　　ISBN 978-4-535-80613-9